书山有路勤为径，优质资源伴你行
注册世纪波学院会员，享精品图书增值服务

GAOCHENG
高成资本

客户成功经济

为什么商业模式需要全方位转换

[美] 尼克·梅塔（Nick Mehta）
艾莉森·皮肯斯（Allison Pickens） 著
王雅倩 译

電子工業出版社
Publishing House of Electronics Industry
北京·BEIJING

版权贸易合同登记号　图字：01-2020-4633

图书在版编目（CIP）数据

客户成功经济：为什么商业模式需要全方位转换／（美）尼克·梅塔（Nick Mehta），（美）艾莉森·皮肯斯（Allison Pickens）著；王雅倩译. —北京：电子工业出版社，2022.7

书名原文：The Customer Success Economy: Why Every Aspect of Your Business Model Needs A Paradigm Shift

ISBN 978-7-121-43204-0

Ⅰ.①客… Ⅱ.①尼… ②艾… ③王… Ⅲ.①商业模式－研究 Ⅳ.①F71

中国版本图书馆CIP数据核字（2022）第064315号

责任编辑：袁桂春
印　　刷：三河市双峰印刷装订有限公司
装　　订：三河市双峰印刷装订有限公司
出版发行：电子工业出版社
　　　　　北京市海淀区万寿路173信箱　　邮编100036
开　　本：720×1000　1/16　印张：19.5　字数：320千字
版　　次：2022年7月第1版
印　　次：2022年8月第2次印刷
定　　价：88.00元

凡所购买电子工业出版社图书有缺损问题，请向购买书店调换。若书店售缺，请与本社发行部联系，联系及邮购电话：（010）88254888，88258888。

质量投诉请发邮件至zlts@phei.com.cn，盗版侵权举报请发邮件至dbqq@phei.com.cn。

本书咨询联系方式：（010）88254199，sjb@phei.com.cn。

推荐序

客户成功的科学方法论

当下中国经济面临着全球通胀、地缘政治、疫情反复、消费疲软等多重压力，企业发展着面临前所未有的挑战，必须要从过去三十年的狂飙突进向精耕细作的运营方式转变。管理科学化和数智化是企业通过技术与组织创新提高经营效率，打造持久竞争力的必修课。

作为研究型企业服务投资基金，我们相信企业经营既是艺术、更是科学。有好的方法论才能实现可积累、可复制、可优化、可持续的创新和增长。不断积累和优化方法论的组织，才可以实现持续的进化。为此，高成资本启动了“ToB方法论丛书”的长期工程，通过每年聚焦一个主题、推荐书籍并引入专家，为中国创业企业在ToB方法论领域的快速学习及突破创新贡献一份力量。

2021年高成翻译并推荐出版了《销售加速公式》。以创业者最关注的“销售管理”作为切入点，介绍了市值超过140亿美元的SaaS企业HubSpot的成功经验。软件工程师出身的作者马克·罗贝齐（Mark Roberge）作为HobSpot的销售负责人，以工程思维解构了销售的关键要素和核心流程，通过数据驱动的实验迭代，重构了销售招聘、培训、管理、薪酬激励四大工作模块，从无到有地搭建了可量化、可预测、可优化的销售体系，实现了从零到一亿美元收入快速增长的骄人业绩。销售不再是艺术，而是可衡量、可复制的公式。《销售加速公式》中文版推出后受到ToB创业者的广泛好评，我们也聘请了马克作为高成的顾问，为高成的被投企业与伙伴企业提供经常性的交流和辅导。

2022年我们聚焦“客户成功”的主题。因为通过销售管理获得了客户，还远不能高枕无忧。客户要的不仅是产品和服务，而且要解决自己的问题，达成自己的业务和管理目标。如何把客户服务好，把客户留住，实现续购、增购是摆在ToB特别是SaaS创业企业面前的下一个难题。如果留存、续购、增购出现问题，就像漏水的木桶，再高效的销售转化漏斗，都经不住客户流失的消磨。企业规模越大，抵御客户流失的压力就越大，增长也就越难。在逆风时期，客户净金额留存率（NDR，Net Dollar Retention）对企业经营的健康性更是至关重要。**ToB企业要想成功，必须首先确保客户成功。**

与传统被动式的"客户服务"不同，"客户成功"是以客户为中心展开的、帮助客户通过使用产品实现业务目标，继而达成对产品的续费、升级、增购、扩容，最终成为企业长期客户的一系列主动性服务。为此我们向大家推荐Gainsight公司出品的《客户成功》和《客户成功经济》两本书。Gainsight是一家创立于2009年的专门做客户成功管理软件的SaaS企业，诸如Workday、Box、VMWware等全球知名的企业服务领域翘楚都是其客户。在他们看来，客户成功不仅是每家ToB企业应有的基本理念与指导原则，还应成为业务经营、组织建设及企业文化价值观的核心，每个部门、每个人都要对客户成功负责。

《客户成功：创新型公司如何减少客户流失并增加经常性收入》（*Customer Success:How Innovative Companies Churn and Growing Recurring Revenue*）写于2016年，是最早系统性阐述和传播客户成功管理理念的书籍之一。这本书全面回溯了客户成功的缘起与演化，着重厘清了对客户成功的各种误解，还提出了极具指导意义的"客户成功十大法则"，不仅在业界广受关注，而且推动了ToB企业注重客户成功管理的浪潮。

《客户成功经济：为什么商业模式需要全方位转换》（*The Customer Success Economy:Why Every Aspect of Your Business Model Needs A Paradig Shift*）写于2020年。经过短短几年的发展，客户成功已在全球成为数智时代领先ToB企业的标配。这本书的最大亮点是极为难得地提供了一整套实操性极强的落地方法，从明确责任，即"践行客户成功是'一把手'工程"，到前、中、后台各条线如何落地，再到具体的启动决策、实施步骤及行动计划；让客户成功不再是停留在理念层面的启发，而成为在实操层面可落地、可复制、可优化的方法论。我们相信《客户成功经济》这本书不仅对SaaS企业的客户成功管理落地极具借鉴意义，对其他客户导向的行业的从业者也会很有启发。

当然，没有哪一套方法论适合所有人，而且方法论本身也需要不断迭代、升级。打造方法论的前提是要对基本原则有深刻洞悉，要能够看透事物的第一性原理是什么，底层逻辑和要素有哪些。ToB创业道阻且长，需要创业者充满坚定的、热情的探索真理的渴望。

中国经济的崛起，很大程度上受益于改革开放的红利、全球化的分工,以及世界技术进步的领航。放眼未来，从拿来主义到自主创新的范式跃迁，是我辈义不容辞的历史责任。我们希望在帮助中国创业者打造世界级企业服务公司的过程中，不仅提供长期耐心的资本和深刻前瞻的行业洞察，也为大家提供切实可行的方法论作为参考。

日拱一卒，功不唐捐。高成资本以此为训，与大家共勉。

洪婧

高成资本创始合伙人

原书序

“‘客户成功’这个词已经成为当今商业世界的一个流行词。”

四年前[1]，我为《客户成功：创新型公司如何减少客户流失并增加经常性收入》一书所写序中的这句话——创新型公司怎样减少客户流失、增加经常性收入——到2020年显得有些过时了。毕竟，客户成功已经不再具有很多年前所拥有的流行词地位。

2016年，大多数商界人士，甚至那些尖端的、纯粹的SaaS（Software-as-a-Service，软件即服务）公司的人都不熟悉客户成功的概念。很明显，经济情况正在迅速发生变化。传统的客户服务——被动的、昂贵的、最低限度的客户服务——现在已经无效了，因为客户掌握了所有主动权。

尼克（Nick）、丹（Dan）和林肯（Lincoln）的著作的出版恰逢其时。它为有远见的领导者提供了适应市场变化的行动方案，使他们明白把客户成功作为一种策略和组织职能的必要性。它提供了工具，帮助他们从零开始创建一个客户成功管理团队，并为他们在一个新兴领域的发展铺平道路。

现在，那本书已经摆在全球数以万计的客户成功领导者和实践者的桌子上并被翻卷了角。我甚至在几位 CEO的书架上见过它！它已被翻译成四种语言，并帮助推动了一场运动，这场运动创造了世界上发展速度最快的新兴工作之一。原因很简单——客户在不断流失。

正如那本书的副标题所说，客户成功关注两个相互交织的主题：“减少客户流失”和“增加经常性收入”。这是为了避开订阅业务中的无声杀手，并制定一种防御策略。

1　该序写于 2020 年。——编者注

2016年，大多数人仍然不理解超出客户服务范畴的客户成功。客户服务是客户成功地使用产品的一个必要但被动的设置，而客户成功涉及对客户业务目标进行更全面的理解。如果你四年前已经加入客户成功团队，那么你会很容易想到你曾花了很多时间解释你的工作内容和它的价值。

今天，没有人需要证明客户为他们的业务创造的价值，也没有人需要证明积极培育和深化这些业务关系的必要性。但下一步是什么？为什么会有这本新书？为什么是现在？

很明显，有太多的经营者在看到"减少客户流失"之后就停止了阅读。他们和这本书的对话以"我不卖任何东西"结束。在很多情况下，他们止步于客户成功管理。

正如尼克和艾莉森（Allison）在本书中所阐述的那样，客户成功的第二个发展阶段远远超出减少客户流失和客户成功管理的范畴。在这个新的演进过程中，客户成功被注入公司的每个部分，并在每个团队成员和客户之间的每次交互中实现。

客户成功2.0不是防御策略，相反，它完全是进攻策略——通过为2020年及未来构建团队、流程和技术，释放客户身上巨大的、隐藏的增长潜力。

我喜欢史蒂夫·乔布斯（Steve Jobs）说的一句话："你必须从客户体验开始，然后朝着技术的方向努力，而不是从技术开始，然后再来弄清楚要把它卖给谁。"

我认为写书也是如此——你必须从读者需求入手，然后回到书中。2016年，我们的读者还是客户成功的新手，可能刚刚认识到需要一种新的业务模式。但到了2020年，客户成功2.0的读者已经知道客户成功势在必行。他们知道如何管理客户成功团队，也知道如何应对客户流失。

但他们仍需要知道如何在整个组织内衡量客户成功，如何从客户成功走向客户增长，如何将客户成功融入产品本身，如何统一客户数据，最重要的是，如何将人类重新带回技术领域。

我期待在新一代客户成功创新者的书架上看到被翻旧的这本书。

玛丽亚·马丁内斯（Maria Martinez）

思科执行副总裁兼首席客户体验官

目录

第一部分 为什么客户成功成为标准

第二部分 将客户成功融入你的商业模式的每个方面

第一部分

为什么客户成功成为标准

第 1 章

客户成功是什么，为什么会影响一切

如果你一成不变，那么你就完了。

——本杰明·富兰克林

在商业中，什么才是真正重要的事情呢？每天，我们都会收到数百封电子邮件、电话和会议邀请。辨别什么是重要的事情可能是一个挑战。每隔24小时，我们周围的世界就会发生无数变化。辨析最重要的趋势可能很难。如果你像我们一样，就会明白从噪声中分辨信号是领导企业的一项重要工作，可以是压倒性的工作。

这种对商业中最重要东西的追求，将我们从不同的起点带入客户成功领域。我们将分别讲述对客户成功的发现如何推动我们对商业中的重要因素进行思考。我们认为这些故事会引起你的共鸣。让我们从尼克开始。

爸爸，制造和销售不再是唯一重要的事情了

我清楚地记得在我8岁的时候，我和我的企业家父亲一起度过的一个“带孩子上班日”。对于那次活动，我记得最清楚的一件事是，他说：“尼克，商业活动中只有两种人的工作很重要：一种人生产你卖的东西，另一种人卖你生产的东西。其他一切工作都是‘开销’。”

尽管听起来过于简单，但我父亲准确地描述了从1900年到2000年几乎所有大公司的商业模式。制造商品和销售商品推动了全球经济的发展。销售是一次性活动，任何“售后”都是公司的成本（客户服务中心、机器修理人员、公司车队等）。在我作为企业软件公司领导者的早期职业生涯中，父亲的建议对我很有帮助。

此后，在2008年金融危机最严重的时候，我被聘请管理一家销售SaaS的公司。我终于用上云服务了！我还记得第一天见到员工的情景，那时我回想起父亲的建议。我想马上和销售以及工程部门的领导——那些“卖东西”和“生产东西”的人谈谈。

我还遇到了史蒂夫（Steve），他负责确保我们已有客户的成功。当时，我对自己说：“太棒了。史蒂夫已经搞定了，所以我不用再担心了。”

但在运营这家公司的四年中，我了解到 SaaS业务模式是从根本上把权力转移到我们的客户手里。他们不再“买”东西，而是“租”东西。这改变了我作为CEO的运作方式。制造和销售仍然很重要，但我们的客户现在拥有了“钱包的力

量”。“如果他们不满意，就会随时离开我们。”作为这家以客户为中心的公司的CEO，我和史蒂夫在一起的时间比和销售及研发部门的同事在一起的时间要多得多。

我观察到的这种“以客户为中心”的转换是我兴奋地在2013年帮助并加入创立Gainsight公司的原因，我们的使命是让企业拥抱客户成功，并将其作为下一经济时代的重要战略性差异。如果你在网络上关注过我，你就会知道我对客户成功行业发展的激情满满。

但是，这不仅仅是我的故事和我非理性的热情。这是一个产业的故事，实际上，这是整个经济的故事。之前，商业发展的历史可以被浓缩为两个阶段：制造商品的阶段（从工业革命开始）和销售商品的阶段（互联网推动这一阶段发展，使商品可以在全球范围内即时地、持续地进行销售）。现在，我们进入第三阶段。我们仍然需要制造和销售商品，但这还不够。在现代经济中，我们的客户在追求成功——实现他们的目标——而不仅仅购买商品。

如果你正在读这本书，那么这可能是你的故事：你可能正在与一些供应商打交道，他们似乎并不知道你真正想要的是什么；你可能正在经营一家销售公司，并意识到季度末的“英雄业绩”不会持续太久；你可能是一名负责客户成功的专业人士，正试图让你的公司意识到“客户成功”这一趋势。

无论是谁，都可能对工作中使用的工具和系统感到畏缩，但当走出办公室，打开优步（Uber）或来福车（Lyft）应用时，人们就会被奇迹般地带到任何想去的地方。

简言之，我们都知道这个故事需要改变。

商业的职责是帮助他人

艾莉森讲述了自己如何在客户成功行业发展的初期参与了进去，客户成功行业的发展从根本上改变了她对商业的看法。

在上大学的时候，我花了很多时间研读古代哲学文献，寻找“美好生活”的秘密和健康社会的支柱。和同龄人一样，我希望以某种方式为这个世界做些有益的事情。当我发现在美国国会的实习工作更多只是以邮件形式回复选民——比如机械地复制我服务的参议员的签名——而不是创造更多价值和帮助人们的时候，我意识到，我可能更适合去企业工作。

随后，在管理咨询和私募股权投资领域的两份工作不仅使我接受了令人难以置信的商业训练，还让我加入了一个由才华横溢、相互激励的人员组成的团体。不过，有件事情一直困扰着我：我该如何将学到的技能转化为积极的社会影响，以进一步激发我的动力？我试图回到“做有益的事”的初衷，让一位朋友帮忙开发了一款科技产品，这个产品用于帮助产业工人——通常是我们身边的弱势群体——展示技能，以便更容易找到工作，但市场还是不成熟。我又回到了起点。我告诉自己：我太天真了，以为做生意仅仅就是做生意。

不久之后，在我之前任职过的投资公司发起一轮早期融资后，我遇到了尼克，当时，Gainsight公司在一个叫作客户成功的新兴市场拥有大约30位客户。随着我对这个新兴市场的了解，我很快意识到这是一个新的弱势群体、一个初出茅庐的群体，其中很多是女性，他们知道自己的价值比公司和投资者认识到的还要大。市场的结构性变化对他们有利，而他们只是需要获得一些支持。

我很快参与其中，加入Gainsight公司的客户成功团队。我们在数百篇博客文章和播客视频中与客户成功行业群体讨论如何让我们的客户获得成功，并分享我们所做的实验的结果——有好的，也有坏的（在一次实验中，我们不小心给所有客户都发了一封“欢迎邮件”，甚至包括那些终身客户。唉！）。我们从客户和该领域的其他朋友那里学到了很多东西，他们也做了相关实验，并针对我们的想法进行反馈。

我惊喜地发现，最大的收获是，做有益的事并不一定与创立伟大的企业相冲突。事实上，这可能是一个差异化因素。真诚地帮助客户可以实现更强劲的收入增长，增强引领市场的能力、盈利能力，提高连贯性，提高员工留存率和推动价值倍增目标——正如我们在客户成功行业群体中所看到的那样。现在，那些曾经不被重视的人士（客户成功专业人士）正在帮助其他曾经不被重视的人士（客户），并创造出令人难以置信的商业成绩。

回到这个问题：在商业中什么才是真正重要的？答案是，真正为客户做有益的事。

这听起来可能有些“软弱”。但事实上，这就是当今商业领域面临的残酷现实。本书探讨如何在一个更具挑战性的商业环境中竞争和取胜。值得注意的是，这不是说“让客户满意”，关键是让客户成功，只有这样，你才能成功。接下来，我们讨论一下这是什么意思。

为什么客户成功不只是“让客户满意”

毫不奇怪，互联网使客户和企业之间的关系发生变化。无论在家里作为“消费者”，还是在工作中作为“商人”，我们都需要获得良好的客户体验。这个理念已经被普遍接受，甚至被认为有点过时了。

不过，在某些方面，谈论客户体验或“让客户满意”并没有抓住核心问题。互联网不仅可以让客户“满意”，还能满足当今社会客户的要求——实现他们的目标。管理咨询领域用一个高级的术语描述这一目标——期望的结果。

期望的结果是什么意思呢？那就是，无论在何时，任何人（无论是消费者还是商人）在考虑与一家公司做生意时，心里都有一个目标：或是试图从城市的一个地方到另一个地方旅行，或是希望拥有更好的体型，或是希望成为激发团队成员进行更多投入的高管。

无论是考虑B2C（企业对消费者）还是B2B（企业对企业），追求期望的结果的趋势是不可阻挡的。如果你在纽约旅行，那么Uber和Lyft会把产品（汽车）变成结果（让你从A点到达B点）。如果你在健身，那么Peloton（一家互动健身平台）会把物理设备（自行车）变成订阅服务（伴随着美妙音乐的动感单车训练）。如果你是一位管理人员，那么Workday（一家人力资源管理软件服务巨头）将从“人力资源软件”转换为SaaS解决方案。

在所有这些情况下，客户不再被供应商套牢，因为技术已经针对客户做出改变。他们可以进行选择，具有流动性。他们现在是商业活动的核心。就像哥白尼告诉我们地球不是宇宙的中心一样，供应商现在开始转变观念，意识到客户是他们的中心。图1.1和图1.2可以说明这种变化。

客户的期望值越高，力量就越大，在这一背景下，留住客户变得更加困难，因为此时客户有更多选择。更多选择的存在改变了客户对供应商的看法，也影响企业为留住客户而采取的行动。如果不以客户为中心，就可能失败。应该确保客户在使用产品时接受企业提供的客户服务，这样可以加强企业与客户的联系。在所有活动中，要让客户成为拥护者。

做到这一切的企业就会跻身那些通过客户成功而得到较快发展的企业行列。如果忽略这一切，那么企业可能被市场抛弃。

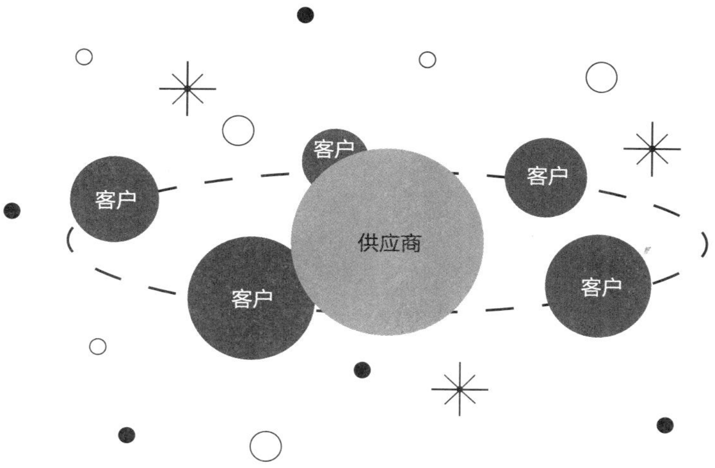

图1.1

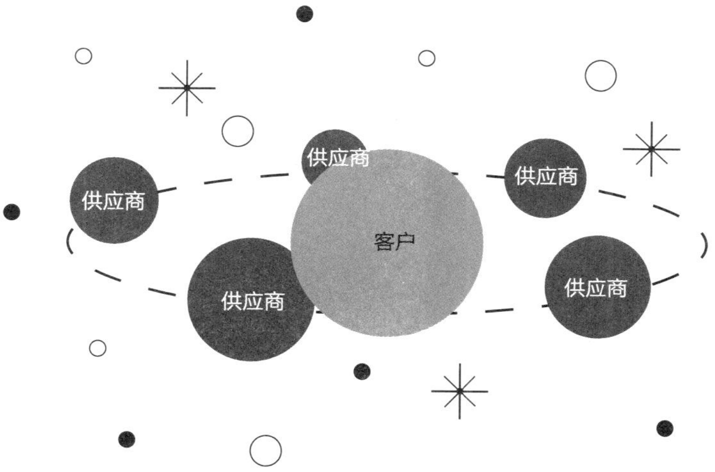

图1.2

为什么你需要这本书

我们的第一本书《客户成功：创新型公司如何减少客户流失并增加经常性收

入》阐述了公司客户成功的方法的基础。如果你读了我们的第一本书，那么你可能想知道为什么（甚至是否）需要另一本具有同样主题的书。

新领域的变化很大。还记得我们对1999年的互联网的看法吗？和对现在的互联网的看法相比，除了猫的照片，几乎所有的东西都不一样了。

同样，客户成功也在迅速发展。想想我们的第一本书——阐述了公司做到客户成功的方法的基础，实践发生了根本的变化：客户成功从一项工作职能转变为全公司范围内的行动要求。我们的第一本书预测到了这种变化，在本书中，我们将分享许多与之相关的例子，以论证客户成功行业的发展正在改变整个经济的本质。

客户成功与经济

我们承认，这是一个相当大胆的论断。在第三次经济浪潮中，权力从根本上转移到了消费者手中。仔细想想就会发现权力表现为“看谁占了上风”。在商业发展的第一阶段，产品是新奇的：想象一下，福特汽车来到城镇，从驾着马车的人们的身边驶过。那时，产品本身就是新事物。

再看一下今天的产品。想为办公室购买营销软件时，你会发现有成千上万个解决方案可供选择。想获得送餐服务？你可以从Grubhub、Doordash、UberEats中选择，这样的应用不胜枚举。想尝试一种新的服装穿搭订阅服务？你只要在谷歌上搜索这个概念，就可以获得数以百计的选择。想要一个智能音箱？你可以从谷歌、亚马逊、Sonos 以及其他渠道选择。还记得Fitbit（一款记录器产品）刚问世的时候吗？现在，追踪记录器已经被嵌入多种物品中。

在商业发展的第二阶段，面对这么多选择，挑战在于找到想要的东西。其中，一大创新出现在零售业：沃尔玛可以让你在家附近买到想要的产品；电话销售让你通过手机就可以从商品目录上购买到想要的商品（现在想想，这有多么过时）；UPS和FedEx这样的快递公司可以帮你把包裹送到家门口；当然，亚马逊把这一切提升到了一个新的高度。

再想一下你在购买时的选择。可以选择的项目几乎“令人生畏”：是选择亚马逊Prime即日达、Instacart，还是沃尔玛的送货服务？或是在家用3D打印机把东西打印出来？是通过手机或电脑从网络上购买，还是通过智能设备购买？销售商品不再具有差异性。

有了无限的产品选择和无限的购买方式，客户成为当下的稀缺资源。因此，不仅确保客户成功是一项工作或一种战略，而且客户成功是真正的经济模式。

接下来，我们将简要介绍有关客户成功的基本知识。

一点历史教训：客户成功、客户服务、客户管理

从传统的商业思维到当今实践的转变就在这里成为焦点。

客户服务一直是并将继续是企业的重要组成部分。当客户需要帮助时，如何才能快速、有效、体贴地帮助他们？类似地，在一些业务中，客户管理需要帮助客户找到与供应商做生意的更多方法（“销售更多的东西”）。

但是，只有客户服务和客户管理还不够。在新经济中，缺失的一环是，客户会根据目标是否达成来决定是否继续与供应商合作或增加开支。所以，需要让他们获得想要的结果。然而，在许多公司，客户服务是为了对客户的需求做出回应，客户管理是为了销售，它们都没有主动帮助客户获得价值（在客户成功圈子，会经常听到“积极主动”这个词）。在客户已经购买并准备购买更多东西之前，谁能确保客户会继续主动？客户服务人员随时准备在电话铃声响起时拿起电话，但是谁会主动打电话给客户以帮助他们实现更多的目标呢？你可能认为客户管理人员属于“外拓团队”，但他们的关注点是不同的。上市数据软件公司Splunk负责全球客户成功管理和续费的副总裁凯文·米克斯（Kevin Meeks）简洁地表达了这种差异：“对于客户管理，我想到的是商业销售。对于客户成功，我想到的是口碑传播和做什么事情能让客户真正获得成功，而不只是关注短期销售。”客户成功是帮助客户实现期望的结果的环节。目前，这一环节是缺失的。

一个真正在全公司范围内对客户成功的关注会确保客户通过使用相关产品来实现目标，并在这个过程中获得美好的体验。为了实现这一目标，需要三样东西：（1）一个每天都在持续思考如何帮助客户获得更多价值的组织；（2）一套能在全公司范围内帮助消除客户成功面临的障碍的方法和措施；（3）持续强调以客户为中心的企业文化。

为什么客户成功不是可有可无的

客户成功是经济发生巨大变化的自然结果，包括但不限于以下事实。

- 全球化和科技使进入某个业务领域的门槛降低了。
- 低壁垒使新进入者可以破坏几乎所有已有的业务类别。
- 新进入者创造了低摩擦的商业模式，这使客户更容易尝试和购买，特别是在更短期定价、更细粒度的消费，以及更简单的部署的情况下。
- 这种低摩擦使“尝试—购买”型客户更容易离开。这意味着客户比以前拥有更多的权力和选择。他们选择与能提供他们想要的结果和成功的供应商在一起。
- 那么，关于实现以客户成功为中心的实践，你唯一必须真正解决的问题是，你的业务是否能够足够快地做出反应以生存下来。

如果你还没有动力，那让我们试试“胡萝卜”加“大棒”，因为这两种方法都适用于客户成功。

从积极的方面来看，客户成功为企业创造了四个方面的巨大机遇。

（1）**可预测的机遇**：一方面，传统的“一次性销售”商业模式可以让你提前得到客户的钱。另一方面，你总是要找到另一个客户才能赢。客户成功模式的重复本质意味着你的业务从长期来看具有更高的稳定性。正因为如此，股东喜欢订阅式的商业模式和云计算的财务数据，并且给予它们高于同行的估值。

（2）**成长的机遇**：今天的公司有更多的杠杆来拉动销售，而不是寻找冷线索。他们可以通过实际交付在销售环节中向客户描绘愿景来实现增长，这使他们能够扩展现有的客户关系，并通过快乐客户的热情推荐来吸引新的购买者。

（3）**创新的机遇**：客户成功和你从深厚的客户关系中获得的数据可以让你的企业获得前所未有的发展。也许你为小型企业管理提供软件，然后你意识到你的客户在接受付款方面也有困难。有了客户成功模型，你就能够更快地为客户推出新产品。

（4）**平衡的机遇**：最后，我们将在整本书中强调采用了客户成功模式的公司更成功。其能够以一种适合所有人的方式平衡所有利益相关者的需求，包括客户、队友、社区和股东。

但是如果你还没有被以上内容所鼓舞，让我们看看硬币的另一面——不投资客户成功面临的四个风险。

（1）**流失风险：**现代企业的领导者意识到客户的根本期望正在改变。客户不再需要“产品”或“服务”——他们希望自己的问题得到解决。所以，整个公司的工作都改变了。此外，在SaaS和云计算等新业务模式中，客户拥有所有的权力。如果他们没有实现价值或取得“成功”，那么他们会继续寻找新的供应商。

（2）**资本风险：**投资者希望你为你的客户投资，因为他们知道这会带来回报。不管你是打算筹集资金、上市，还是成功地召开一次董事会，客户成功都成为公司的当务之急，这是需要关注的事情。

（3）**竞争风险：**无论你是否采用客户成功模式，你所处的竞争环境都将迫使你采用这种模式。这种差异开始体现在业务领域的领导者和落后者身上。

（4）**员工风险：**越来越多的员工希望加入那些真正以改善他人生活为使命的公司。以结果为导向的组织的兴起，意味着如果你不能真正帮助你的客户，你的员工就会跳槽。

你可以期待从这本书中得到什么

经济的本质已经发生巨大的变化，这一变化从尼克还是个孩子、骄傲地拿着一个装满玩具的小公文包和他的父亲在一起的时候，乃至从艾莉森十年前离开私募股权行业的时候就开始了。客户的力量比以往任何时候都强大。随着基于云计算的技术出现，大多数客户可以（也将）随时更换供应商。这一点在B2B领域和B2C领域都是如此。这对你来说意味着什么？你现在有一个明确的任务——用你的产品或服务来确保你的客户取得成功。这个新世界迫使你将客户成功放在你的优先级列表的首位。

在我们的工作生涯中，大多数人曾思考过为什么自己要如此努力地工作。当挤在飞机座位上飞向另一场会议的时候，我们肯定有过不少这样的时刻。我们知道工作不仅仅是为了赚钱，但是我们被告知不要谈论这些事情。

商业世界竞争激烈，我们意识到，我们可以在“以人为本”的前提下获得商业成功。客户成功，就是意识到你的公司是由人组成的，你的客户也是人，你们只是想一起赢。

这本书将帮助你和你的客户一起找出取胜的方法。第一部分关注客户成功经济的演变：它现在是什么样的，它是如何发展到今天的水平的？第二部分探讨客户成功经济需要的公司类型：每个职能需要做什么？第三部分讨论实施情况：你应该采取哪些步骤在你的公司推广客户成功？

你不会只听到我们的观点。你会听到几十位CEO、投资者、首席客户官和其他在这些话题上的思想领袖的观点。他们具有非常不同的背景（《财富》500强企业高管、私募股权行业精英、风险投资和硅谷人士），并主动提出愿意接受采访，以便可以直接与你们分享观点。

我们希望到最后会种下一些种子，并提供给你一些肥料来帮助这些种子生长。换句话说，也许当你阅读这本书的时候，你会重新构建你的商业观点，哪怕只是一点点，并在你的公司内朝着推进客户成功的道路前进。

如果你还没有读过（或者回顾）我们的第一本书，可以看看下面对客户成功的十条法则的概述，这是关于客户成功的基本知识。或者，你可以直接进入第2章，我们将看到客户成功的想法是如何在硅谷以外的各个领域出现的。

客户成功的十大法则

以下是客户成功十大法则的简要概述。

法则一：客户成功是一个自上而下的、全公司范围的承诺

我们在2016年提出了客户成功这一概念，今天我们更加坚信这一点。客户成功是一场真正的商业革命，并且会一直持续下去。如果做得好，那么它会为你的企业带来真正的价值。如果你还没有加入，你很快就会加入。当今客户的需求和经济的变化意味着如果没有对客户成功的坚定承诺，你的公司就无法长期生存。只要你记住客户成功是从高层开始的，起步就会相当容易。要让它发挥作用，那它就必须成为全公司的承诺。CEO口头上说服务好客户是他们的首要任务，却以完全相反的方式行事的日子已经结束了。顺便说一下，法则一带给了我们写作这本书的灵感。

法则二：销售给正确的客户

作为一家成长中的公司，你的整个组织必须专注于向正确的客户销售产品，

并且要时刻保持产品的市场契合度（Product Market Fit，PMF）。如果你把产品销售给了不正确的客户，那么可能给你的组织带来灾难性的影响。错误的客户可能会阻碍你的组织发展，并使你与成功、提升效率和扩大规模的努力方向背道而驰（另外，偶尔出现的一个错误的客户可以成为一个提供批判性构思的合作伙伴，帮助你扩展用例并提升PMF。当然，这只出现在你与他们进行诚实的对话并根据他们的反馈采取行动的情况下）。

法则三：客户流失是自然趋势

客户和供应商的关系开始时就像湖中并排停泊的两条船。如果两条船都空着，它们就会开始漂移。最终，这两条船可能会相距很远，甚至可能会撞到对面的湖岸。

如何改变这种自然的趋势呢？很简单：让人上船，给他们一副桨。最好的做法是，让每条船上都有划桨的人。变化是持续的。供应商和客户公司的人员都在发生变化；商业模式在发生变化；产品、领导和方向都在发生变化。随着这种变化的持续，只有其中一方或两方精心设计、积极主动的相互作用才能克服因不断变化造成的自然漂移。

当你的公司对客户成功做出有意义的承诺时，你要致力于抵消这种自然的漂移。

法则四：你的客户希望你能让他们大获成功

客户购买你的解决方案并不仅仅因为它的特性和功能。他们购买你的产品（以及建立与你的联系），是因为他们想要实现一个商业目标。他们认为，你会推动他们取得成功。而且，当销售环节结束时，他们会有很高的期望值。你无须浪费时间去抱怨客户这种态度的公平性，只需要承认它并为之努力。

想获得巨大的成功，你需要问三个基本问题：

（1）你的客户如何衡量成功？

（2）客户是否实现了这一价值（或者他们是否至少在实现这一价值的可行的道路上）？

（3）客户在这一过程中的体验是怎样的？

法则五：坚持不懈地监控和管理客户健康度

客户健康度是客户成功的核心。它不仅体现你的行动，如果正确利用，还能推动你采取适当的行动。客户健康度对于客户成功就像销售漏斗对于销售副总裁的计划信息一样——关系到对未来客户行为的预测。因此，就像销售副总裁通过销售漏斗进行管理一样，客户成功团队也必须通过客户健康状况进行管理。监控和管理客户健康状况是客户成功团队的一项核心活动。这件事要做，而且必须做好，甚至要坚持不懈地做。

法则六：你不能再通过人际关系建立忠诚

现代技术的价值之一，是使我们的产品更容易被我们的客户所购买。这几乎总是带来大量“长尾”的低价值客户，在大多数公司，这些客户往往最终被忽视。而最好的公司会想出办法以有效地管理这个庞大的客户群体。

SaaS的供应商意识到他们需要系统地创建程序才能与自己的客户互动。大多数SaaS公司需要解决的问题是，如何以一种技术上友好的方式为大部分客户提供服务，同时减少为了建立关系而对劳动密集型方式的需求。

你需要根据你的产品和服务来决定如何创造一种客户体验，以便客户与你的公司建立联系。一旦设计好了，你的客户成功团队就需要不断捕获、驱动并持续改进这种体验。请记住，创造客户体验必须是全公司的首要任务；它不能通过与客户的个人关系或一个部门来实现。

这听起来像常见的业务实践，但是大多数组织没有一个有凝聚力（完整而全面）的计划来交付最佳的客户体验。

法则七：产品必须是第一位的

客户留存、客户满意度以及规模化支持和服务组织的关键，是设计精良的产品与一流客户体验的结合。消费技术改变了我们的工作方式，也改变了我们客户的期望。确保你已经创建了一个产品，满足和符合客户的需求和期望，并创建了一个客户体验团队，专注于构建各种项目来促进客户参与体系建设，它可以推动客户社区的建立，鼓励不同层级和角色的客户群体积极参与，并提供明确的反馈循环来指导产品改进。关于产品使用和采用的数据应该对每个人都可用——从产品团队到市场营销团队再到客户成功团队。此外，越来越多的客户成功团队在产品中使用App消息和客户指南来规模化他们的客户成功工作。

同样重要的是，注意，在新客户经济中，我们需要以非常不同的方式思考如何构建产品。大型、单一应用程序的时代已经过去了。今天的世界需要构建模块来实现“落地—扩张”（Land-and-expand）模式。这是利用我们在客户成功上的主要投资的唯一方法。

法则八：不惜一切代价缩短实现价值的时间（Time to Value）

为什么消费者或企业会有购买行为？因为他们认为可以从购买中获得价值。如果你是一个消费者，那么这可能意味着你要在一家好餐馆花很多钱，因为你希望得到一顿美味的大餐。在这种情况下，你很快就会发现你花的钱是否值得——根据食物是否美味判断。基于此，你可以决定是否再次光顾这家餐馆。

但在销售商业产品和服务时，你往往很难将价值与支出很快地挂钩。买家知道这一点，但他们仍希望在合理的时间范围内看到价值。对于SaaS供应商来说，这个时间段就是订阅的时间长度：如果客户在续约讨论开始之前还没有看到真正的价值，他们就不太可能续约。与供应商相对的是，让客户启动并开始运行解决方案所需要的时间。不惜一切代价地缩短实现价值的时间是应对这一挑战的方法。

而且价值实现时间在整个客户生命周期中都很重要，而不仅仅是在初始的客户引导阶段。例如，当一个新版本出现时，这一过程就会重新开始，以帮助客户尽可能快地从新功能中获得价值。对于成功的公司来说，执着于价值实现时间需要成为一种持续不变的模式。

法则九：深刻理解客户流失和客户留存的细节

成功的基于订阅模式的公司必须了解客户流失和客户留存的细节，以便维持和加快收入增长。没有什么比来自客户基数的收入蒸发更能减缓公司的增长速度了。随着客户基数收入的增长，即使1%的客户流失率的增长也会对公司的发展速度产生巨大的影响。

为了维持SaaS公司的长期发展，你的公司必须从理解客户为什么以及多久会离开的角度来理解“流失”这一概念，从客户为什么以及会留下多久的角度来理解“留存”这一概念。客户生命周期中的流失和留存问题解决得越早，公司长期发展问题就越容易解决。

伟大的公司会真正理解客户流失的原因（“这对我们不适用”或“价格太贵了”并不是真正的原因）。它们还将了解为什么会出现某个领域的客户流失，这种流失导致购买减少（现金流失）。

法则十：客户成功团队必须以指标为导向

与任何新的业务尝试一样，成熟度是确保企业长期生存所必需的。好了，客户成功的这一时刻已经到来了。作为大多数企业中的正式组织，客户成功仍然相对较新。可重复性、对过程的定义、度量和优化是成熟的标志。我们在更成熟的具有经常性收入的企业中看到了一些端倪，但对于大多数企业来说，还有很长的路要走。

最终，客户成功的目的，就像一个蓬勃发展的公司的任何其他部分一样，是实现真正的业务结果。定义成功对你和你的客户来说意味着什么，然后构建实现成功的明确的衡量指标，这是加速成熟化过程的必要部分。

记住：你不能改善你无法衡量的东西。因此，建立你的客户成功衡量指标，开始衡量并对它们做出响应，就能看到你的客户成功计划在持续向客户交付积极的结果。

第 2 章

客户成功不仅仅适用于硅谷

在史蒂夫·凯斯（Steve Case）于2016年出版的畅销书《第三次浪潮》（*The Third Wave*）中，这位美国在线（America Online，AOL）前CEO兼董事长预测，随着技术融入更成熟的行业，硅谷以外的地区将崛起。推动“数字转型”的趋势无处不在，这也创造了对客户成功的需求。

作为一个观察案例，我们来看看罗克韦尔自动化公司（Rockwell Automation）。罗克韦尔自动化公司成立于1903年，总部位于威斯康星州密尔沃基市，最初为工业起重机生产电机控制器。今天，超过2.2万名员工为实现公司的使命“让互联企业焕发生机”而工作。根据其网站介绍，公司的产品包括过程控制、传感器以及安全系统。客户成功是罗克韦尔自动化公司转型的基础。值得一提的是，它帮助罗克韦尔自动化公司把以设备维护和管理为主的被动服务模式转变为更主动的服务模式。

罗克韦尔自动化公司全球客户成功总监尼古拉斯·戈贝尔（Nicholas Goebel）解释了他们是如何做到这一点的：“我们认识到，作为一个服务型组织，我们签订的合同和年度经常性收入是我们未来成功的关键。我们需要一个客户成功组织来提高我们的续约率。因此，我们进行了组织变革，我们认识到，罗克韦尔自动化公司客户成功组织的真正目标是帮助我们的客户以最有效的方式使用他们从我们这里购买的任何服务或软件包。我们必须向客户说明服务和软件包对他们业务运营的价值。因此，我们在订阅和服务合同的有效期内持续地跟踪那些被客户认为是最重要的事情，而不是等到最后才试图证明我们给他们的业务带来的价值。”定义什么对客户来说是有价值的，交付与之相对应的内容，并证明真正把价值交付给了客户，这是客户成功的三个核心活动，它们使罗克韦尔自动化公司的经常性收入保持健康。

通用电气数字集团（GE Digital）也同样发现了对客户成功的需求，尽管它没有硅谷的根基。GE Digital是著名工业巨头通用电气的子公司，为从航空、制造到电力的各行各业提供软件和机器学习技术。客户成功是捍卫GE Digital订阅模式业务的根本。客户成功副总裁大卫·克歇尔（David Kocher）将开发客户旅程图作为高优先级事项，这与硅谷SaaS公司的做法是一致的。

> 客户旅程图涵盖了从买家旅程到客户旅程，再到最终结果等五个阶段。它确定了每个不同阶段的关键步骤——客户需要什么和我们需要提供

> 什么。这些是可交付成果。我们最终得到了这个三维的电子表格，它概括了发生的事件、时间和负责人。对客户旅程保持透明的沟通和内部一致性是非常重要的，这样客户就会觉得它是无缝的，即使它具有潜在的复杂性。

医疗保健是另一个拥抱了客户成功的行业。雅典娜健康公司成立于1997年，总部位于波士顿郊外，拥有由超过16万家医疗服务供应商和1.1亿名患者组成的网络，并提供软件和服务，帮助供应商管理他们的实践。雅典娜健康认识到以客户为中心是一项业务需求。“我们有两个优先事项：向客户展示差异化的价值并提供良好的体验，”雅典娜健康公司高级副总裁兼首席客户官布雷特·康纳（Bret Connor）表示，“而且，在世界不断发展的同时，我们必须这样做。医疗保健行业在如何提供医疗保健和人们如何获得回报方面变得越来越复杂，这已经不是什么新闻了。这些动态意味着你必须从客户成功的视角保持与时俱进。我们必须不断学习和评估我们的表现。随着时间的推移，我们的关注点因重要事情改变而改变。这是一个不断监测、学习和适应变化的过程。这样，我们才可以帮助我们的客户获得良好的结果，并确保病人得到更好的治疗。”客户成功确保了雅典娜健康作为一家公司能够像它的客户一样快速发展。

即使是那些帮助我们保持健康的物理设备，也可以通过客户成功而改变，就像ResMed公司的情况一样。总部位于圣地亚哥的ResMed公司提供云连接设备，为患有睡眠呼吸暂停、慢性阻塞性肺病（COPD）和其他慢性病的患者提供医疗服务。此外，ResMed公司还为医院以外场景中的医疗健康供应商提供综合的软件解决组合方案。

对于ResMed公司来说，客户成功意味着为家庭医疗设备供应商和其他渠道合作伙伴提供支持，帮助患者获得更好的健康结果，这是该公司的基本使命。ResMed公司的软件远程连接设备能够帮助供应商更好地支持他们的病人，并确保了患者对睡眠和其他呼吸疗法的依从性。

2016年，ResMed公司启动了一个正式的客户成功计划，通过ResMed公司的软件解决方案进一步支持呼吸治疗师，为患者提供更大的帮助，并推动产生更好的治疗结果。ResMed公司SaaS业务总裁拉杰·索德里（Raj Sodhi）指出了这一结果：“由于我们的方法，我们将患者的治疗依从性从传统的50%提高到87%。

患者和医疗供应商的反响都很强烈。此外，这些解决方案的成功提高了供应商的盈利能力，进而使ResMed公司的利润实现了正增长。ResMed公司已经将业务发展成为持续气道正压（Continuous Positive Airway Pressure，CPAP）设备领域的第一名，我们的客户成功计划是关键的推动者；它使我们得以扩展数字健康解决方案，使其成为全球最大的医疗设备远程监控业务。”

与医疗保健行业一样，人力资源行业的公司也接受了数字化转型，并随后认识到为客户实现期望的结果的重要性。ADP就是这样一家顺应客户成功潮流的公司。该公司成立于1949年，是一家拥有5.8万名员工的人力资源管理解决方案提供商。随着时间的推移，ADP 推出了更多的数字产品，制订一个客户成功计划成为公司的当务之急。ADP高级客户成功副总裁埃林·西门子（Erin Siemens）的业务总裁要求她在2018年设计一个客户成功经理（Customer Success Management，CSM）组织。那时，西门子和她的团队阅读了我们出版的第一本客户成功著作。他们称之为“学士学位”。她说：

> 我和我的团队都读了这本书。我们把它作为我们组织的蓝图。作为一个起点，我有一个由来自公司不同部门的副总裁组成的团队，他们领导过好几个不同的客户关系管理团队。我们需要一个强有力的指导来告诉客户关系经理，我们对他们的日常工作有何期待。当我们开始深入研究客户成功管理时，这本书引起了我们的共鸣。

有趣的是，西门子也被硅谷的SaaS公司信奉的客户成功哲学所吸引。她在组织中做出的改变对任何熟悉硅谷的读者来说都不陌生。“我们建立了操作规则。我们设计了我们期望客户成功经理用来制订成功计划的模板，以确定客户达到想要的结果。我们还增加了一个记分卡，帮助推动客户为获得成功做出相应的行动。”

西门子认为，客户成功运动正在改变许多行业。“能有机会建立一个组织，成为客户成功这一不断发展的行业的一部分，真的很令人兴奋。”

战略咨询公司麦肯锡（McKinsey & Company）合伙人查尔斯·阿特金斯（Charles Atkins）总结了各行业的趋势：

> 当然，客户成功已经成为从预先许可向订阅业务模式过渡的公司的流

行趋势。但实际上，能够用技术使企业与客户互动的任何地方，都是客户成功起飞的地方。

到目前为止，我们已经探索了一些客户成功的例子，这些例子已经渗透到了从硅谷到硅谷外的各个行业，如工业流程自动化、工业现场服务、医疗保健和人力资源管理。这些不是一次性的事件，而是一种趋势。我们进一步探索这一趋势，首先，我们看看客户成功在硅谷以外的公司是如何呈现的。其次，我们将以制造业为例深入研究其中的一个领域，因为制造业正在随着物联网发生变化。

传统行业怎样探索客户成功

通过收购、整合和创新，许多持续经营的传奇公司都以一致的方式拥抱客户成功。我们倾向于将客户成功的模式通过六个连续的步骤渗透到传统行业。

1. 知名品牌正在收购基于云计算的公司以及客户成功团队

在新闻网站上，你会看到一些报道，称一些老牌公司正试图通过进入云世界来重振自己。2013年，农业企业孟山都（Monsanto）（现在是拜耳公司的一部分）斥资约10亿美元收购了气候公司（Climate Corporation），这是一家数字农业公司，负责检测天气、土壤和田间数据，以帮助农民确定那些潜在的限制农作物产量的因素。2017年，全球最大的建筑设备制造商卡特彼勒（Caterpillar）收购了Yard Club，后者提供的技术帮助建筑专业人士管理设备交易。我们之前讨论过的人力资源服务公司ADP，通过多次收购扩充了数字产品。

通过收购进入云软件领域的传统公司有很多。很多老牌公司的领导者读过哈佛商学院教授克莱顿·克里斯坦森（Clayton Christensen）的《创新者的窘境》（*The Innovator's Dilemma*），他们意识到如果在自己的公司里找不到创新基因，就得从外界寻找。如果他们置身事外，那么商业成功不可或缺的部分就会离他们而去。

当收购公司开始了解这些新的创业公司时，它们会发现自己熟悉的领域（销售、市场营销、工程），同时发现对它们来说全新的领域：客户成功管理（CSM）。

怎么处理呢？它们想知道。除非它们得到专家的建议并了解CSM是多么具有开创性，否则许多收购公司都会经历一个可预见的不幸的尝试：试图将CSM硬塞进它们的维护、支持和服务组织中。然而，最终它们不得不面对这样一个事实：CSM是一个独立的世界，这个世界是基于云的业务不可或缺的一部分。

2. 当客户体验团队遇见被收购的CSM团队

通常，被同化的CSM团队会尝试与收购公司的其他团队建立联系，最终成为客户体验（Customer Experience，CX）团队的一部分。从表面上看，这两个团队在使命上听起来很匹配。但CSM团队经常发现，企业CX团队中有一些才华横溢的人，他们在运营方面缺乏权力，或者缺乏在整个业务中进行变革的授权。

CSM团队该怎么办？陷入困境。由于新公司没有真正的变革平台，也没有资金支持他们的项目，CSM团队经常受挫，无法实现他们的目标——通过客户购买的产品或服务来提升他们的业务结果，以改善和稳定公司的利润。

3. 客户成功也适合现有的业务模型

与此同时，母公司中的维护、支持、服务（在某些情况下还包括消耗品）团队常常对客户成功感到兴奋。这是他们多年来一直在宣扬的口号！他们与核心系统/设备销售相关的业务基本上是重复性的，并且需要一个一致的客户参与生命周期。这些团队了解并准备支持新的CSM团队。

4. 客户成功与销售的再创造息息相关

虽然销售管理者最初可能担心另一个团队与“他们的”客户打交道，但开明的管理者看到这个模型后意识到，在新的CSM团队的专业知识和帮助下，他们可以从根本上提高销售效率。通过将现有客户、续费和小规模扩展迁移到一个专门的、可规模化的、流程导向的组织，他们可以让成本更高的销售团队更加专注于真正的“获客”，而不关心他们的客户在销售后将如何处理。

5. 云成为数字转型的门户

在某些情况下，被收购的云计算公司的领导者会成为更大组织的数字化转型负责人或首席数字官。其通常负责使整体业务运作变得现代化，并将云服务的方法应用到业务中。

6. 它们可能成为（数字）巨头

对于许多组织来说，亚马逊这样的公司可能带来长期的破坏性威胁，但也可以带来一些启发。亚马逊利用技术来驱动“顾客至上”的方式可以被复制，为每个公司的成功创建一个路线图，并支持它们实现长期愿景，成为它们所在行业的“亚马逊”——希望它们能获得类似的估值。

★★★

以上我们讨论了通常情况下客户成功思维如何进入传统行业的模式，让我们以制造业为例，更深入地探索客户成功实践是如何展开的。

物联网与客户成功的六个层面

与其他行业一样，制造企业一直在收购云技术公司，如上面的六个步骤所述。这些收购帮助它们建立了物联网（Internet of Things，IoT），这意味着制造商现在能够通过云通信连接它们的设备。制造商第一次可以收集客户使用设备的相关数据。新出现的可用的大量数据不仅创造了帮助客户的机会，而且对解释和处理这些数据提出迫切需要。事实证明，物联网为硬件公司带来的好处正是SaaS为软件公司带来的好处——让我们可以获得客户如何使用、何时使用，以及是否在使用我们产品的数据。最好的公司已经在使用这些数据来推动积极的行动，为它们的客户带来更高的价值（成功）。

我们在PTC（一家全球软件和服务公司）的朋友是这个由IoT驱动的转变的领导者，我们花了很多时间和他讨论这个问题。首席客户官和客户成功运营总监保罗·伦菲斯特（Paul Lenfest）说：

> 物联网创新的步伐正在加快。有了物联网，你不仅可以利用数据来教育你的客户，让他们知道可以获取的新价值，还可以改善客户体验，甚至增加他们在你的产品中发现的价值。客户成功对于智能连接产品的制造商来说至关重要——这是必须做的增强竞争力的事情——积极、快速引导客户实现价值。

我们发现，随着制造企业在客户成功方面变得更加成熟，它们不断丰富有利于客户的新实践。图2.1显示了我们在物联网世界中观察到的客户成功的六个层面。

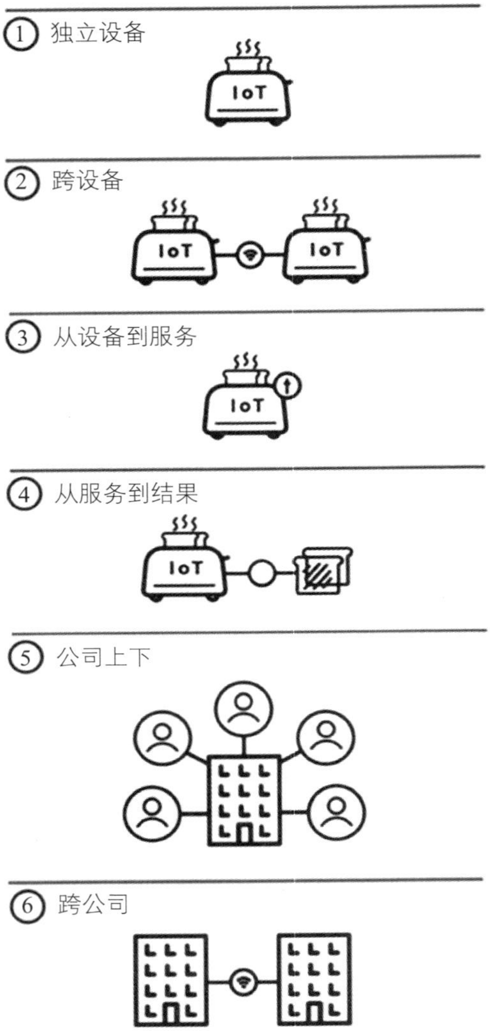

图2.1

第一层：独立设备

供应商过去对客户体验一无所知。他们可能在接到售后服务电话后看到客户满意度调查的结果，也可能在销售会议上收集关于客户体验的定性见解。但总的来说，他们查看和处理手头数据的能力是有限的。

随着供应商收集更多关于设备被如何使用的数据，他们可以使用这些数据来提升他们改善客户体验的能力。想先从简单的开始？请先变得更有责任感——持续跟踪设备出现故障时的数据信号。知识不仅意味着供应商的机会，也意味着责任。如果客户知道你在收集他们的数据，他们会希望你在正确的情况下跟进。

这意味着作为供应商，你必须：

1. 识别那些需要进行干预的新场景。

2. 为每个场景设计响应计划。

3.识别并跟踪评估这些响应计划的结果指标。

第二层：跨设备

在物联网领域，客户成功的第一层内容包括捕捉跨设备的协同效应。

让我们假设一个提供实时室内氡（一种放射性致癌气体）检测的制造商在某户人家中观察到异常高浓度的氡。在设计了我们在前文第一层中讨论的响应计划之后，制造商可以让技术人员呼叫房主并排除问题。

然而，如果数据显示同一地区的许多家庭都有高浓度的氡呢？捕捉客户群的这一趋势可以使制造商为客户提供更多的价值，例如，通知该地区的监管机构，以确定存在高浓度氡的根本原因。

让我们更进一步。供应商在所有设备上收集更多数据，便可以开始预测客户体验将如何展开，然后提供相应的支持。迈克尔·波特（Michael Porter）和詹姆斯·哈佩尔曼（James Heppelmann）发表在《哈佛商业评论》上的一篇文章《智能连接产品如何改变公司》曾被多次引用。该文描述了一个制造商在发现客户关系存在风险时立即进行干预的能力："例如，由于知道客户的频繁使用可能会导致产品在保修期内出现故障，制造商便可以触发前置的服务，以避免日后进行昂贵的维修。"通过这种方式，供应商可以从被动响应（第一层）发展到主动出击（第二层）。

跨设备检测模式还可以实现长期的改进。如果一个设备发生故障，那么供应商可以提供一个软件更新程序来修复所有设备存在的问题。

第三层：从设备到服务

制造商不仅有机会生产设备，而且有机会通过新型服务为客户带来切实的业务成果。

目前的服务可能只关注产品保修。但未来的产品可以包括"洞察服务"。供应商可以将从连接设备中收集的使用点信息与外部数据集连接起来，以帮助客户做出更明智的业务决策。此外，预防性维护服务可以利用数据来防止问题升级，从而提供更好的产品性能保证或服务协议。

例如，在物联网创新出现之前，出现任何飞行中的飞机引擎的异常警告都要求航空公司对整个引擎进行长时间、高成本的检查。如今，劳斯莱斯的物联网喷气发动机使用飞行中的数据生成实时的安全评估结果，并准确地确定引擎的哪些区域需要维护。这为航空公司节省了大量的时间和成本。

大量其他为客户创造价值的服务也在诞生，包括远程服务（“你能不上门拜访就解决我的问题吗”）、涉及有争议的现实叠加服务（“请告诉我如何自己解决这个问题”）、对比基准测试（“我是否获得了购买的设备的全部价值”），以及教育服务（“我如何使用这些更复杂的设备”）。

除了提供设备的补充服务，供应商甚至可能放弃对他们提供的产品进行收费，转而对客户的消费收费。Big Belly曾经生产并出售垃圾桶，但现在它把收垃圾作为一项服务，因为这种产品定价更符合客户获得的价值。

第四层：从服务到结果

供应商可以更进一步地向客户证明其已经推动形成重大成果。客户不仅想要消费服务，他们还想在购买时获得真正的投资回报。

使用点数据可以帮助量化投资回报率（Return-on-investment，ROI），还可以展示与客户的高层会议或每月或每季度的电子邮件更新所产生的价值。向客户展示ROI可以避免“为什么我们要为这个服务支付这么多钱，我们真的需要它吗”这类问题。这也为追加销售或交叉销售铺平了道路，因为当客户确信自己已经获得了价值时，他们更有可能进行投资。eCompliance 是一家办公场所安全服务公司，它提供一款叫作Field iD的产品。Field iD是一种工作场所跟踪设备，能够识别工人的潜在风险。他们可以跟踪通过使用产品来避免的事故——这意味着他们可以告诉客户：“这是你通过与我们合作获得的投资回报。”这些信息对供应商和客户都是无价的。

一旦供应商认识到他们的业务是帮助客户实现期望的结果（最基本形式的客户成功），他们就会意识到不仅有责任在交易中提供设备，还必须肩负起变革管理的责任。使用连接设备的客户可能也需要改变自己的行为和运作方式。

如果没有被授权的CSM团队，那么这一切都不会发生。客户成功经理负责推动客户获得期望的结果，并经常代表客户在供应商的其他部门调动资源。换句话说，CSM团队在供应商内部充当客户的支持者。

这种跨职能的协作构成了客户成功的下一个层次。

第五层：公司上下

数据可以帮助供应商解决问题或驱动结果。但更重要的是，由设备收集的数据可以帮助供应商改进整个交付模型。

供应商可以通过将来自设备的数据与来自其他来源的数据（如客服工单、净推荐值调查、客户关系管理系统或合同数据）结合起来，极大地改善运营状况。供应商现在可以进行各种分析，例如，“是否有机会在净推荐值低但设备消耗高且与客户支持部门互动频繁的大客户中，销售更多的维护服务？”这种分析的结果为公司的各个部门提供相关支持。

这个反馈循环使多个部门在客户旅程中一起迭代，并推动研发（Research and Development，R&D）部门加速改进产品。

可以说，设备制造商的研发团队应该比软件公司的同行更关注客户。在产品设计初期，他们必须准确地考虑希望客户实现怎样的结果，因为改变实体产品比发布新软件更具挑战性。他们必须从一开始就进行考虑：（1）什么指标能够定义成功？（2）我们如何通过在产品中构建正确的传感器、微处理器、控制器、端口和其他组件来收集这些指标数据？这些设计决定往往不能在日后被重新讨论。因此，尽早从其他部门（如客户支持、现场服务和销售团队）获得信息输入，将带来巨大的不同。

第六层：跨公司

当制造商生产出可以通过应用程序接口相互通信的设备时，他们为客户带来更多成果的机会大大增加。例如，Nest温控器可以与Kevo智能锁共享数据。这样，当房主进入房屋时，温控器便可以调整温度。如果Nest和Kevo在其他方面进行合作，它们就可以增加客户从其设备系统中获得的价值——换句话说，它们将检查现有的生态系统，并根据发现采取行动。

医院、城市、工厂和办公场所等可能从多个制造商购买联网设备，这些场景中有多种不断增加的机会推动设备之间产生协同作用。

这里有一个例子：PTC的客户Teel Plastics是一家定制挤压塑料管材和型材的公司，通过使用西门子和艾伦—布拉德利公司的可编程逻辑控制器，利用物联网解决方案连接位于威斯康星州巴拉布工厂的不同机器。在此过程中，Teel Plastics提高了工厂的效率（减少了30%的安装时间），减少了从一种制造方法转换到另一种制造方法时出现人为错误的风险，通过预测维护减少了停机时间，并最终以更高的质量获得了更大的产量。

这个例子展示了创建跨供应商系统的价值。当供应商不只在自己的产品通道中解决客户成功的问题，而是相互合作（可能通过第三方的参与）时，他们就可以帮助共同的客户获得更好的成果。

总结

著名风险投资家马克·安德森（Marc Andreessen）曾经说过："软件正在吞噬世界。"当硅谷以外的公司收购软件公司并利用云技术时，它们也采用有利于客户的做法——这意味着客户成功也在吞噬世界。

在第3章中，我们将讨论客户成功的跨行业传播如何促进客户成功这一职业发展，并使其成为全球最热门的就业市场之一。

第 3 章

客户成功就业市场正在起飞

为什么客户成功就业市场发展如此迅速?

让我们向Gainsight公司CSM教育和Pulse+认证项目的负责人鲁本·拉巴戈（Ruben Rabago）寻求答案。拉巴戈负责创建项目来教育客户成功领域的新人——因此他掌握了就业市场的脉搏。

正如我们在前一章所讨论的，拉巴戈认为："客户成功管理正渗透到每个行业，而不只是高科技行业。一般来说，很多公司都会意识到，'天哪，如果我能实施客户成功实践，我将彻底改变我的业务。'这打开了一个巨大的就业市场。"

这个市场有多大？截至2019年11月，职业网站LinkedIn列出了近7万个客户成功经理（Customer Success Manager）职位。自2015年以来，客户成功经理职位在全球范围内以每年176%的速度增长（见图3.1）。尽管客户成功经理职位在美国最多，但在全球范围内，这一工作岗位都呈上升趋势，欧洲客户成功经理职位的增长速度处于领先地位（2015—2018年，同比增长近235%）。科技公司在客户成功岗位上的员工数量可能最多，但客户成功经理职位增加速度最快的行业是农业、房地产、媒体和通信——这些都不是传统的硅谷产业。

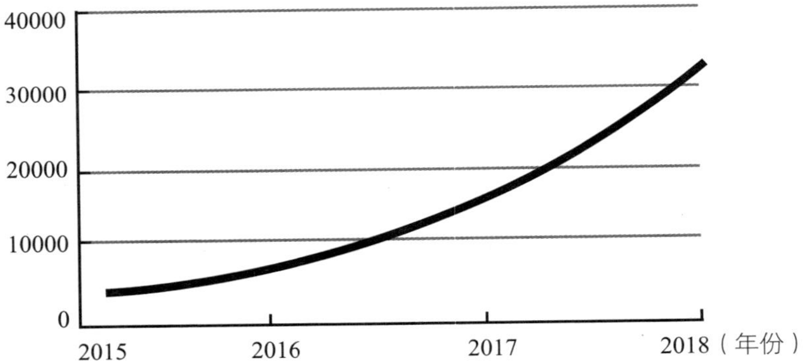

图3.1　2015—2018年，LinkedIn会员中拥有"客户成功经理"头衔的人数

该领域迅速崛起的另一个标志是Gainsight 公司举办的Pulse会议的发展。每年春天，来自世界各地的客户成功人士都会参加该会议。2013年的第一届Pulse大会只有300人参加。到了2019年，同样的会议吸引了5000多名与会者，在6年内增长了15倍以上。

招聘客户成功高管的工作也已启动。猎头公司海德思哲（Heidrick &

Struggles）的负责人亚历克西斯·亨尼斯（Alexis Hennessy）非常关注客户成功领域。

> 在过去的5年里，我们看到客户成功岗位的招聘数量急剧上升。我们在2009年进行了第一次负责售后的高管候选人搜索。2016年，我们的搜索量达到100个，今天可能接近150个。大多数时候，我们的客户在招聘一个全新的职位。如果他们要取代某人，这通常意味着他们要提升这个职位的位置。他们在成长，所以他们需要更多的人或负责更多职能的人。或者他们可能即将发生重大转变，需要有相关经验的人。

人力资源和招聘公司Kindred Partners的董事总经理里奇·迪塞姆伯利（Rich Decembrele）也观察到类似的趋势："我们发现，市场上搜索客户成功的人数出现了令人难以置信的增长。"他在5年前就注意到了这点，"你的公司里有没有客户成功部门的领导者还不一定。"相比之下，在今天，看到一家没有客户成功部门的公司是"不正常的"。

客户成功就业市场的强劲增长意味着，招聘经理需要在招聘和留住团队成员方面有足够的经验，而应聘者可以更有抱负。接下来，我们将更深入地讨论这对招聘双方的影响。

需求方：招聘经理应该期待什么

Kindred Partners公司的迪塞姆伯利（Decembrele）认为，客户成功的重要性正在随着公司的发展而不断提升。软件公司内部总是有一些售后服务部门，不管是客户支持、专业服务还是客户管理。在高层管理者和董事会层面，它们并不总是最重要的。但现在，"董事会会专门就客户成功给我们打电话"。

当企业试图根据以上背景招聘客户成功经理时，它们往往会遇到挑战。第一个挑战是，企业往往面临进行迅速招聘的巨大压力，因为客户成功经理是"堵漏洞"——防止客户流失所必需的。有时企业需要快速招聘，因为它们失去了一个客户成功经理（可能是由于客户成功的就业市场太火爆了），而留下的客户现在就需要帮助。由于草率招聘而招错人的风险是真实存在的。

第二个挑战是客户成功职业的新特性，这意味着公司有时必须招聘没有客户成功背景的人，尽管就业市场已经足够成熟，这个问题已经不像以前那么严重。LinkedIn客户成功全球主管斯蒂芬妮·伯纳（Stephanie Berner）表示："我们的确正在获得更优秀的候选人，而且我们的候选人对这一职位也有更多的了解。5年前，大多数候选人只是在寻找进入科技行业的切入点，他们具有各种各样的背景。今天，我们很多人希望在客户成功方面有所作为，这很棒。"

尽管合格的应聘者越来越多，但就业岗位的数量之多也让招聘合适的人成为一种挑战。为了帮助满足这些紧急的、具体的招聘需求，许多现有的招聘机构已经开发了客户成功的实践，甚至新的公司也出现了。位于亚特兰大的Twin Oaks招聘公司是较新的公司之一，于2018年由在招聘行业有着资深经验的玛丽安·法洛尼（Marianne Faloni）创立，旨在为美国销售和营销垂直领域的科技客户提供服务，专注于为客户提供精准的最佳招聘实践。随着客户频繁地要求她招聘客户成功这个重要的组织职位的人员，她很快意识到将业务扩展到客户成功领域的必要。"就业市场正在持续出现跳跃式增长，尤其是在客户成功领域。随着越来越多的公司寻求将销售和市场营销策略相结合，他们也在将客户成功加入进去，以培养更强的组织动力。"

这种对客户成功人才的需求也为一些公司留住员工增加了难度。LinkedIn的伯纳表示同意："我们必须更努力地留住客户成功经理。在旧金山湾区（San Francisco Bay Area），为了获得更高的薪水或更丰盛的午餐，跳槽是如此容易！但我们在人才投资方面做得更好，所以，他们有理由留下来，也有理由相信客户成功的职业发展前景。LinkedIn和我们的一些同行公司正在投资项目和培训课程，以培养客户成功岗位所需要的技能。这将帮助我们留住最优秀的人才。"正如伯纳所说，职业发展在这个领域已经变得非常重要，本书在后面的章节中将专门讨论这个话题。

公司也关心首席客户官的保留问题。海德思哲的亨尼斯发现，客户成功高管的流动率很高。"他们非常受欢迎。他们中很少有人拥有云技术相关经验，很少有人能够管理全球范围内几百人的团队，承担售后服务组织的所有职能。有这种经验的人面前有很多机会。"

供给方：候选人应该期待什么

虽然客户成功专业人士的供给增长很快，但跟不上需求的增长，所以，就业市场仍然对求职者很有利。海德思哲公司的亨尼斯说：“总的来说，这是求职者的市场。市场上有很多高质量的机会，求职者可以根据自己的下一步目标和职业规划做出选择。”火爆的就业市场意味着求职者不仅拥有更好的机会能够幸运地找到好工作，也有理由对自己以后的职业发展抱有较高的期待。根据LinkedIn的调查，客户成功经理职位的职业发展得分最高，这意味着一旦人们进入了客户成功领域，客户成功经理职位的晋升速度的排名是最高的。

来自Kindred Partners的迪塞姆伯利表示同意：“客户成功终于找到了自己的一席之地。这体现了候选人的素质。从5年前到7年前，候选人的素质显著提高了。”里奇看到，有前途的高管从商学院和管理咨询等其他背景领域进入客户成功领域。“5年前，他们会进入市场营销领域；现在，一些人进入客户成功领域。”

拉巴戈说，这是因为客户成功经理与客户基础和产品或服务的关系比任何其他工作功能都更密切。“作为一名客户成功经理，我必须成为一名产品专家，以便说明我的产品将如何为客户带来价值。我必须成为客户所在业务领域的专家，才能知道如何定位我的产品。”这意味着客户成功经理可以成为公司内其他职能职位的强有力的候选人，这些职位需要关于产品和客户的知识，例如，市场营销或产品管理角色。进入客户成功领域可以为他们今后的职业生涯打下很好的基础。

之前客户成功领域人才的短缺，激励其他行业的人才进入这个领域。就连高管也从公司的其他部门转到客户成功部门。亨尼斯表示：“我见过很多高管从其他职能部门跳槽到公司内部新设立的客户成功部门。通常他们来自客户支持或服务部门，但我也看到来自产品、营销、运营和其他领域的人。正如LinkedIn的伯纳指出的那样，客户成功经理职位的应聘者已经有了几年的客户成功工作经验，但招聘人员对其他领域的候选人同样保持开放的心态，以便引入合格的应聘者。候选人通常来自以下领域。

- **销售人员：** 想达到销售业绩目标，但也想更直接地为客户创造价值的销售人员。

- **客户经理**：他们已经习惯管理现有的客户关系，并且由于没有在早期做那些对于客户来说正确的事情时，他们也遇到过努力完成业绩的挑战——现在他们可以作为客户成功经理来负责这些事情。
- **销售发展代表**：Twin Oaks招聘公司的法洛尼发现，“一些进入客户成功领域的候选人是销售/业务发展代表，他们已经意识到自己享受销售这份工作的某些方面而不喜欢其他一些方面。当看到客户成功这个组织中令人眼前一亮的部分时，他们感到兴奋，觉得有无限的可能去影响客户和业务，他们想要参与进来，并产生巨大的影响”。
- **项目经理**：他们知道如何通过结构化的方式达成结果，客户成功经理的角色使他们有机会与客户建立长期的关系。
- **支持代表**：他们无数次看到客户被忽视时发生的情况。技术和解决问题的能力使他们成为客户成功经理职位具有吸引力的候选人。他们喜欢这样的想法，即自己能够主动帮助客户，而不仅仅进行被动的响应和处理危机。
- **运营经理**：他们具有运行内部跨职能项目的经验。这意味着，可以“一窝蜂”地调动内部资源去支持客户。
- **管理咨询顾问**：来自埃森哲、贝恩、BCG、德勤、麦肯锡和普华永道公司的咨询顾问有过战略性的、长期的管理和维护客户的经验，如果作为CSM，那么他们同样可以维护客户。
- **工商管理硕士**：他们常常渴望加入科技公司，并拥有多学科背景，这能够帮助他们创造性地思考与客户进行合作的策略。
- **大学毕业生（包括那些应届生）**：他们常常被轮岗计划所吸引，这使他们可以接触不同的部门，包括客户成功、服务和支持，也将帮助他们对最终的职业发展做出选择。
- **客户**：想要招聘从客户角度思考的人，还有什么比直接招聘那些从客户方来的人更好的方法吗？特别是对于大客户，许多供应商已经开始从他们的客户那里招聘客户成功经理。例如，一家人力资源软件公司可以雇用客户的人力资源经理担任客户成功经理。员工必须接受供应商流程方面的培训，但他们会立即进入角色，因为他们对客户有足够的同理心。

随着不同背景的专业人士开始进入CSM领域，客户成功这一职业的培训项目也在兴起。拉巴戈为一些大学提供课程指导，将CSM加入他们的商业项目中，尽管授予学位的项目的建立还需要几年的时间。Gainsight公司的Pulse+认证项目已经成长为世界上最大的客户成功专业人士教育和认证项目，目前已为超过1万名客户提供培训。

到底什么是客户成功经理

我们所说的“客户成功经理”究竟是什么意思？这是一个有意义的问题，因为客户成功经理这一职位可以有各种不同的类型和职责范围。常见的有三种类型的客户成功经理。

1. 价值补充型客户成功经理

当产品处于早期阶段时，这种类型的客户成功经理是必需的。在购买产品的初期，客户获得的价值和他们期望的价值之间是存在明显差距的。客户成功经理通过提出为客户提供解决方案，帮助他们实现使用产品功能的目标，从而填补这一差距。通常，这种类型的客户成功经理技术性非常强，他们通常来自产品导向的角色，例如，客户支持或客户服务。

2. 价值交付型客户成功经理

一旦产品及相关的付费服务达到一定的成熟度，客户成功经理就可以腾出时间，更多地关注引导客户实现价值的过程。这一类型的客户成功经理通常有很好的沟通技巧和较强的执行力与商业判断力，这些能力有助于他们成为客户的战略顾问。

3. 价值扩展型客户成功经理

有些产品设计得非常好（或是非常好的产品服务），因此可以自动化地完成大部分价值交付过程。在这种情况下，客户成功经理可以节省下时间去扩展与客户的关系，方法是将部署扩展到客户端的更多人员（包括更多业务单元），或者销售其他产品。这种类型的客户成功经理通常具有销售或客户管理的背景。在这个场景中，客户成功经理和客户管理角色甚至可以合二为一。

然而，客户成功经理职业通道上的各种角色，并不是唯一因为客户成功发展而变得更受关注的职位。

客户成功运营的崛起

随着客户成功经理数量的增长，支持他们的运营角色也在增加。同样地，销售运营成为支持销售团队的标准角色，它为客户经理提供内容和其他培训支持、定义业务区域和薪酬结构，并为销售主管提供分析报告。客户成功组织也需要类似的职能，因此，他们一直在雇用客户成功运营经理。表3.1展示了他们的职责与销售运营角色的对比。

几年前，客户成功运营角色还非常少，公司很难为他们提供资金支持。今天，他们已经成为拥有超过5~10个客户成功经理的客户成功团队的标配。

总结

客户成功是世界上发展最快的就业市场之一。这是一个求职者的市场，在公司里发展事业和加速个人发展的机会是前所未有的。随着硅谷以外越来越多的行业开始拥有CSM团队，就业机会产生的速度逐渐加快。

在接下来的几章中，我们将探讨公司如何证明在客户成功方面的投资是正确的，这些投资推动这个领域繁荣发展。企业正在寻求的投资回报有四大支柱：

（1）减少流失；

（2）推动增长；

（3）超越客户的期望；

（4）提升企业估值。

接下来，我们将探索对客户流失——这个沉默的商业杀手的恐惧是如何激励这些公司关注客户成功的。

表3.1

		销售运营	客户成功运营
角色	团队结构	细分市场，管理客户经理的业务区域，并预测招聘需求	细分现有客户，分配给CSM，根据需要的工作量进行再分配，预测招聘需求
	薪酬	确定销售佣金结构和业绩目标	确定度量指标以进行奖金设置，并定义目标
	赋能	提供材料和数据，帮助客户经理更高效地工作	提供材料和数据，帮助客户成功经理更高效地工作
过程	客户参与	确定销售流程中优化销售漏斗的关单转换率所需要的步骤	确定客户旅程，包括接触点和用到的方法
	一对多沟通	与市场团队配合，通过电子邮件培育潜在客户	通过电子邮件和应用进行一对多的沟通
	跨职能协调	跨职能协调，帮助达成销售目标和满足潜在客户的需求	跨职能协调流程（涉及产品、开发、支持、服务、市场营销和销售），来实现续费和增购（upsell）目标，并满足客户的需求
技术	系统	管理软件，辅助销售运营工作	管理软件，辅助客户成功经理运营工作
	报告	定期汇报过去的销售业绩和进行销售预测	定期汇报过去的续费和增购结果并预测未来
	优先级	识别顶级客户并保证高管对于有风险的订单给予关注	识别具有增购机会和续费风险的客户
	分析	跟踪和分析销售核心指标，了解什么进展顺利和风险点	跟踪和分析续费和增购的核心指标，了解什么进展顺利和风险点

第 4 章

理由1：客户成功阻止了流失——沉默的商业杀手

数学知识告诉我们，随着公司的发展和经常性收入基数的增加，即使流失率保持不变，每月的流失金额相比收入基数也会越来越高（以原始数据计算）。因此，你每个月都需要更多的新业务来弥补流失的业务，流失的业务减缓了业务的增长速度。业务规模越大，增长受到流失的阻力的影响就越明显。

客户流失就像一种奇特的商业世界引力——一种不可抗拒的力量——持续牵引（Pulling on）你的客户基数（Customer Base）。这是一种无声的、持续的能量，将客户基数往下拖。由于新兴的云计算经济带来的低承诺定价模式和近乎为零的转换成本，客户比以往任何时候都更频繁地在行使他们离开的权力。

还记得过去的情况吗？那时，你的客户会与你同甘共苦——也许偶尔会一起参加有牛排的晚餐或体育赛事。是的，那些日子已经过去了。现在你每天都需要努力赢得客户的忠诚。

但是下一个层次的含义是它变得有趣的地方。今天的商业领袖关心的一个关键问题是："我的哪些客户存在流失风险？"

残酷的事实是：你的任何一个客户都可能在任何时候离开。从长远来看，你所有的客户都是"红色"的。他们都存在流失风险。让我们看看为什么会这样：

- 你在客户处的支持者会离开，而他的继任者可能使用过你的竞争对手的产品；
- 客户可能与你的团队有过非常糟糕的经历，这改变了一切；
- 客户可能会改变业务策略，因此减少了对你提供的产品的需求；
- 你的竞争对手可能比你更快地演进，在未来的一两年内变得非常有竞争力。

Gainsight公司的首席营销官丹·斯坦曼（Dan Steinman）（也是《客户成功》一书的合著者）喜欢说："客户流失是一种自然趋势。"虽然这种趋势发生在微观层面（失去一个接一个的客户），但它也发生在宏观层面。我们经常见到一些CEO，他们为自己"大于90%的留存率"而感到自豪。他们喜欢说，自己不会受到客户流失的影响。他们在太空中，地心引力无法影响他们。

直到流失的影响发生了：我们发现，客户流失率的变化（就像地心引力引起的速度变化）会随着时间的推移而加速。然后问题逐渐出现了，替代方案改进了。早期的流失看起来微不足道，但随后它以滚雪球的方式增长。突然之间，95%的留存率降低了50%甚至更糟。

你会怎么做？从根本上讲，领导者的思维已经从假设客户是“获得的”和长期承诺的转变为供应商需要每天重新获得客户。从长远来看，这意味着对优先规划投资并进行预算制定，以确保长期客户的保留和成功，而不是想当然地认为这会发生。

流失就像地心引力一样不可避免。如果某样东西上升了，那么你需要努力阻止它下降。

CSM处在与客户流失斗争的最前沿。因此，提高总留存率是公司愿意投资于客户成功的第一个原因。五年前，当公司意识到客户流失率太高时，它们会投资组建客户成功团队。这是一种被动的响应措施，以遏制客户流失趋势，而招聘的CSM实际扮演的是“消防员”的角色。今天，企业已经预见到客户流失会到来，需要积极采取措施，所以，它们会提前设计客户成功组织以确保总留存率是健康的。

我们所说的“流失”和“留存”到底是什么意思？让我们看看更精确的定义。

流失：你如何衡量它

流失和留存——这两个相互对立的概念，还不是公认会计准则（GAAP）中的指标。也就是说，客户成功行业已经集中在一些留存率的计算上。你的计算选择取决于你的业务是否存在续约（并非所有的经常性收入公司都有续约）和你的战略重点是什么。

类型1：总金额续约率

下面是计算公式：

总金额续约率=续约金额 / 到期应续约的总金额

到期应续约总金额和续约金额之间的差距来源于客户流失和销售减少的数量。销售减少体现在合同金额的减少，例如，客户不再更新特定的产品模块或不再更新他们的一些许可（这种计算显然假设你的业务中有续约）。

类型2：总金额留存率（包括多年留存率）

这种计算方法考虑到了多年合同的有利影响，公式的分母中包括正在经历一个周年的合同（实质上是默认续订的合同）。

总金额留存率=（续约金额＋正在经历购买周年企业的合同金额）/（到期应续约的总金额+正在经历购买周年企业的合同金额）

这是我们建议你向董事会汇报的计算结果。多年合同是一个增加经常性收入的重要战略。因此应该反映在这个顶级的收入指标上（你可以看到距购买整年的钱，因为客户100%“续约”，将使这个留存率大于类型1的留存率）。也就是说，如果你过于依赖多年合同来提高你的留存率，因为那些准备续约的客户实际上并没有以如此之高的比率续约，那么你也应该密切关注上面的类型1的计算方法。

类型3：企业留存率

在这里，我们关注那些已经续约的企业，而不是金额：

企业留存率=（已续约企业数+正在经历合约期内的企业数）/（到期应续约的企业数+正在合约期内的企业数）

你可能不会向你的董事会报告这个指标，但是你的客户成功团队应该关注它。每个流失的客户，无论多小，都代表市场上的一个诋毁者，会带来负面的口碑，阻碍未来的销售（事实上，规模最小的公司往往最能直言不讳地谈论自己经历过的糟糕的客户体验）。即使你的总金额留存率很高，低的企业留存率也会阻碍你的增长。

类型4：净金额留存率

这是另一种计算金额的方法，它通过增购或交叉销售将现有客户合同的扩展考虑在内。扩展包括销售新的授权或产品，或向客户内部新的业务单位或团队进行销售：

净金额留存率=（期初年度经常性收入+扩展销售−降级销售−流失金额）/期初年度经常性收入

过去12个月的扩展销售（expansion）、降级销售（downsell）和流失金额（churn）都包括在内。

由于净金额留存率允许公司通过扩展销售来弥补流失金额，这是迄今为止上市SaaS公司备案文件中最受欢迎的指标。

下面有一个相关的计算公式：

净流失率=100%–净金额留存率

在该计算公式中，扩展销售可以抵消客户流失和销售减少带来的影响，潜在地使你的净流失率减少到零或负值，但是关注客户流失本身仍然是重要的。在本书的后面部分，我们将探讨什么时候使用总留存率，什么时候使用净留存率。

类型5：无续约

这种计算方法适用于没有续约的企业。以一家诊断公司为例，它在出售检测而非续约的时候收费：

留存率=期末收入/期初收入

对于这个阶段，在开始时就存在的客户（这很重要，因为你不想计算来自新客户的收入，而是关注现有的客户群体）。期限为12个月。分子应该反映最近12个月的收入，分母反映统计周期开始前12个月的收入。

因为结束时的收益可能会超过开始时的收益，所以这个计算结果净留存率相似，它包括扩展销售，就像我们上面讨论的那样。在上述诊断公司的例子里，客户可能会在当前阶段购买比前一个阶段更多的检测，或者他们可能会减少检测的购买数量。

到目前为止，在这一章我们已经讨论了为什么客户流失很关键（一个像漏水的桶一样的企业是无法生存的），以及客户流失实际上代表什么（金额或企业数的流失）。现在，你可能已经很清楚地了解为什么企业想要在减少客户流失上进行投资。但为什么一开始就会出现客户流失呢？对此，企业能做些什么呢？

为什么会出现客户流失

风险投资家、前CEO、科技界的传奇人物本·霍洛维茨（Ben Horowitz）曾写道，如果你问销售人员为什么会丢掉一个订单，他们总会说“因为价格”。他们也许是有意识的，也许是无意识的，但是通过抱怨价格，他们避免了责备产品、团队或者自己。价格是一个安全的、容易的“替罪羊”。

在客户成功的世界里，我们可以把自己带入一个类似的、简单的、不责备的陷阱。在我们的客户关系管理系统中，大多数人有一个“客户流失原因”字段，我们尝试对每个客户流失情况进行编码，这样我们就可以在内部报告客户离开的原因。在研究了数十家公司客户流失的原因后，我们看到了除价格之外客户流失的其他一些主要原因，包括：

- 销售预期；
- 竞争；
- 其他；
- 内部支持者变动。

真的吗？你用这些信息来做些什么？所有这些原因都是同等重要的吗？（剧透：不，它们不是。）是否有客户会因为竞争或支持者改变的原因而离开，而不是二者都有？支持者变动是客户流失的原因，还是一种催化剂？达不到销售预期是一个简单的概括总结吗？我们如何防止未来由于“其他”原因造成的客户流失？

我们并不是唯一这样想的人。企业已经意识到，他们需要更深入地思考客户流失背后的原因。

首先，他们从引发变化的因素中找出最根本的原因。你可以在生活中的任何事上应用这一点，将这种思路应用到管理客户流失中是一个很好的实践。举一个例子：为什么那个足球运动员损伤了膝盖——是因为你在电视上看到的他的最后一次摔倒，还是因为之前的1000次摔倒？

类似地，客户成功团队现在将他们的问题分解为根因问题和近因问题。这与市场营销非常相似，你可能会看到买家最后一次与你的互动（也许他们填了一份表格）以及之前的互动（他们观看了一个网络研讨会）。在客户成功中，根因问题可能包括：

- 产品没有满足客户的需求；
- 客户有一个糟糕的上手体验；
- 产品早期的采用率很低；
- 客户一开始就遇到了不合适的对接人。

相比之下，近因（最重）问题可能包括：

- 支持者改变（如果我们早期实施得很好，这就不会是问题）；
- 并购（如果客户在积极地使用产品，那么这可能也不是问题）；
- 竞争（如果客户获得了价值，那么谁也无法挖墙脚）；
- 价格（如果价值很明确，那么这也不是问题）。

近因问题往往更明显且在我们的控制范围之外，而根因问题是真正的根本问题，通常在我们的控制范围内。当企业开始更一致地识别根本原因时，它意识到可以减少客户流失。这种被授权的感觉促使企业在客户成功上投入更多——因为它可以通过减少客户流失来真正地影响收入。

［顺便说一句，这是一个很好的例子，说明“理智的诚实”（Intellectual Honesty）在商业上更加合理。］

现在，这些对根本原因的分析几乎总是显示CSM的执行不是唯一的问题——有时根本不是问题。红点创投（Redpoint Ventures）的合伙人托马兹·通古兹（Tomasz Tunguz）发现了一些常见的根因问题。

> 如果一个组织有较高的客户流失率，那么通常有三个原因。可能是客户经理过度销售，然后将处于糟糕状态的客户传递给客户成功组织；可能是产品不像广告宣传的那样有效；可能是客户成功经理没有有效的方法。但最后一个是最罕见的。很少会遇到这样一个组织，它的客户成功运作得如此糟糕，以至于有大量的客户流失。

最后一点显示了我们在过去的五年里在客户成功领域取得了多大的进步，因为在过去十年的早期，由执行问题引起的大规模流失是非常普遍的。从那以后，企业在客户成功方面进行了大量的投入，包括人员投入和最佳实践的实施落地。也就是说，不要把脚从客户成功的油门上移开。如果你在客户成功运营上还不是很成熟，那么不断的流失将不可避免。因为执行问题而失去客户是多么遗憾！

尽管如此，通古兹的观察揭示了对减少流失进行投入，也需要在客户成功之外的其他部门进行改变，这是我们将在本书第二部分讨论的话题。

总结

简单的数学计算表明，随着公司的发展，你的客户流失率也会增加，这就意味着你每个月都需要更多的新业务来填补客户的流失。尽管我们都认为，我们至少与某些客户的关系坚如磐石，但事实是，每个客户都存在离开的风险。鉴于客户流失的力量就像地心引力一样不可避免，企业已经学会了对客户成功“建筑”的地基进行投资，就像早期人类学会用坚固的材料搭建建筑一样。

接下来，我们将探讨企业对客户成功进行投资的第二个原因：不仅要堵住漏水的桶，还要加快向桶中注入水。换句话说，企业认为客户成功不仅可以帮助它们保持收入水平，还可以促进收入增长。

第 5 章

理由2：客户成功是一个增长引擎——如果你从防守转向进攻

当马克·罗伯奇（Mark Roberge）开始在哈佛商学院教授销售课程时，他目瞪口呆："在我们的课程大纲中，竟然没有客户成功——这可是以增长为核心的课程啊！"

对于营销技术公司HubSpot的前首席营收官罗伯奇来说，在销售的背景下不谈论客户成功是不可想象的。罗伯奇帮助HubSpot上市并成为领先的多产品增长平台。在这个过程中，他看到了客户成功对增长的重要性。

> 我在HubSpot工作的第一年，我们非常注重销售和市场营销。在7个月的时间里，我们的客户从100家增长到1000家，收入从100万美元增长到了300万美元。我们实现了惊人的增长。但是，客户流失率从原本就很糟糕的每月5%上升到每月8%。
>
> 于是我们开始痴迷于客户成功。我们聘请了一个领导者来组建团队。我们研究了需要保留和正在流失的客户群体，并不再把产品卖给那些流失率会很高的客户。我们开始跟踪早期的成功指标。我们知道，如果客户在购买的前60天内使用了20个功能中的5个，那么他们就会成为终身客户。如果他们不这样做，未来就会流失。
>
> 一切都变得非常容易实施：从市场部门如何定义合格的市场线索，到销售部门如何设计客户经理的薪酬方案，我们如何达成客户在引导培训中的目标，再到产品部门如何演进产品路线图和减少摩擦。在最初的60天里，我们围绕客户对产品的使用设立了整个公司。

让我们暂停一下。罗伯奇是一名销售领导者，在以首席营收官的身份领导HubSpot的销售部门之前，他让HubSpot的收入从0增长到1亿美元。他在其传记中大声宣扬"销售"，但他和其他人一样相信客户成功的力量。

为什么像罗伯奇这样的销售领导者会宣扬以客户为中心的好处呢？他们采用了一种新的收入增长框架，我们称之为螺旋模型。

新的框架：收入增长的螺旋模型

纵观整个商业历史，CEO和销售主管每天早上醒来后都在思考如何实现更快的增长。这并没有改变。随着公司向经常性收入业务模式转变，他们意识到增长方式必须改变。

十年前，营收领导者考虑的是销售流程各环节的衔接：如何管理从市场到销售的交接，以及销售过程中从A阶段到B阶段的过渡。如今，最好的营收领导者都知道，强劲的收入增长并非来自垂直和狭窄的管道，而是一个螺旋模型（见图5.1）。

让我们后退一步。在经常性收入商业模式中，收入从何而来？请看图5.2。

营收领导者已经意识到，在现代商业世界中，成功的客户既是管道的起点，也是终点。当你让一个客户获得成功的时候，你至少已经创造了三个新的线索。

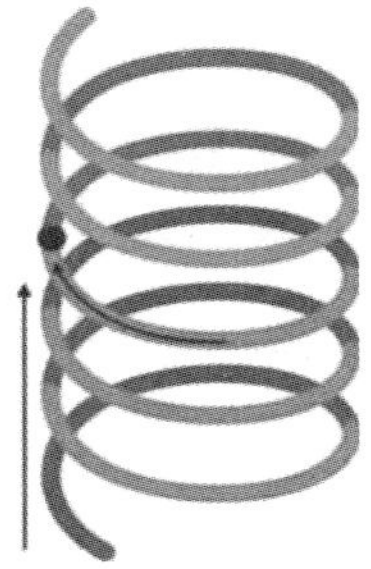

图5.1

图5.2

- **续约的线索**：该客户很有可能会续约。
- **扩展销售的线索**：该客户可以从与你的合作关系中获得更多的价值。事实上，可能存在多种扩展销售机会。
- **获得新客户的线索**：如图5.3所示，该客户将愿意与潜在客户谈论他们已经实现的价值。事实上，他们愿意与多个潜在客户交流。

如果你使你的客户成功，你可以把一个新的线索变成至少三个线索。而这三个增量线索又会产生3×3 = 9+个新线索。这9+个线索再继续产生9×3 = 27+个新线索。这是指数级的增长。

你不是在原地打转，而是正在循环并向上移动（如图5.4所示）。

图5.3

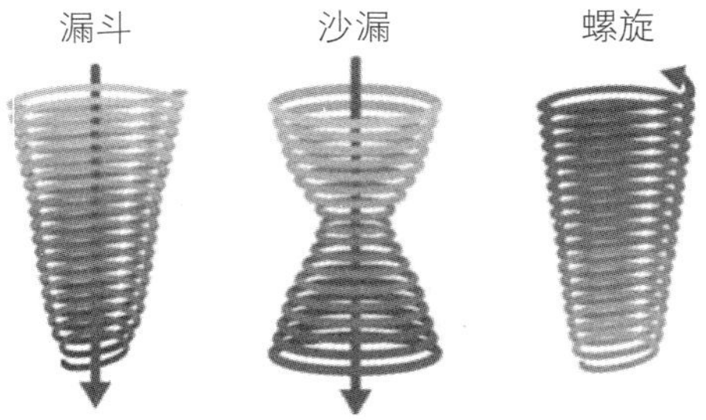

图5.4

成功的经常性收入公司的增长模式就像一个不断扩大的螺旋：成功的客户会把你带回到起点（线索），但是你的公司会越来越好。

这种现象导致营收领导者认为他们旧的“漏斗”框架（指从线索到成交的线性进程，不采取客户视角）是不够的。这就是螺旋模型越来越受欢迎的原因。

销售漏斗抓住了收入增长的一个杠杆（新客户），而占领与扩展（Land & Expand）的沙漏模型抓住了两个杠杆（新客户、扩展销售），螺旋模型抓住了全部三个杠杆（新客户、扩展销售和续约），并解释了成功客户和新客户增长之间的因果关系。

在前一章中，我们深入探讨了客户成功对三种增长杠杆之一——续约的影响。现在让我们双击进入客户成功对其他两个杠杆的影响：扩展销售，然后通过口碑传播获得新客户的增长。

双击1：客户成功驱动扩展销售范围

2018年，我们对大约100家科技公司的首席客户官进行了调查，问了他们很多问题，以评估他们在客户成功实践中的“成熟度”，以及他们的净留存率。然后我们将这些公司分为四个成熟阶段（如图5.5所示）。

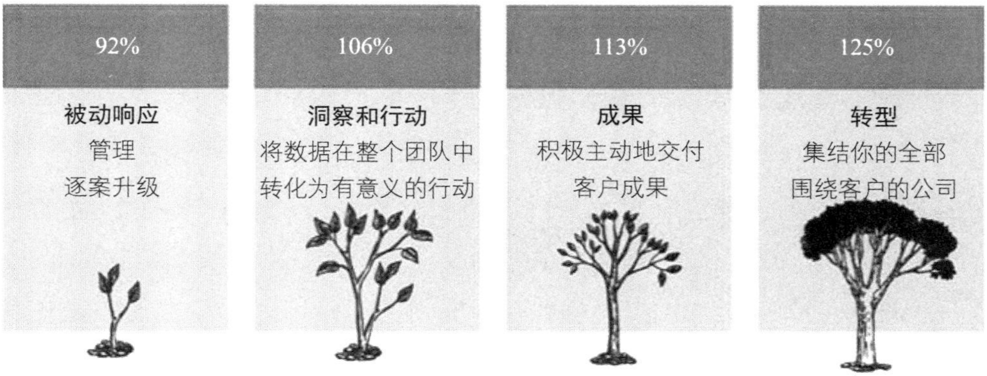

图5.5

1. **被动响应阶段：**这些公司处于救火模式，在客户问题升级的时候逐个处理。

2. **洞察和行动阶段：**这些公司利用数据来决定采取什么行动来帮助客户。

3. **成果阶段**：这些公司正在系统地为客户交付结果，并为自己的公司实现收入增长。

4. **转型阶段**：在这些公司中，每个部门都围绕客户的成功而开展工作。这些公司是真正以客户为中心的。

我们发现，成功进入转型阶段的公司的净留存率比处于被动响应阶段的公司平均高出33%（总留存率也高出13%）。这是一个巨大的差异，强化了各行各业的企业日益增长的信念，即投资于客户成功会通过扩展销售带来更强劲的收入增长。

为什么当公司在客户成功上投入更多时，净留存率会增加？有以下几个原因。

- **积极的客户结果和体验**：公司沿着成熟度曲线往上升时，CSM引导客户从购买你的产品或服务中实现投资回报，并确保在这个过程中获得积极的体验。成功的客户更有可能购买更多的产品或服务。
- **保留更多的客户以进行扩展**：当CSM有效留住客户（通过上面的成熟度曲线所指导的实践方法），确保这些客户还可以进行追加销售或交叉销售。
- **扩展销售的线索**：许多CSM团队负责从现有客户中挖掘新线索。这些线索通常被称为客户成功合格线索（Customer Success Qualified Leads，CSQL）。CSM将这些线索传递给销售人员，由他们跟进。因此，对客户成功的投资意味着对扩展销售的投资。
- **更快地扩展**：CSM 的工作，在某种意义上，是关于客户“获得价值的时间”。通常情况下，客户在看到价值之前是不会购买更多产品的。所以，CSM可以加快扩展销售的步伐。
- **价值的证据**：最后，当一位高管客户正在考虑增加购买量时，他们常常怀疑地问：“到目前为止，你们为我交付了什么价值？”客户成功经理在这里是关键，因为他们能够展示到目前为止为客户交付的价值。

双击2：客户成功驱动新客户增长

过去，销售团队通过给客户打电话来招揽新业务。1992年，亚历克·鲍德温（Alec Baldwin）在电影《拜金一族》（*Glengarry Glen Ross*）中饰演的角色将“坚持”（Persistence）一词用在了“ABC”（Always Be Closing，永远在成单）中。在图5.6和图5.7的邮件中，你可以看到这种“猎新客”的心态，这是我们收到的一封真实的邮件——我们确信，与你收到的邮件没有太大的区别。

第二封邮件每次都让我们崩溃！我们喜欢这些销售发展代表所表现出的坚持不懈的精神，但是我们想指出这种邮件的一个问题，那就是它不能满足潜在客户的需求。

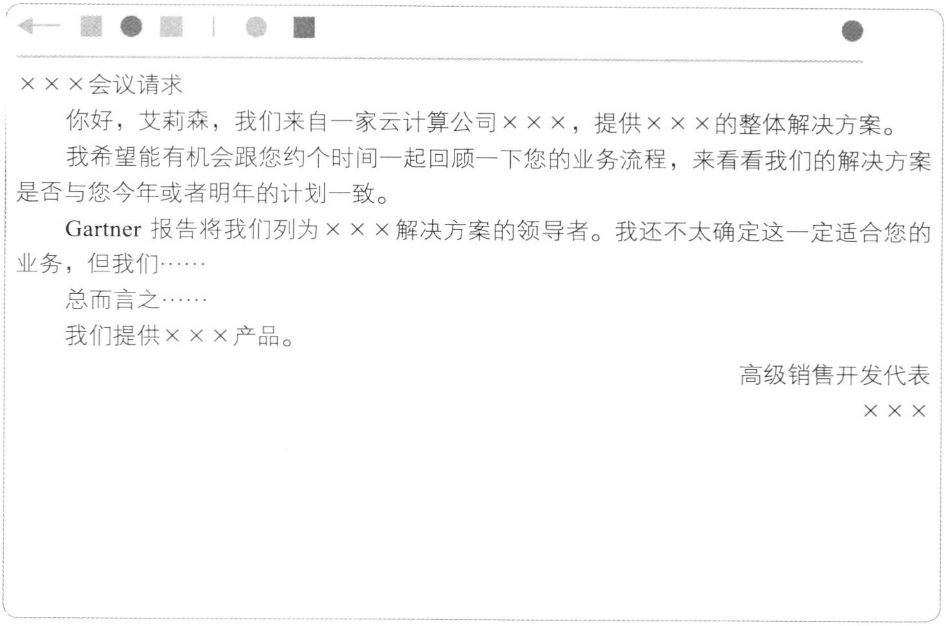

×××会议请求

你好，艾莉森，我们来自一家云计算公司×××，提供×××的整体解决方案。

我希望能有机会跟您约个时间一起回顾一下您的业务流程，来看看我们的解决方案是否与您今年或者明年的计划一致。

Gartner 报告将我们列为×××解决方案的领导者。我还不太确定这一定适合您的业务，但我们……

总而言之……

我们提供×××产品。

高级销售开发代表

×××

图5.6

在现代商业世界中，当你的潜在客户“在市场上”购买你提供的产品或服务时，他们很少是传统意义上的“陌生”客户。他们已经做了在线搜索，了解了他们面临的挑战和解决方法。他们已经在TrustRadius或G2等网站上搜索了大量的公开评论，并阅读了Gartner或Forrester形成的报告。他们已经参加过一些商业会议，在那里，他们问其他与会者：“你过去曾如何解决这类问题？”“你用过某某产品吗？它怎么样？”“你会推荐我和哪个供应商合作来解决我的问题？”所以，当陌生电话销售代表给这个潜在客户打电话时，其已经通过口口相传的方式了解了产品。陌生推销的效果并不好。

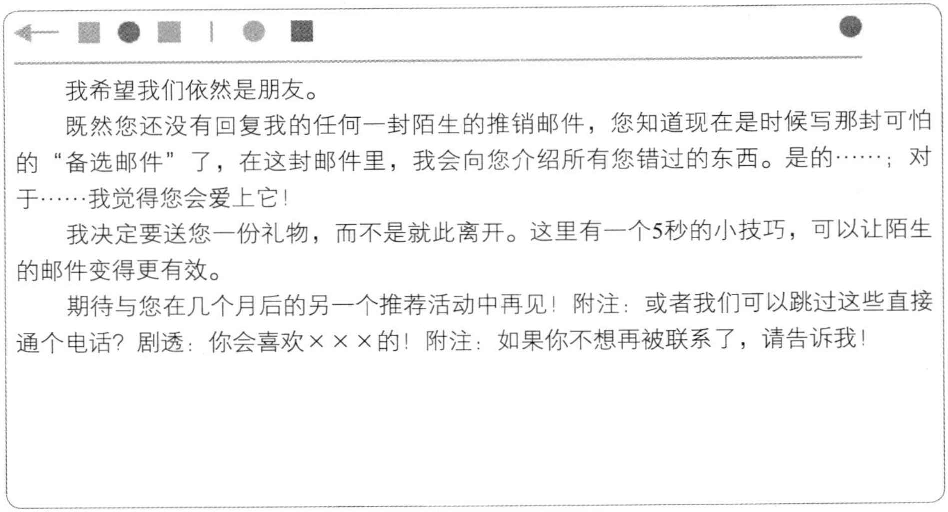
我希望我们依然是朋友。

既然您还没有回复我的任何一封陌生的推销邮件，您知道现在是时候写那封可怕的“备选邮件”了，在这封邮件里，我会向您介绍所有您错过的东西。是的……；对于……我觉得您会爱上它！

我决定要送您一份礼物，而不是就此离开。这里有一个5秒的小技巧，可以让陌生的邮件变得更有效。

期待与您在几个月后的另一个推荐活动中再见！附注：或者我们可以跳过这些直接通个电话？剧透：你会喜欢×××的！附注：如果你不想再被联系了，请告诉我！

图5.7

一般来说，消费者在考虑是否购买某个产品时，最信任的是口碑。分析公司Forrester Research的报告称，在购买决策的发现阶段，同行和同事是收集信息的头号来源。研究机构 eMarketer发现，与其他方式相比，推荐具有最高的从线索到签单的转化率，大约是销售带来线索的转化率的四倍。

企业意识到，为自己的产品或服务创造正面的口碑对收入增长至关重要。积极主动地创造拥护者，一直是推动公司增加对客户成功投资的主要因素。因为这些人将在会议上发言，在网上写下积极的评价，为不确定的潜在客户提供参考意见，并在鸡尾酒会上积极发言。

我们并不是唯一讨论这些理念的人。营销技术公司HubSpot也提出了与我们的螺旋模型类似的概念——“飞轮”。艾莉森·艾尔沃西（Alison Elworthy）是一家总部位于波士顿的SaaS上市公司的客户成功高级副总裁，她分享了自己关于拥护者的观点：“整个想法是，飞轮靠自己的动力运转。吸引新的潜在客户时，你想要吸引他们并转化他们，但你也想要取悦他们。我们的整个业务一直专注于如何创造真正伟大的客户体验，这样我们就可以产生飞轮效应。”

因此，客户成功团队经常跟踪他们发起的宣传活动的数量。他们有时使用合格的客户成功宣传（Customer Success Qualified Advocacy，CSQA）作为衡量标准。CSQA的例子包括：

- 客户就产品或服务的新用例与你合作以进行案例研究；
- 客户在网站上或销售材料上提供一份书面感言；
- 客户在一个有潜在客户参加的活动上进行发言。

在这三种场景下，客户与潜在客户分享你的产品或服务的好处。

CSM可能通过给客户带来成功，使客户心甘情愿地为公司进行宣传，从而做出这些行动。此外，CSM可能已经直接正式要求客户参与这些宣传活动。

另一种类型的拥护行为是重复购买。重复购买涉及你的某些客户换到了新的公司，并在那里选择再次购买你的产品，或呼吁他们的新公司购买你的产品。CSM使客户第一次就非常成功，以至于他们希望回到你这里。

对于更有战略意义的客户群体，CSM可能会参与一种“代理宣传”活动。在这种情况下，CSM直接参与销售环节，与销售代表一起分享成功客户的故事。这是CSM促进新客户增长的另一种方式。

★★★

既然我们已经探讨了客户成功对扩展销售和新客户的影响——这两个已经被销售领导者和CEO广泛接受的增长杠杆——让我们回到第三个增长杠杆：续约。事实上，企业已经发现，填补流失本身就能带来更强劲的收入增长。

双击3：总留存率推动收入增长

2016年10月，麦肯锡在白皮书《增长快还是死得慢：聚焦客户成功推动增长》中，收集了200家年度经常性收入为1亿~2亿美元的高速增长的SaaS公司的数据，然后根据季度收入增长情况，确定表现在前25%的公司。他们发现前25%的公司的平均总留存率为88%，而其他公司的平均总留存率为76%——相差12个百分点。

我们认为有以下几个原因。

- **流失导致收入漏洞：**当你的收入不断流失时，你很难实现快速增长，正如我们在前一章中讨论过的。
- **失去续约导致失去扩展销售的机会：**如果你的客户流失，会带来更少的追加销售或交叉销售，因此你的扩展销售收入将下降。

- **更多流失带来负面评价：**如果你的客户流失，那么他们会与他们的朋友和同事谈论与你合作的失败经历，负面口碑会影响你的新业务的成单率。
- **流失率高的公司融资更少：**如果你的流失率很高，那么很难宣称你的公司是一个很好的投资对象。如果融资少了，你就无法在增长方面进行更多的投资。
- **流失率高的公司利润率更低：**如果你的流失率很高，你需要通过新业务来填补差距，利润就会减少，因为通常获得一个新客户比让老客户续约要花费更多的资金。利润减少意味着对未来业务增长的投资减少。
- **“学习型”组织：**总留存率高的公司更有可能发展出一种从客户和市场中学习的文化和流程。这种学习心态可以从各个方面帮助公司，其中包括收入增长。

底线：堵住漏水的桶对你的整体收入增长很重要。为了提高螺旋线上升的速度，我们建议拉动三个杠杆：扩展销售、新客户，以及续约。

总结

在本章中，我们讨论了一个描述B2B经常性收入公司如何增长的新概念：螺旋模型。总是在签新订单是不够的。未来的企业必须不断续约、不断扩展、不断宣传自己。公司已经意识到三个增长杠杆创造了一个良性的增长循环——B2B版本的病毒式增长。这在B2C世界已经是众所周知的。这种渴望正激励着它们对客户成功进行投资。

在第6章中，我们将探讨企业投资客户成功的第三个原因：客户的期望。

第 6 章

理由3：你的客户需要客户成功

想象你作为客户最糟糕的一段经历。我们猜测，这可能涉及你最（不）喜欢的航空公司或有线电视公司。想想看，在等待了数小时之后，你第32次被安排转机时的感觉，你会用什么词来描述自己的感受？如果你与我们一样，那就是“无能为力”。换句话说，令我们感到沮丧的不仅是与我们打交道的公司，还有我们对此的无力感。为了证明这一点，你可以在推特上看到许多关于航班延误却无人回应的抱怨。

另外，让我们考虑一下网上购物。你可以通过谷歌找到一个出售你最喜欢的鞋子的网站（至少尼克经常这样做）。网站的访问速度很慢？找另一家。定价不清晰？点击进入谷歌，你会发现更多的选择。快递政策对客户不友好？谢谢——找另一家。

如果你是一个B2B供应商，那么你的客户开始看起来更像一个有能力的在线购鞋者，而不是一个因航班延误而受影响的无助旅客。你的客户比以前更有权力。这里有五个原因。

（1）**云服务支持敏捷开发：**你可以以敏捷的方式开发产品并提供即时更新服务，因此，客户希望你快速做出改变。

（2）**客户以订阅式收入为诱饵：**客户分阶段持续向你付费，而不是一次性预付所有金额。他们知道你会关心他们的成功，以保证你未来的收入来源。

（3）**社交媒体放大了声音：**社交媒体放大了你的批评者的声音，也放大了你的拥护者的潜在影响力。如果客户是你的批评者，那么他们知道毁掉你的生意的方法。如果客户是你的拥护者，那么他们也知道自己对你很有价值。

（4）**数字渠道使客户习惯于进行即时响应：**你通过电子邮件、文本消息、Slack和其他数字渠道与客户进行互动。他们期待进行即时快速的响应。

（5）**产品特性的商品化：**现在比以往任何时候都更容易开发产品。一旦你认为自己产品的新功能具有优势，竞争对手就会迎头赶上。你不能根据你的产品或路线图来令你的公司与众不同；客户知道你必须根据你为他们带来的成功来建立相较其他公司的竞争优势。

这五个原因意味着客户成功不再是一个选项，而是存在的必要条件。

我们说的“客户成功”是什么意思？一方面，正如我们所讨论的，客户成功是指通过续约、扩展销售和新客户而获得更多的收入。但从客户的角度来看，他们根本不在乎这些。客户成功对客户意味着什么？我们担心，这种激进的概念可能会像其他营销流行语一样消失——套用《麦克白》（*Macbeth*）中的话来描述，“充满喧嚣和愤怒，没有任何意义”。因此，我们决定从一个更科学的角度出发，提出一个“方程式”，从客户的角度来量化客户的成功：

$$CS=CO+CX$$

其中，CS代表客户成功（Customer Success），CO代表客户结果（Customer Outcomes），CX代表客户体验（Customer Experience）。

结果是指客户从你的产品或服务中获得的价值。这是他们通过购买产品获得的投资回报。当客户向你购买产品时，他们希望能获得有意义的结果。他们可能会在特定指标上有所期待，例如，促使销售订单增长，削减成本，避免未来增加人员开支，或者提高他们的净推荐值。另外，他们可能想要达到某个阶段式目标——将公司根据优先级统一起来，外包一个部门，或者完成另一个计划。无论是哪种情况，客户都希望你为他们在使用你的产品或服务时获得的成果负责，而不仅仅是确保你的产品或服务“可用”。没关系，如果他们未能得到期望的结果，那么部分原因是他们没有在和你一起工作的早期阶段参与各种会议，或他们在刚刚购买你的产品后就经历了重组，或他们的高层支持者离开了公司，或他们的团队成员不具有实施阶段所需要的技能。在任何情况下，客户都希望你作为供应商（专家、思想领袖、他们的合作伙伴）来指导他们去做所有需要做的事情，以实现目标——即使他们没有遵循你制定的方向，你仍然要让目标达成。

客户体验是指客户在与你合作的旅程中经历的所有情感的总和，是他们与你的公司不同人群的所有接触体验的总和。体验包括客户与销售人员的互动、对产品的使用，与客户支持的电子邮件互动，与客户成功经理的通话，出席市场团队组织的客户顾问委员会会议，甚至是阅读和支付账单时的感受等。这些互动可能会让他们对你的公司产生各种各样的情绪——从愤怒、恐惧到快乐和平静。

你的客户希望你为他们交付结果，同时确保在实现这些结果的过程中拥有美妙的体验。两者都是必需的。如果你作为供应商没有满足两个期望中的任意一个，不好的事情就将发生。因此，我们可以创建一个2×2的网格，其中包括客户结果（正面或负面）和客户体验（正面或负面）（如图6.1所示）。

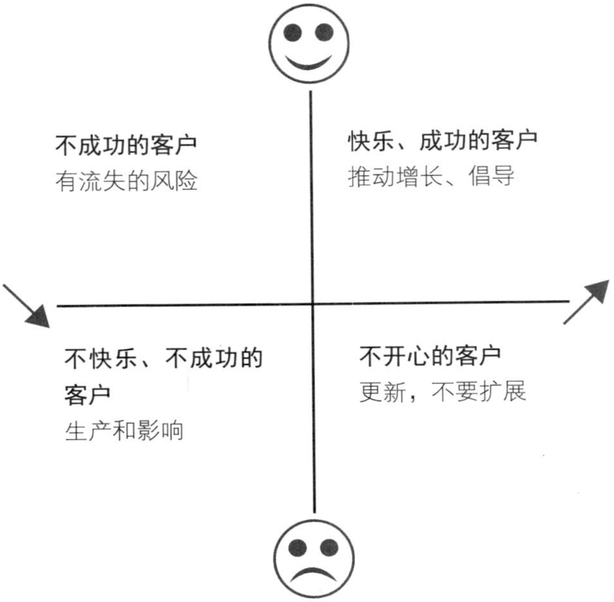

图6.1

我们来看左上象限。客户有一次积极的体验（“我们爱你的员工。他们是如此友好！”），但是他们没有获得结果（“我们没有达到目标。”）。你的团队好不好并不重要。这个客户是不会续约的，特别是在你的主要拥护者在合同期内离职的情况下。我们中的许多人可能认为客户是我们的“大粉丝”，甚至充当我们的推荐人，但实际上他们并没有有效地使用我们的产品或服务。

相反，如果客户实现了业务结果（“我们达到了我们购买的目的，谢谢！”），但没有获得良好的体验（“与你的团队合作真让人精疲力竭。”）时，他们能够向他们的财务总监和采购部门提供证明，但是当到了寻找供应商或是一个新的用例的时候，他们便会为你的竞争对手敞开大门。客户希望你处于右上象限，以积极的体验实现良好的结果。那时候他们才会真正忠诚于你。

你对结果和体验的关注可能会随着公司的变化而变化。早期，如果你带来的结果是独特和强大的，那么客户可能会忍受一点“颠簸”的体验。相反地，作为一个更大的公司，糟糕的体验会成为你增长的主要阻力。

本书已大量叙述了客户对轻松愉快的体验的期望，所以，接下来不再关注相关内容。但有关产生强有力结果的意义的知识，是在最近几年才出现的。关于实现结果，客户希望你采取三个步骤。

（1）设定愿景，共同为客户结果负责；

（2）通过一种方法论来实现这个结果；

（3）使用规定性的行为来帮助他们使用这一方法。

这三个步骤都需要对客户成功进行真正的投资。让我们深入了解每一种方法所需要的内容。

步骤1：设定愿景，共同对客户结果负责

布雷特·康纳作为雅典娜健康公司的首席客户官，负责来自1万多名客户的17亿美元的年收入。根据LinkedIn中的个人资料摘要，雅典娜健康公司向“医院和门诊客户”提供“医疗记录、收入周期、病人参与、护理协调和人口健康服务”。除了提供软件产品和服务外，雅典娜健康还与客户合作，以推动实现临床结果和财务结果。换句话说，雅典娜健康正寻求让服务的医疗实践产生真正的结果。

因此，康纳的团队不仅专注于帮助客户使用他们的软件产品，而且真正地为客户带来结果。他是这样描述自己的团队目标的：

> 我们衡量什么？让我们从结果出发。我们希望为我们的客户提供医疗服务，并帮助他们改善病人的临床结果。
>
> 就我们的客户的财务表现而言，我们要看他们的工作带来的收入是否在增加，以及我们是否在帮助他们。例如，我们是否在帮助他们最大化每次出诊的收益？如果医生让病人来他们的办公室，我们就要确保他们得到了应得的报酬。所以，我们可以在系统中测量他们的总收益随着时间的变化是增加还是减少的。如果收益减少，我们就会研究是什么导致收益减少，而我们如何帮助他们提前做出反应。我们也有能力帮助他们根据自己擅长的领域和能够得到的实际报酬，有针对性地选择合适的病人以提供服务。我们也要尽量降低病人的缺勤率。
>
> 除了衡量客户的财务表现外，我们还要衡量他们的病情，看看我们能如何帮助他们。如果病人没有得到所需要的疫苗，我们就会开展“伸出援手”活动。然后，我们会衡量是否真的能让病人参与进来。另一个例子

> 是，我们帮助有医疗保险的病人与他们的护理提供者一起获得年度健康体检的机会。该行业每年健康体检的达标率约为15%。我们可以帮助客户把达标率提高到60%以上。通过这样做，消除了医保人群的主要医疗差距，令他们更健康，从而降低了所有人的总体医疗成本。

你可能会认为雅典娜保健公司实际上是一个病人护理提供者——实际上，它是一个真正将客户的结果作为自己的结果的供应商。

雅典娜健康中心的工作流程是围绕这些结果建立的。

> 我们建立了规则来指导我们的CSM与客户一起工作，帮助他们和我们一起来改变行为，这样我们就可以一起推动实现那些结果。我们实施这些规则，看看哪些CSM完全采取行动。然后，我们可以看到哪些客户接受这些CSM的建议。接着，我们观察这些客户是否真的看到了基于这些行为的改进表现。我们最初在小范围内测试这样的规则，看看哪些是最有效的，然后在更大的范围内进行推广。

你可以看到雅典娜健康中心的CSM活动和客户取得的成果之间的紧密联系。结果呢？“在过去两年里，客户净推荐值增加了35分，”康纳说，“我们已经看到客户留存对我们实际财务结果产生的巨大影响。”康纳能够通过他的团队对结果的关注来推动雅典娜健康发展。听起来不错，是吧？

你的客户希望你制定一个愿景，在这个愿景中，你和他们共同对购买的产品的成果——甚至对他们的业务成果负责，就像康纳和雅典娜健康所做的那样。在此基础上，你的客户希望你提供一种具体的方法来帮助他们实现目标。

步骤2：创建方法

在Gainsight公司，我们已经就如何为我们的客户产生结果的问题思考了很多。正如你可能想到的，我们的客户是那些想要变得更加以客户为中心的企业。他们在头脑中构建了一个关于企业最终状态的愿景，即使还没有完全成形。为了帮助他们了解如何达到这一状态，我们设计了一种方法，称之为“客户成功元素”。我们的目标是弄清楚如何从A点到达B点。

这一方法涉及客户成功成熟度的四个阶段（见图6.2），这是通过我们对数千家公司的观察得到的，我们在前一章中对这些公司进行了描述。

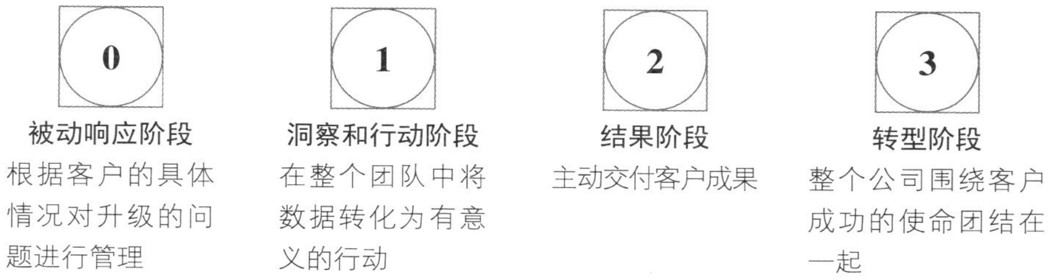

图6.2

我们在Gainsight公司的工作是帮助我们的客户从早期阶段发展到转型阶段。要想做到这一点，我们需要帮助客户在不同阶段取得具体的成果，这样，他们才能一步一步取得进步。因为我们是十足的极客，所以我们把这些结果像化学中的元素周期表一样列了出来——只是在这个例子中，这是一个客户成功元素表。每个元素都对应客户希望实现的结果，例如，在实施管理（Am）或拥护者参与度（Ae）方面做得更好。每个结果的背后都是一个规范的、包含最佳实践的方法，它将人员、流程和Gainsight平台结合起来，为客户驱动成功。当客户通过实现这些元素获得越来越多的结果时，他们会进一步向转型阶段前进，如图6.3所示。

洞察和行动阶段包括四个元素，重点是收集关于客户的数据，并根据这些数据采取行动。例如，在客户体验（Cx）元素中，我们的客户可以将公司各个部门与客户互动的健康度可视化，然后根据他们对该健康度的了解进行跟踪。

成果阶段需要跨多个客户成功部门进行协作。例如，在续约管理（Rm）元素中，我们的客户通过利用CSM和客户经理之间的合作关系，专注持续推动续订和拓展销售预测。在风险升级（Re）中，我们的客户让公司高管和其他人员了解需要他们关注的战略客户。

转型阶段包括在公司内部为提供客户服务进行更广泛的协作。例如，在服务体验（Se）中，专业服务团队的目标是实现单纯关注实用性和损益目标，以便在客户的参与过程中带来显著的结果和体验。在产品成功（Pr）中，客户成功和产品团队一起工作，优先考虑客户提出的功能改进需求。

客户可能不需要实现表中的所有元素——相反，我们帮助客户根据目标对这些元素进行优先级排序。对于一些团队来说，跳过转型阶段的一些元素是有意义的。但是一般来说，我们建议从左边开始，然后逐步向右边发展。

洞察和行动
1
Cv
360° Customer View
360° 客户视图
2
Lm
Lifecycle Management
生命周期管理
3
Ch
Customer Health
客户健康度
4
Cx
Customer Experience
客户体验
结果
5
Am
Adoption Management
实施管理
6
Rm
Renewal Management
续约管理
7
Em
Expansion Management
拓展管理
8
Sa
Stakeholder Alignment
利益相关者联盟
9
Re
Risk Escalation
风险升级
10
Sp
Success Planning
成功计划
转型
11
Pr
Product Success
客户成功
12
Ae
Advocate Engagement
拥护者参与度
13
Su
Support Experience
支持体验
14
Se
Services Experience
服务体验

图6.3

我们基于与许多客户合作的经验设计了这些元素，但我们也需要经验证据来证明这些元素带来的影响。因此，在最近的一次首席客户官峰会上，我们收集了来自100家公司的客户成功领导者的调查反馈。

我们的问题是，对于元素所代表的每个目标，您的进展如何？（选项：不存在、手动的、半自动化的、优化的），然后，我们将受访者根据客户成功成熟度阶段进行分类，并询问他们的总留存率和净留存率。正如我们在前一章所讨论的，结果显示，随着企业沿着客户成功成熟度曲线的发展，总留存率上升了13个百分点，净留存率上升了33个百分点。

这些都是我们的客户想要的结果！因此，他们可以将客户成功元素作为一种方法，引导他们从A点到达B点。

我们在本书中分享了客户成功的元素，作为客户期待，你成为他们提供方法的一个例子。但这并不是客户所有的期望。他们还希望你能够以规定性的方式进行沟通，这样，他们就可以从这种方法中获益。

步骤3：采用指导性行为

客户带着装修房子的期待找到了你——那种你可能在Pinterest上看到过的闪闪发光的海滩小屋。他们可不想去考虑锤子、螺丝刀或钻头这些对装修房子来说至关重要的东西。他们希望你——供应商——作为总承包商，亲自处理所有的工具。客户最关心的是结果，而不是过程。

换句话说，他们需要你的专业指导。如果你的团队不主动提出解决方案，客户就会不知所措。毕竟，他们不是房屋装修方面的专家，而你是。

温迪·法伊弗（Wendy Pfeiffer）有过多次采购技术解决方案的经验。她目前是超级融合（hyper-converged）的基础设施公司Nutanix的首席信息官（Chief Information Officer，CIO）。她说：

> 我需要一个CSM，因为他对我的业务、我试图应对的挑战和需要利用的技术都有着深刻的理解。我最不需要的就是多一个比我知道得还少的人。不要因为现在有客户成功这件事情，就随便给我指派一个客户成功人员。我们需要一个知道什么可行、什么不可行的人。如果我们在讨论选择A或选择B，那么这个人应该基于他对我们行业、业务、竞争对手、产品本

> 身以及我们现状的了解，告诉我们他推荐哪一个。如果他没有发出那种权威的声音，那么我不感兴趣。

这意味着客户通常希望你是他们工作领域的思想领袖，而不仅仅是你自己工作领域的专家。

法伊弗认为CSM在公司内部应该有足够的影响力去争取客户。“例如，CSM必须告诉他们的产品团队，为什么在下一个版本中开发某个功能很重要。或者建议推迟发布下一个版本，因为它仍然有瑕疵、缺陷或问题。这是非常重要的。如果一个供应商有一个令人惊叹的客户成功组织，但在产品或运营模式中存在缺陷，那么一个优秀的客户成功团队也无法弥补这一点。”

法伊弗支持的那种CSM行为——以权威和倡导者的口吻——与大多数CSM五年前的“帮助者”的心态截然不同。那时，我们看到太多的CSM试图对他们的客户“友好”。他们的客户可能会这样描述他们：

- 很好的倾听者；
- 细心；
- 接受反馈；
- 富有感染力的积极态度。

让我们来看看这种“美好”所带来的客户旅程。想象一个客户给你打电话提供一些反馈：

> 我真的很喜欢你们的团队，所以我买了你们的产品。然后他们问我：“你想用这些产品做什么？”我告诉了他们一些事情。但说实话，我不知道那是不是正确的决定。你的团队从不反击。他们不停地问我：“你下一步想做什么？”我觉得自己才是推动这个过程的人。我们还没有获得价值。我真正想要的是，你告诉我该怎么做。你们应该是知道得最清楚的——我想用你们最成功的客户使用产品的方式来使用它。但我们是从一张白纸开始的，这看起来就像一个“构建”练习，IT 部门说其可以做到。我的首席财务官一直盯着我让我削减成本，如果我得不到价值，我就无法为使用这笔费用辩护。但这不是针对个人的。你的团队的人都很棒。

你知道那是什么吗？这是客户流失时听到的令人痛苦的声音——都是因为你

的团队太好了。这很可能是温迪·法伊弗决定取消与供应商续约的原因！

如果你想为你的客户产生结果，请确保你的CSM是对客户有要求的。坚定态度需要勇气。我们将在本书后面的专业发展章节中回到这一要求。

关于客户体验还有什么补充

当我们讨论CSM的行为时，我们已经发现一些行为，它们对于满足客户对体验的期望是非常有帮助的。虽然这一章关注的是客户期望实现结果的新趋势，但我们已经编写了客户礼仪指南，它可能有助于培训你的CSM团队，让他们了解能够产生优秀体验的行为。

你的员工也关心客户的结果

如今，员工在服务客户时需要一种使命感。很多人（即使不是大多数）加入你的公司，是因为他们热衷于这家企业为客户带来的某种结果。他们相信，通过帮助客户，他们正在以某种具体的方式“改变世界”。

结果，就像客户重新定义他们想从供应商那里得到什么一样——尤其是结果的交付——供应商开始重新定义他们存在的理由，即实际交付那些结果。目标驱动型组织的兴起一直是客户成功发展的推动力，因为员工比以往任何时候都更希望看到他们的客户获得成功。

彼得森（JD Peterson）是Culture Amp的首席增长官。LinkedIn上的资料显示，Culture Amp的愿景是“帮助企业成为更好的工作场所。我们的目标是通过员工反馈和分析解决方案，建立一个平台，让数以万计的以文化为核心的公司能够更好地做出关于人和文化的决策”。你可以看出，这是一家重视为员工创造工作意义的组织。

我们问彼得森，他如何定义一个目标驱动型的组织，他这样回答：

> 一个目标驱动型的组织首先要有一个明确的使命，这一使命与对世界产生积极的影响相关，并超越企业的业务结果。我们也看到，在一个目标导向的组织中，员工往往不仅仅是为了薪水或简历上的一段经历而工作。他们相信比自己更伟大的东西，并与这个使命保持一致。

为什么这与客户的成功有关？通常，公司的使命与帮助客户密切相关。“如果一个组织真的是目标驱动的，那么他们相信自己帮助客户所实现的结果。他们必须最终通过他们的客户——使用产品的人——来实现他们的目标。客户的成功通过引导客户踏上新的旅程，真正地在第一线帮助客户实现这些结果。”因此，如果一家公司是目标驱动型的，它就会投资客户成功——因为客户成功是实现目标的唯一路径。

科科·布朗（Coco Brown）是雅典娜联盟的创始人兼CEO。雅典娜联盟通过为女性高管提供董事会服务和协助她们找到匹配的董事会，致力于促进董事会多元化。科科·布朗对目标驱动型组织的本质进行了大量思考，包括她自己通过雅典娜联盟为世界创造美好的愿望，以及她的许多客户通过使自己的董事会更加多元化而找到了目标。

布朗说，今天的企业正表现出“对其所在的生态系统的承诺”。她解释说，“在当今世界，这意味着你必须思考各种方法，让你所做的事情与更大的世界，以及你所影响的更广泛的社会连接”。尽管布朗指的是一个更广泛的“生态系统”——你的客户和社区内的其他利益相关者都可能会被你销售的东西所影响，她的观点还强调需要避免由于供应商出售产品时不考虑它们对客户的影响而产生的伤害。今天，公司需要成为良好的企业“公民”，这就需要善待它们的客户。

总结

在本章中，我们讨论了客户期望如何成为增加企业对客户成功投资的第三推动力。客户希望供应商的产品或服务既能带来良好的体验，又能产生良好的结果。后者在过去五年内一直是一个主要的新趋势，这要求公司为客户关系制定一个愿景，这包括对客户结果负责、开发一种方法以实现这些结果、采用一种更加规定性的沟通方式，以确保客户和供应商执行这一方法。目标驱动型组织的兴起使这些结果的实现不管是从客户的角度还是从员工的角度来看都是势在必行的。

事实证明，投资者也非常相信这些客户成果的价值。在第7章中，我们将研究企业投资客户成功的第四个原因：他们的投资者也相信客户成功。

第 7 章

理由4：投资人也喜欢客户成功

想象一下10年前一个典型B2B公司的董事会会议。会议议程是什么？可能是财务业绩和销售指标的大杂烩。有时，你会看到一些关于产品路线图的讨论。客户成功？只有当出现重大问题时，它才会成为一个话题。

让我们快进到今天，私营企业的CEO现在知道，当进行新一轮融资的时候，他们必须确保有一个强有力的客户成功战略。上市公司的CEO也越来越意识到，研究分析师和基金经理了解如何将客户成功融入SaaS业务模型。在投资者看来，客户成功团队绝不仅仅是一个华而不实的商业时尚，其对于确保收入的可预见性至关重要。这种可预测性让投资者安心，因为他们在企业中分析的许多其他变量都可能在瞬间发生变化。

当然，大多数投资者都是“数据人”。他们对数字的信心高于一切。我们可能对客户的情绪情有独钟，但我们和其他任何人一样热爱数学计算！因此，为了理解为什么投资者如此重视客户成功，让我们先来看一个客户成功数学计算的例子。

投资者正在计算

埃里森·怀特（Allyson White）是全球领先的风险投资和私募股权公司Insight Partners的负责人，该公司对高增长的科技公司进行投资，管理超过200亿美元的资产。怀特已经成为投资者和被投资的公司应该如何获得客户成功领域的思想领袖。

在Insight博客上，怀特将销售描述为“在规模化比赛中的兔子——新客户就像冲出了起跑线并一路强劲加速”。但是，留存率是乌龟，我们从《伊索寓言》中得知，乌龟赢得了比赛。为了说明更高的留存率对企业估值（公司的总价值）的影响，怀特描述了一个假想的公司。她解释说：

寓言公司在本年度（即第0年）有望实现2000万美元的年经常性收入（Annual Recurring Revenue，ARR）。

- 1000万美元是来自新客户的ARR。
- 1000万美元是来自现有客户的ARR。
- 公司拥有可靠的产品和良好的客户使用情况，净金额留存率为95%，总金额留存率为90%。
- 寓言公司有很大的潜在市场规模，每年以10%的速度增长。

假设寓言公司的新业务在同一市场上以10%的复合年均增长率（Compound Annual Growth Rate，CAGR）增长，净留存率保持在95%。该公司将在5年内达到7700万美元的ARR（不小的成就！）

然而，如果寓言公司能够将净留存率从95%提高到100%，那么ARR将达到8700万美元。

净留存率每上升1%，第5年的收入就会增加约200万美元。在收入退出倍数为5的情况下，这5个百分点的留存率提升相当于让企业估值增加了超过5000万美元，这个数字肯定会让寓言公司的员工和风投股东开心不已（见图7.1和表7.1）。

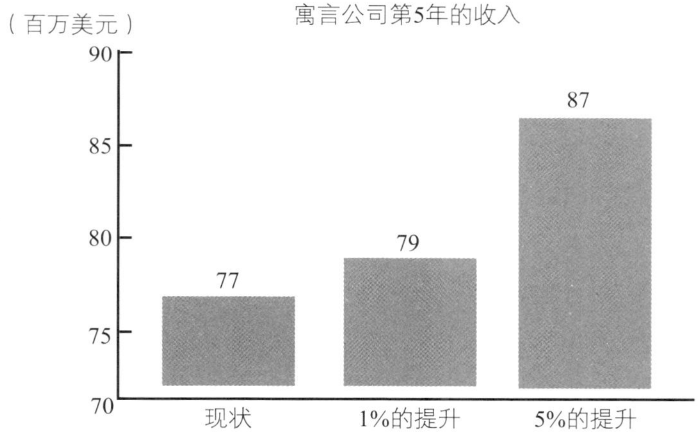

图7.1

表7.1

增量收入	——	2美元	10美元
5倍数	385美元	395美元	435美元
6倍数	462美元	474美元	522美元

请记住，在100%客户留存率的情况下，业务的规模会增加1000万美元，而且增长速度更快（CAGR为34%，而不是31%），因此将获得更高的收入退出倍数。企业估值（Enterprise Value，EV）在收益退出倍数（从5倍增至6倍）的增量下将高出1.35亿美元。

另一个要考虑留存率影响的场景是Insight所称的流失的机会成本（Opportunity

Cost of Chrun，OCC）。什么样的额外销售和市场营销投资对于弥补流失所带来的收入损失是必要的，或用一个SaaS中常见的短语来描述——抵消“漏水的桶上的漏洞”？

我们这样计算：流失的机会成本（OCC）=（流失的金额+降级销售的金额）×获客成本（Customer Acquisition Cost，CAC）。

我们仍然以寓言公司为例，这是一家资本为2000万美元的SaaS公司，总留存率为90%，假设获客成本（CAC）为1。换句话说，寓言公司在销售和市场收购上每花1美元，第一年就会得到1美元的ARR。这会带来什么影响？

- 第0年，寓言公司会失去200万美元的初始ARR，这需要200万美元以重新获取。
- 第5年，流失带来的损失是640万美元，这需要640万美元以重新获取。
- 5年内，总的流失的机会成本（OCC）近2100万美元（见表7.2）。

表7.2

场景（总留存率为90%）	第一年	第二年	第三年	第四年	第五年	总计
初始ARR	20.0美元	30.0美元	40.6美元	51.9美元	63.9美元	
客户流失	2.0美元	3.0美元	4.1美元	5.2美元	6.4美元	
获客成本	1.0美元	1.0美元	1.0美元	1.0美元	1.0美元	
客户流失的机会成本	2.0美元	3.0美元	4.1美元	5.2美元	6.4美元	20.7美元
边际损失（占初始ARR的比重）	10%	10%	10%	10%	10%	
客户流失每1%的边际损失	1%	1%	1%	1%	1%	

总而言之：在CAC为1的情况下，每一个百分点的留存率约等于利润率的1%。

留存率更高的业务可以更快地增长，有更强的盈利能力，或者很可能两者兼而有之……公司既需要乌龟也需要兔子来赢得比赛。

如果你已经被我们的数学计算搞得晕头转向，那么请记住这个底线：像怀特这样的投资者知道，即使提升1%的留存率，也会在以下三个重要方面影响企业估值：

（1）维持收入水平；

（2）给公司带来能获得更高估值倍数的收入；

（3）增加边际利润。

听起来不错！

现在，我们已经通过了解投资者的计算方法来深入了解投资者的逻辑，让我们更深入地研究为什么风投在评估投资机会时看重客户成功指标的定性原因。

为什么风投公司喜欢客户成功

对于投资初创公司的风投公司来说，不断增加的收入表明这家初创公司是一家真正的公司，提供了一种被人们所需要的产品或服务。低留存率有时可能是公司没有实现产品与市场匹配的一个信号——换句话说，他们的产品没有解决客户的问题。这可能会导致一家公司破产，或裁掉大部分员工以阻止资金消耗，并争取足够的时间来开发更强大的产品。

2018年1月，Meritech Capital的普通合伙人——曾在星火资本（Spark Capital）工作的亚历克斯·克莱顿（Alex Clayton）在Medium网站上所写的一篇文章中呼应了这种问题的严重性："金额留存率对SaaS公司的稳定至关重要……一个SaaS公司每年的ARR增长率可能会超过100%，但是如果它的年化净金额留存率低于75%，潜在的业务就会出现问题……糟糕的净金额留存率几乎总是会赶上并拖累企业的营收。"

因此，风险投资公司在评估一个企业的增长是否能在未来持续下去时，会考虑留存率。Bessemer Venture Partners（BVP）是一家领先的风险投资公司，管理超过60亿美元的资产，它已经采用了这种方法。BVP团队是订阅模式增长方面的思想领袖，其提出了云计算的十大定律，并推出了BVP纳斯达克新兴云指数（BVP Nasdaq Emerging Cloud Index），这是一个行业指数，旨在跟踪云软件和云服务的上市公司的业绩。因此，其非常了解客户成功对企业在私有和公开市场估值的影响。

"我们在早期阶段如此在意客户成功，是因为它是一个非常好的预测公司是否会继续高速成长的指标，这对投资者而言很难知道但非常重要。"Venture Partners的一位合伙人拜伦·迪特（Byron Deeter）解释道。

> 如果一家公司没有强大的客户留存能力，也没有合适的CSM章程，客户流失可能会导致SaaS业务丧失。但如果你有很高的留存率，你就可以持续很长很长的时间。你会有很多机会去成长，在产品上进行创新，销售新的产品种类，以及拓展新的市场。
>
> 我们在投资前会考察三个重要的指标，即增长、留存率和回报，或者某种销售效率的衡量标准。在我投资的公司中，我特别关注留存率。因为它不仅像高客户增长率一样有吸引力，而且如果你有一个正的净留存率，你就可以向现有的客户销售更多的产品。

托马兹·通古兹也对从现有客户上获得收入增长的潜力特别感兴趣，而不仅仅是留住他们。

通古兹对在第4章中提到的Redpoint Ventures公司的总经理解释道：

> 面向企业的公司和面向消费者的公司的主要区别之一，是企业客户往往以年为单位进行扩张。一流的B2B公司可能会以每年30%、40%或50%的速度增长。因此，去年消费100万美元的新客户今年可能消费150万美元。
>
> 随着公司的发展壮大，由客户成功团队管理的收入将超过销售团队带来的新订单收入。新的销售加上这种复合式的扩展，客户成功成为进入市场的最重要的职能。客户成功管理公司充满扩展潜力的收入基础。

风投公司认为客户成功的价值不仅在于推动收入增长，还在于帮助公司学习如何改进产品，这符合我们在第1章讲到的“法则七”。“我认为客户成功的未来是来自客户成功经理的观察，”通古兹说，“如果产品经理和客户成功经理之间存在紧密耦合，产品就会越来越好。那些拥有最高净收入的公司将通过客户成功组织将出色的产品与对客户的深入分析结合起来。”BVP的迪特尔（Deeter）也对客户成功和产品之间对话的价值表示认同：“我认为最持久的公司是那些不断从客户那里获得反馈，并在公司的整个生命周期中根据反馈采取行动的公司。这些公司花时间与客户交谈、倾听客户的想法，并努力开发出想要的产品。”

无论风投是在寻找关于产品市场匹配度、业务的持久性、客户拓展潜力，还是强有力的长期产品战略的证据，他们都相信客户成功是衡量企业健康状况的主要指标。

私募股权公司可能在很多方面与风投公司不同——特别是，你可能会在它们的办公室里看到更多的红木家具！但它们与风险投资公司在客户成功对企业健康状况的影响上的判断是一致的。

为什么私募股权公司喜欢客户成功

如果你关注金融行业的发展趋势，你就会知道，私募股权公司在科技市场上的影响力日渐增强。直到过去的十年，很多私募股权公司以发现收入增长较慢的公司、收购股权和债务结合的公司而闻名，一旦成为控股股东，他们就会削减运营规模，以实现现金流最大化，从而偿还债务并提升股权价值。

但越来越多的私募股权公司更加关注推动营收增长的机会。它们现在不仅要削减所投资公司的运营成本，还要参与优化公司经常性收入的流程和技术。经常性收入意味着要有经常性现金，这使支付债务利息、偿还本金和产生强劲的股本回报率变得更加容易。高留存率简直就是为PE模型而服务的。

以风险投资和私募股权公司K1 Investment Management（K1）为例。K1创始人兼CEO尼尔·马利克（Neil Malik）认为，客户成功是K1财务模式和使命的核心。"K1专门投资企业软件公司。从公司成立以来，我们已经投资了120多家公司。我们的使命是帮助人们提高生产力，让他们在更短的时间内完成更多的事情。我们的重点是利用技术实现技术的价值。我们关注的客户成功指标包括客户满意度、使用情况，最终反映在客户留存率上。我们认为，增长加上强劲的留存率是提升估值的最重要因素之一。"

因此，私募股权公司想办法将客户成功最佳实践注入其投资的公司的做法是非常普遍的——这几乎是一种标准的做法。许多私募股权公司每年召开峰会，将公司的客户成功高管聚集在一起；许多公司在内部有运营合作伙伴与被投资公司在客户成功方面进行合作；还有一些公司希望确保被投资公司正在实施客户成功技术方案。

例如，在K1投资的公司中，对于客户成功的最佳实践，K1进行了大量的投入。马利克说：

> 我们认为客户成功是一种多职能的实践。K1每季度都会有一个特定的

> 职能峰会，包括市场、产品和工程、人力资本、金融以及客户体验。所有这些峰会都有关注客户体验的部分。我们今年的最后一次峰会重视客户体验，汇集了专业服务、客户支持和客户成功的专业人士。他们花了几天时间与被投资公司中的同行建立联系并相互学习。我们邀请了一些著名的创新者，包括来自Gainsight公司的尼克·梅塔（Nick Mehta）和来自Tableau公司的克里斯·贝茨（Chris Bates）在内的主讲嘉宾都在谈论客户体验之旅。这使我们投资的公司能够从彼此身上，以及行业专家和知名人士那里获得相关知识。

最终的结果是，私募股权投资的公司是就客户成功而言，最具创新性的公司。马利克分享了K1投资公司中的两个例子。

> Emburse是全球旅游和消费领域的“大玩家”。在更传统的“白手套”方式的计划启动之前，他们制作了帮助客户进行一对多体验的新手指导视频。这提高了投资的公司的规模化速度，允许客户异步工作，以自己的节奏吸收内容和基本知识模块，然后我们可以以更加同步和即时的形式提供我们的资源。
>
> 类似地，我们在项目管理领域投资了一家名为Clarizen的公司。Clarizen提出了诸如用量、客户支持、客户业务和使用目标等指标，并用这些指标来设计季度业务回顾会的议程，而不是用模板化的幻灯片来进行业务回顾，专注于我们通过利用技术来实现技术价值的使命。

与此同时，一些由私募股权投资的公司对客户成功还比较陌生，也对利用技术提高运营效率比较陌生。在最近一次我们参加的由私募股权投资的公司的首席财务官会议上，这些首席财务官直言不讳地描述了旧系统在管理客户关系方面的局限性。特别是：

- 通过客户体验来建立客户模型（根据不同的部门、业务单元、产品和利益相关者），而不是以销售/收费的方式；
- 通过各种数据（遥测、用量、分析、调查、支持、CRM、账单等）来整体衡量客户体验；
- 用可规模化的方法来分析这些数据，全方位测量客户健康度。

- 推动积极的人工和数据外延服务以覆盖整个客户生命周期。

几乎每家公司都有尝试整合客户关系管理系统（CRM）、商业智能（BI）、电子表格等的经验——探索其中对于业务规模化的限制。

与此同时，许多由私募股权投资的公司正在为自己的同行开辟道路。这对私募股权公司投资公司很有价值，因为董事、总经理在另一家被投资公司推出具体的运营变革方案之前，往往希望看到其他公司成功的例子。他们尤其不想重新“造轮子”。他们的公司非常高效，当有第三方供应商时，他们不会自己构建内部工具。事实上，私募股权公司经常引导投资公司对第三方业务系统中的通用模块进行标准化。

为什么研究分析师要审视客户成功

即使在公开市场，客户成功也逐渐成为一个热门话题。正如亚历克斯·克莱顿（Alex Clayton）在同一篇文章中提到的，“净金额留存率对企业的长期成功有着巨大的影响；上市公司的净金额留存率通常超过100%，有时甚至在150%以上。虽然不幸的是它有时会被忽视，但它正逐渐成为任何一家SaaS公司最核心的KPI之一”。

在几乎每一份SaaS研究分析师的报告中，客户留存都是一个被讨论的话题。分析师显然会关注收入增长、利润率等基本面因素。他们最近把注意力放在了客户留存指标上。由于大多数上市公司只披露净金额留存率，因此流失率对股市来说更加不透明。但精明的分析师继续通过与终端客户进行电话沟通来进行第一手研究，进行深入挖掘。随着公众投资者越来越了解客户成功，我们预测这将成为财报电话会议上越来越热门的话题。

总结

现在，投资者越来越关注客户成功指标和战略，并将其作为衡量公司健康状况的指标。这种关注不仅表现在他们对投资机会进行尽职调查时，还表现在他们在董事会中指导被投资公司时。因此，客户成功已经是公司高层管理者的最高优先级事项。

这就意味着CEO不能把客户成功委派给他人——他们必须自己对此负责。他们必须确保公司内的每一个部门都进行有意义的改变，实现从传统模式向以客户为中心的思维模式的转变。

按照这种思路，既然我们已经探索了客户成功背后的“为什么”——企业大力投资客户成功的四个原因——那么我们将继续讨论如何实现客户成功。本书的第二部分将讨论如何向那些已经为客户取得巨大成功的公司学习。问题是：如何将客户成功的理念渗透到公司的各个部门?

第二部分

将客户成功融入你的商业模式的每个方面

第 8 章

客户成功不能被委派

要让客户成功发挥它应有的驱动力，企业的CEO必须把它当作自己的事情来处理。这是为什么呢？因为没有成功的客户，你的生意最终会失败。作为公司的领导者，确保公司的每个环节都能以客户为导向是你的工作。但是，CEO如何才能在自己已经超负荷的工作中，再多承担一项责任呢？让我们找出答案。

对不起，我现在需要对什么负责

没错，如果你是公司的CEO，你需要对客户成功负责——就像对公司的其他事务负责一样。诚然，主人翁意识是现代职场中最被滥用的术语之一。它跟“协同”和“离线处理”一样，出现在商业热词词典中。在一家典型的大公司里，你会发现至少有十几个人“负责”热门项目，项目的名字都很花哨，比如“云”或“人工智能战略”。

如果你是一位在读这篇文章的CEO，你可能会想：“你看过我的日程表了吗？我怎么可能再负责更多的东西呢？”你已经被告知要负责你的产品、增长计划、资本战略和文化——真糟糕，尼克甚至需要负责“说唱视频推荐信战略”（没错，尼克偶尔会给候选人发送说唱视频）。

但我们对你发起的挑战是：“你怎么能不对客户成功负责？”它决定了公司的未来。

说实话，我们没见过有哪个CEO渴望自己负责更多的事情。大多数CEO在进行招聘、委派和授权（也是流行词语）。在客户成功的早期，这种策略很好地服务于公司。CEO通常会招聘一位客户成功的领导者，将核心职能委派给他，偶尔给这位领导者一些资源和一席之地（同样是流行词语），甚至可能会授予他一个高级的头衔，比如“首席客户官”。

但是，早期起作用的方式现在已经不是很有效了。我们从与数百家公司的客户成功战略合作中了解到，客户成功往往从一个部门和一个职能开始，但只有它成为全公司范围内的共识，才会蓬勃发展。这种转变总是需要CEO亲自上阵。

当加入Altify（后来被Upland Software收购）担任CEO时，安东尼·雷诺兹（Anthony Reynolds）负责推动公司实现下一阶段的增长。他知道客户成功策略至关重要，所以他投入了自己的时间。“作为CEO，你不能只是嘴上说说。组织的其他成员会注意你的行为。所以，当你每天早上走进这家公司时，你如何回应客户并把他们作为最高优先级考虑，是最重要的事情。你应该花时间和你的客户在一起，真正倾听他们的声音。”

雷诺兹指出了CEO 在客户成功中作为榜样的重要性。理论上这听起来很棒，但让我们来探索一下它在实践中的意义。我们将讨论成为一个更以客户为中心的CEO的三个步骤——这不会以失眠为代价。

我想成为一个伟大的以客户为中心的CEO

第一步

让我们首先做一个重要且真实的陈述：大多数CEO会自发地向销售和/或产品倾斜。这是因为大多数CEO是在销售或产品背景下成长起来的。这意味着向顾客倾斜是不自然的。我指的不仅仅是会见客户。在新客户经济中，CEO需要深入参与有关客户体验、旅程、细分等方面的决策。没有CEO的参与，任何重大的销售或产品决策都不会被做出。在没有上述考虑的情况下，也不该做出任何重大的客户决策。以下是推动这种以客户为中心的具体活动的方式。

首先要通过组织形式来传达客户成功的重要性。如果你把客户成功放在销售、产品或客户支持组织之下，那么这便传达了一种对重要性的判断。如果你让客户成功负责人与你的销售副总裁和产品副总裁成为平级，那么这就传达了一些非常特别的信息。同时，把留存率指标分配给那个领导。如果没有一个人对销售数字负责，你就不可能经营一家公司。同样地，你不应该在运营经常性收入业务时，要求有人对客户留存率负责，随着时间的推移，这将比新业务产生的销售数据大得多。

现在，可以在与每个部门的对话中加入关于客户的讨论内容。根据定义，有些部门是围绕客户构建的（最明显的是客户成功和客户支持）。其他的并不是直接针对客户的。诀窍是去定义那些本来就围绕客户的成功而设置的工作岗位，以及需要将客户成功注入现有工作方式中的角色。当策略性地推进时，客户成功会让你重新思考产品开发、市场营销、销售和其他职能的方式。

你可以用下面一系列问题来分解它：

产品

- 如何使产品部门更加工具化，以便为客户成功提供更多的数据支持？
- 如何将客户成功策略构建到产品中？

市场营销

- 如何将从客户成功中学到的经验告诉你希望推销的“理想客户”？
- 如何通过全生命周期的营销方法来有效地培养现有客户，促进他们使用、扩展和留存？
- 如何通过客户成功来识别拥护者并间接驱动新客户增长？

销售

- 如何使客户成功流程更加无缝地促进追加销售和交叉销售？
- 客户成功如何通过提升客户感知到的价值，以实现留存率和企业定价能力的最大化？
- 对客户成功的洞察如何帮助销售代表在销售过程中更加真诚，并锁定更具针对性的客户群体？

渠道

- 你的渠道在客户成功中扮演什么样的角色？
- 如何激励和支持合作伙伴在这个领域投资？
- 你需要分享哪些数据给合作伙伴？你需要从他们那里获得什么？

服务

- 新员工培训如何面向结果和价值而不只是项目的完结？
- 哪些客户成功能力可以“收费”而非“免费”提供？
- 客户成功如何识别销售服务的机会？

支持

- 支持团队如何通过主导问题的解决来帮助客户成功实现规模化？
- 如何使支持团队了解某个客户问题的背景情况？
- 支持团队如何通过对客户成功的洞察来设定客户问题的优先级？

IT

- 你需要哪些数据来了解客户成功?
- 如何围绕客户成功设计整个业务流程?
- 如何根据你的需求统一各种系统?

现在，你已经开始将客户成功融入与每个部门的对话中，让我们探索如何让这些部门协同工作，以为你的客户提供服务。

第二步：进行成功简报

我们已经向CEO和总经理做了几十次“成功简报”，我们让管理团队聚在一起跨职能地讨论客户成功。我们的目标是让其他部门加快速度处理相关业务，然后引入跨职能协作的模型。这种跨职能的讨论涵盖客户成功如何改变每个角色。

在此基础上，你可以确定具体的落地步骤。

- 章程：在共同对客户旅程负责的新情况下，一些高管关注重新定义章程（以及相关的核心关键绩效指标）（我们将在后面的章节中对每个职能进行讨论）。
- 客户旅程：许多公司决定进行跨部门协作，在新的模型中，这种协作围绕被解读和可度量的理想客户旅程进行（稍后将对此进行详细介绍）。
- 健康度得分：同样地，不同团队通常围绕以数据指标定义的健康度集结，这些指标定义了一个健康的客户（详情请参见第24章）。

即使你授权你的管理团队紧密协作，你自己也不能置身事外。你应该亲自与客户接触。让我们听听尼克用第一人称讲述他是怎么做的。

第三步：增加与客户的会面

我们都有一些喜欢做的工作。我最喜欢的是与不同的利益相关者打交道，包括我们的团队成员、他们的家人、客户、合作伙伴、投资者，甚至是我们社区的居民。我最喜欢这种多样性。是的，在迈耶斯—布里格斯性格类型中，我绝对是一个“E”（外向者）。

因此，当我看到最近《哈佛商业评论》（*Harvard Business Review*）中的文章写道，CEO通常会把3%的时间花在客户身上时，我非常震惊，于是我让一名实习生根据我的日程表来确定我与客户相处的时间占我总的工作时间的比重。

得到的结果是17%。我平均每周见11个客户，每月见45个客户，每年有超过500个客户会议。我喜欢这些会议，但即使对我来说，也需要一个良好的流程来保证一切正常运作。从逻辑上、执行上、情感上，这些都不是偶然发生的。所以，对于所有想知道如何真正获得客户成功的人，我的方法是这样的（请注意，我们经营的是高质量的业务，我们的客户平均每年付给我们超过6位数的经常性收入，所以，这个过程可能不适用于你。但即便你的客户采购金额较少，与之相对应，你也会有办法缩小会面规模）。

1. 与我们的潜在客户会面

我很高兴有机会能与正在考虑购买Gainsight产品的公司会面。这给了我一个了解市场的方法，让我在客户购买之前帮助他们设定预期，也让我能够为我们的销售团队提供一点小小的帮助。

为了做到这一点，我让我们的销售团队确定我可以接触的具体的客户高管。我的助理为我准备了一份标准的电子邮件草稿，我会在发送前对每封邮件进行个性化处理。

2. 与现有客户的利益相关者会面

与我们的客户高管保持一致并不会止步于销售过程。很多公司在谈论“高管支持者计划”，但很少有公司将其付诸实施。如果你在顶级客户公司中有“高管支持者”，那么每个客户上一次发生“高管对高管”的连接是什么时候？你有信心确定都“覆盖”到了吗？

当我们完成一笔新交易时，我们会确定高管支持者。如果是我，就会这样：

客户成功经理将根据客户的重要性，定期（在Gainsight产品中）收到相关者同步通知。Gainsight会向我发送了一封电子邮件示例，并建议我将“入驻”的消息发送给客户的高管；它也为我提供了一些背景信息。我的助手将信息放进我电子邮件的草稿箱中。然后，我可以将消息个性化处理后发送出去。

如果我最终和客户通了电话，我就会把我的笔记记录在我们的时间线上——在Gainsight产品中，我们对客户关系的历史记录里——或者简单地把邮件抄送给客户，记录下时间。

3. 根据调研反馈会见客户

和大多数公司一样，我们从不缺少反馈。我们每年对客户高管进行两次调研。当反馈出现时，我们自动将其发布到内部协作系统Slack上。因为我对反馈有点痴迷，所以我会看所有的回复。如果我看到认识的人中有一个“推荐者”（非常高兴）的回复，我就会发一封邮件表示感谢。如果我看到一个“贬低者”（分数较低）的回复，我就会写一封感谢信，感谢他的反馈，有时还会给他打个电话以快速了解更多情况。

4. 根据在线评论会见客户

同样地，我也阅读了我们的客户在G2或TrustRadius等第三方评论网站上发表的所有评论。通过这种方式，我们从客户和客户的客户身上学到了很多东西。有时候，我甚至会把我的回复贴在评论上，感谢客户的反馈。在其他情况下，如果客户表明了自己的身份，那么我有时会给他发邮件以便了解更详细的情况，或者亲自感谢他。

5. 当我与客户在一个城市的时候，会见我们潜在的和现有的客户

尽管乘坐红眼航班很痛苦，但我喜欢确保我的商务旅行中充满会议。我去一个城市时会做以下事情。

我的助理会从Gainsight中提取该城市的客户名单，并筛选出：（1）健康的客户（我们可能会让他们进行推荐或进行拓展）；（2）需要帮助的客户。

我们与我们的客户成功团队一起检查列表，以确保其同意联系这些人。类似地，我们的销售团队会提取一张潜在客户的列表，以便后期与这些客户进行会面。我的助理会通过我的邮箱将经过个性化处理的电子邮件发送给每个潜在客户。会面结束后，我会把我们的笔记贴在时间线上。

我的个人最高纪录是在曼哈顿一天之内亲自与10个客户会面。考虑到我不得不应付的情况，包括打车、大堂签到、过安检和缓慢的电梯的影响，我对此尤其感到自豪。

6. 与我们的顾问委员会里的客户会面

与大多数公司一样，我们已经为顾问委员会整理了一份顶级战略客户名单。我们有一个战略顾问委员会（Strategic Advisory Board，SAB），它为整个公司提

供指导帮助，还有独立的委员会就新产品、技术和交付为我们提供建议。

当我们的客户聚在一起的时候，我们会亲自举办SAB会议。我发现，无论视频技术有多好，战略讨论都很难远程进行。我们的顶级客户高管通常会参加我们在旧金山举办的Pulse活动和年度CXO（包含CEO、CTO、CSO等在内的企业高级管理人员）峰会。此外，他们中的许多人每年参加两次由技术服务行业协会（Technology Services Industry Association，TSIA）主办的活动，在这些活动中，我们选择午餐地点，让人们聚在一起。

7. 在每月的晚餐会中会见客户

为了确保我得到有节奏的反馈，我最喜欢的传统之一，是我在旧金山湾区为客户成功领袖举办的近月晚宴系列。我有一些核心规则。

- 我和一到两个公司成员来主持，我们把人数控制在10~12人。
- 我们总是有一个独立的房间来进行对话。
- 我们让对话保持有个人特色和轻松的，往往从一个破冰问题开始（“你不为人知的超能力是什么”是最近提的一个问题）。

从逻辑上讲，这很简单。我的助理保存一份旧金山湾区客户高管的名单。她订了一个包间，然后我们通过电子邮件告诉人们（准确地描述）晚餐将很快预订好。从这些晚餐中得到的收获是无价的，从中也与客户建立了良好的关系。

8. 在公司活动中会见客户

我们举办了大量的活动，从年度 Pulse活动到CXO峰会，从Pulse世界巡演大会到Pulse欧洲大会。活动中的鸡尾酒会是听取客户意见的极好机会。我总是试着准备一些问题来获得反馈：

> 你今天看到或听到的最有价值的东西是什么？
>
> 现在，产品的哪个部分正在带来对你来说最好的结果？
>
> 如果你有一根魔杖，可以让我们做任何你要求的事，那么下一步你会让我们做产品路线图的哪一部分？

9. 在第三方活动中会见客户

我参加过很多第三方活动，包括当下流行的CEO活动。我们要确保已经为这些活动做好了充分的准备。我和我的助理在名单上寻找客户和重要的潜在客户。

如果我们决定与一些人见面，那么我们会按照上面的流程提前起草电子邮件。然后，在活动现场，我使用Gainsight的移动应用程序来查询每个向我走来的客户当前的健康、情绪和财务状况（是的，这是对我们一款产品毫不吝啬的宣传）。

10. 在工作转换期间会见客户

显然，我喜欢与客户见面，但我最喜欢的是与他们建立个人联系，这与业务目标或产品路线图无关。正因如此，我很享受在客户最重要甚至是压力最大的时候与他们进行交谈的机会，比如，在他们转换工作的时候。

我曾与数百名客户成功主管进行过一对一的交流，帮助他们在求职过程中游刃有余，包括：

- 帮助他们了解如何定位自己；
- 为他们的LinkedIn资料提供修改建议；
- 给他们介绍潜在的机会；
- 作为他们的参考消息渠道或倾听者，比较各种选择路径；
- 作为他们的推荐人。

在这些过程中，我学到了很多关于我们这一职业的真正动机，以及人们在这样的新角色中是多么勇敢。

客户成功仍然在发展过程之中，我总是试着去关注那些走在前面的人。说服董事会自己需要更多的预算、更多的人、更多的影响力，这并不容易；在一家可能不确定自身在做什么的公司里，为自己开辟一片天地并不容易。我每天遇到的客户成功专业从业者给我留下了深刻的印象。

为什么光有文化还不够

正如我们在上文中提到的，尼克会与很多客户见面。正因如此，他经常发现自己在许多科技公司的大厅里等待。他已经在相当多的办公楼的大堂进行了签到（他认为他已经签署了世界上所有的保密协议！），甚至为了营养价值而吃了办公室的薄荷糖。当你坐在一家公司的入口处时，你会接触这家公司的文化。你会注意一些小事，比如，前台接待人员如何对待客人，以及员工如何对待前台接待人员。你可以看到他们向世界展示的面孔，更明确地说，你经常可以了解公司的价值观。如果你像尼克一样，那么你已经看到了名牌上的价值。你在电视上了解价值观。你甚至在扑克筹码上了解价值观！你知道吗？尼克见过的几乎每家公司都有“以顾客为中心”“顾客至上”或“顾客第一”的价值观。

如果“客户成功就是文化”，那么每个公司都有与此相关的价值，为什么我们在客户成功方面还有这么长的路要走呢？我们不想把这变成又一次对商业伪善的廉价谴责——我们都知道商业可以变得更好。我们想提供一个解决方案。

在最近一次与一位CEO的会议上，尼克听到了这个解决方案。这位大型软件公司的领导者告诉他，虽然文化转型显然是公司转型的开始，但并不是结束。仅仅因为你有执行这一任务的优秀的员工，并不意味着客户会一直获得好的结果和体验：

- 如果一个新的团队成员心中有公司的价值观，但没有被赋能和培训过如何实施公司的最佳策略，你会怎么想？
- 如果客户知道他们获得的体验会随他们在公司中打交道的人变化而有所不同，那会怎样？
- 公司内部存在的问题呢？如果每个人都各司其职，但总体来说客户并没有得到他们希望的结果，那会怎样？

这听起来像是一个过程问题——只需要改进你的培训、客户体验和跨职能的凝聚力。但是，正如我们所了解到的，这不仅仅是对价值不足的问题领域进行微调。

这位CEO接着告诉尼克，下一步是要在整个公司范围内实现客户成功的“工业化”——将其从一门艺术变成一门科学。在工业革命中，新的工艺和技术使工人得以专业化，使制造过程得以标准化，从而推动公司实现规模化。这远远超过了渐进式改进——它在根本层面上是变革性的。

这位CEO关注的是客户成功工业化的三个具体方面，我们将这三个方面与工业革命的三个原则即专业化、标准化和规模化结合起来。

- **专业化**：新团队成员应当迅速获得最佳实践能力。
- **标准化**：客户在整个公司内都可以获得良好的体验。
- **规模化**：每个团队成员都应该对客户问题的完整背景信息了如指掌。

此外，CEO希望能够衡量这一过程，就像已经被“工业化”的其他业务部门一样。新员工入职后的培训效果如何？它发生得有多快？什么是全面的客户体验，差距在哪里？公司内各部门以客户为中心的程度如何？

在本书中，我们将讨论将客户成功理论工业化的策略。

总结

为了确保公司的长期生存和成功，CEO必须自己对客户成功流程负责。积极参与是必要条件！我们已经概述了如何在不完全挤占你已经排满的时间的情况下实现这一点。提示：你可以从以身作则开始。在此基础上，你可以采取三个步骤：在与高管的日常对话中询问有关客户的问题，提供成功简报（我们可以提供帮助），以及每周召开几次客户会议。我们还讨论了一个长期目标：CEO需要超越墙上的文字，去创建流程、指标和系统，将良好的意图真正转化为客户的成功。

在接下来的几章中，我们将讨论CEO如何引导每个职能部门按照整体的客户成功转型计划进行演进。在第9章中，我们将探索如何从一开始就调整产品设计流程，使客户成功成为研发团队在构建下一个产品版本时考虑的首要问题。

第 9 章

产品：从一开始就为客户成功而设计

实现客户成功的最好方法是从一开始就将其“构建”到产品中。这意味着不仅要提供一个优秀的产品，还要建立倾听和跟进的方法，让你的公司能够接受客户关于产品问题的反馈，并迅速成功地根据反馈采取行动。我们非常相信将客户成功融入产品能对产品团队带来正面影响，因此我们假设产品团队的转型可以应对我们在技术上面临的社会挑战。

为什么产品团队需要改变

在深入研究产品团队应如何改变之前，我们先来研究一下为什么要改变。为什么产品团队需要改变他们的工作方式来创造更好的客户体验和结果？作为一个在大学里学习了很多哲学知识的人，艾莉森一直在思考生活中更深层次的问题，比如道德和意义。她认为人文视角在产品管理中非常有用，我们可以将人文视角与技术结合起来，为客户创造令人惊叹的结果和体验。以下是她对这个话题的看法：

作为一名首席运营官，我总是试图找出如何在短时间内完成大量工作的方法。我一直在思考如何用更少的钱做更多的事。对于像我这样的人来说，危险在于，当你提供技术时，“效率”的标准被极大地提高了。图9.1展示了我的工作中典型的一周是怎样度过的。

科技帮助我把日程表排得满满的：任何30分钟的空档都能立即被看到，并被安排工作。在会议间隙的两分钟时间里，我翻看收件箱，看看能多快回复完收件箱里的邮件，能回复多少条短信。忙碌是一个好兆头，表明我们的团队成员想要合作，客户想要见面，机会就在眼前。但是交流的数量太大了。我就像正在玩一个打地鼠的游戏（如图9.2所示）。

忙碌是有代价的。当我回到家时，我已经筋疲力尽。我的远距离视力下降了，因为我每天大部分时间都盯着一个或多个屏幕，离我的脸只有12英寸（相当于30.48厘米）。我不再熟悉城市和周围环境，因为当我坐上优步车的时候，我在花时间回复邮件。我比以前更健忘了，因为我的大脑更多是靠短期记忆而不是长期记忆来运作。

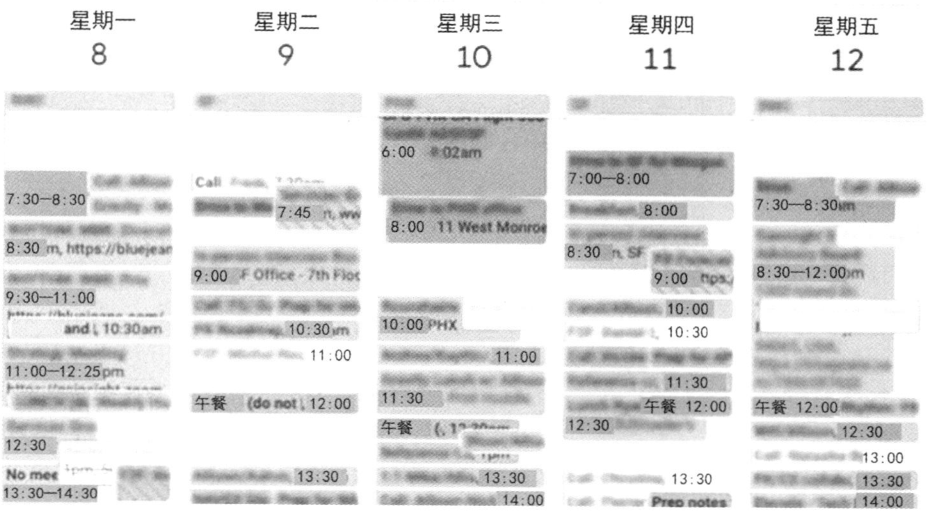

图9.1

图9.2

我有自己的应对机制。早上，我会在读10分钟的书之后才开始查收邮件，那样，我的大脑处于一种更专注的状态。一般来说，晚上7：30以后，我不会再查收邮件；如果有人需要联系我，那么他们知道该给我发短信或打电话。星期六，我完全在户外度过，通常在金门大桥对面的马林岬徒步旅行。

尽管我努力保护自己不受科技的影响，但我还是在挣扎。问题是，当我以这种方式生活时，我感觉自己不是一个完整的人。我觉得我被科技控制了。我知道我不是唯一一个有这种感觉的人。

今天，技术的齿轮已经消耗了大多数我们留给自己的时间，因此，我们很少锻炼反思的能力。当我们确实有空闲时间的时候，我们会害怕。我的一个朋友曾经对我说："我不想停下来反思，因为想象我将想到什么是可怕的。"

当今的产品强化并利用了我们最基本的情感，尤其是不满足的感觉和对错过或落后的恐惧。它们侵蚀着我们曾经重视的行为，那些行为让我们更有人性：独立思考、深思熟虑和掌控我们自己的行为。今天的产品并不符合我们最本质的人性。技术已经排在第一位，而人性排在第二位。

今年3月，我和丈夫斯科特（Scott）计划去旅行，以庆祝他的生日。我们决定去"豪华露营"，意思是迷人的露营，包括睡在帐篷外（但有电）。有趣的是，我们完全忘记了技术的存在，因为它隐藏在大自然中（见图9.3）。我们的人性是排在第一位的；当我们需要技术时，它就在这里，但它服务于我们更高的需求。

斯科特和我花了一整天的时间漫步在森林覆盖的山丘上，讨论生活中更深层的事情（如图9.4所示）。我甚至在Gainsight公司的工作中取得了一些突破，这是我在每天的打地鼠模式中从未想到过的。在这种环境下，人性是排在第一位的，而技术排第二位。

图9.3

图9.4

今天的软件产品不符合以人为本的标准。他们不承认应该支持的人是独立思考的人。相反，他们将人称为"客户"，作为一个大的群体，可能根据"角色"或公司规模等分组来加以区分。这些客户"被激活"——就像机器一样——或者"被转化"——听起来像宗教中的转化一样。这项技术被用来深入观察人类。

因此，产品设定了一个愿景叫作"人们需要改变"，但并不能促进这种改变。所以一家公司购买了一种新产品，并希望将其推出时，团队陷入困境。作为一群天生的独立思考者，这些客户被这样的想法吓呆了：他们必须用自己无序的思维去迎合当前最不灵活的软件界面，否则就有可能在工作中表现不佳。客户很聪明，所以，他们最终会找到点击的地方，知道这个软件将如何帮助他们。但是适应软件的行为使他们失去了人性。在进行独立思考的时刻，这些“客户”之一可能会问：“为什么软件不遵从我们的习惯？”

我们的行业离这一理想还很远，想到这一点可能会让我们产生愤世嫉俗的感觉。有人可能会说：“毕竟，我们都在努力赚钱——无论是卖方还是买方，都希望自己的团队能够更高效地运作。”这是真的，我们已经在这本书中详尽地讨论过了！然而，我相信在未来，双方赚钱的能力将取决于技术在多大程度上遵循并强化了人类最高尚的行为。未来重要的是产品“以人为本”的程度。我相信，通过共同努力，这个社区可以帮助创造一个以人为本的新时代。

我所说的以人为本的产品是什么意思？我提出了产品应该如何看待它所服务的人的五项原则。

五项原则

以人为本的产品应该认为每个人都遵守如下原则。

1. 成长的

以人为本的产品认为每个人都拥有改进自己工作方式的原材料——但重要的是，需要给予时间和指导来使其掌握新的方法，让他们自主地决定如何去做，并明确地与目标保持一致［我指的是丹·平克（Dan Pink）在《驱动力：激励我们的惊人真相》（*Drive*：*The Surprise Truth about What Motivates Us*， New York：Riverhead Books， 2009）中提出的框架］。

2. 特殊的

以人为本的产品将每个人视为独特的、具有不同的信仰、偏好和动机的个体，而不是作为无差异的客户。产品是可以包容特定个体的。

3. 脆弱的

以人为本的产品认识到，一个人可能会被那些拥有人们如何使用该产品的数据的人滥用。因此，它默认收集的任何数据都属于生成这些数据的人，并提供有用的方法让人们使用这些产品，而人们不必被迫放弃隐私权。

4. 目的而非手段

以人为本的产品将服务人作为自身的目的（以技术作为实现目标的手段），认真对待他们的反馈，并相应地调整方法。

5. 自主的

以人为本的产品增强了人们的独立思考和决策能力。

在Gainsight公司，我们还没有完全实现这五个原则。你可能会认为这一章是虚伪的，但是，这是事实！话虽如此，老实说，我想不出有哪一款产品符合这些原则。我们的产业还没有到那个地步。我们可能需要一段时间，很可能是很多年后才能到达那里。为了给我们提供一张到达目的地的地图，我认为五项原则是改进产品的五个不同阶段，这样产品就会以人为本。

前进的道路

前进道路上的五个阶段如图9.5所示。

图9.5

第一阶段——成长的：不要期望人们会立即使用产品（“自己去弄清楚！”），让我们来设计产品的客户界面（UI），让产品随着时间的推移指导人们正确使用它及明白为什么它会帮助他们。第一步是客户成功和产品团队一起创建应用程序内指南，以引导客户体验新发布的版本。

第二阶段——特殊的：产品团队应该设计一种方法来了解一个人的独特之处，并帮助他们获得相应的独特体验。客户成功团队不仅应该将客户看作客户，而且应该将客户看作需要一起工作的独立的个体的集合。目标包容每一个客户。

第三阶段——脆弱的：与此同时，收集大量人们的数据会使他们易受攻击。因此，产品经理需要创造独特的体验，同时尊重人们对隐私保护的需求。客户成功经理需要对保护客户的敏感信息进行很好的沟通。

第四阶段——目的而非手段：由于技术是达到人类目的的手段，产品应该适应人类的需要。作为起点，产品经理需要对来自客户的反馈创建一个360度的视图，并根据客户对产品的使用了解他们的需求。CSM可以为这个360度的视图贡献自己的观察。

第五阶段——自主的：产品应该起到“拉动”而不是“推动”作用。产品应该帮助客户检验他们自己的设想，而不仅仅是为客户提供建议。CSM应该确保所推出的配置不是过于生硬的。

为了使软件行业更加人性化，客户成功和产品管理可以一起帮助我们所在的行业遵守这些原则，甚至提出新的原则。但是，客户成功和产品一起设计以人为本的产品也有商业上的原因。

规模化的问题

我们在本书的前面提到，去年，我们调查了100名客户成功领导者，调查他们的组织在许多不同能力上的成熟度。最难的痛点是使客户旅程自动化（见图9.6）。

我们从许多人那里听到，“我需要扩大我的团队”。（我们过去也曾对Gainsight公司的客户成功团队这样说过。）我们有必要问，规模化客户成功团队的根本原因是什么?

想象一段对话，我们问自己9个“为什么”：

为什么需要规模化?

“因为在我的公司，客户成功不是首要任务。”

为什么说这不是重点?

“因为我的首席财务官不会给我更多预算。”

为什么你目前的预算不足以帮助你的客户?

“因为客户成功经理管理的客户太多了。”

为什么客户负载这么大?

“因为我的客户成功经理已经开始在晚上和周末工作、回复客户邮件、主持电话会议、进行培训、用电脑处理事务。”

为什么他们需要做这些事情?

“嗯，因为我们的客户需要。”

为什么他们需要大量的电子邮件回复、电话、培训等呢?

“嗯……因为那是让我们的产品被使用所需要的。”

为什么你的产品很难被使用?

“嗯，因为……我们最近发布了这个新功能，它是版本1。所以，我们给客户打了很多电话。我们还积压了一些改进请求，这意味着我们必须为客户做这些工作，这需要一些时间。”

为什么不解决产品差距?

“嗯……如果能解决就太好了。但这不是我的责任。这取决于产品团队。”

我记得你说过你的责任是扩大规模?

“对……好吧，我想这是我们共同的责任。”

听上去你和你的产品负责人应该开个会。

“好主意。”

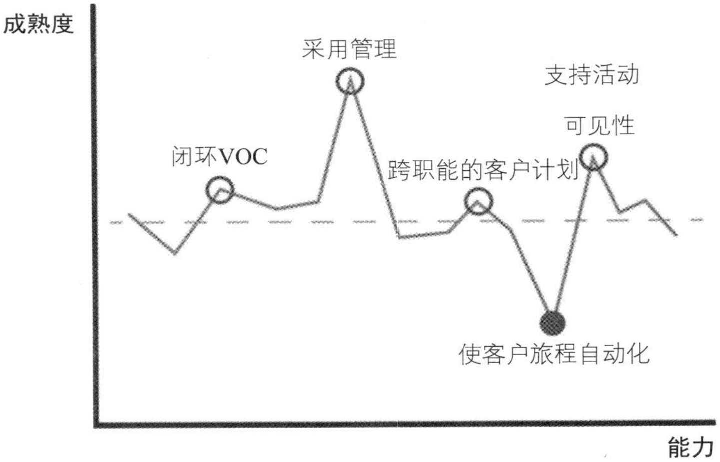

图9.6

因为我们没有设计出以人为本的产品，我们的行业存在巨大的规模化问题，这是一个道德问题，也是一个商业问题。

我们可以把这个规模化问题分解成两个相关的问题：一个是成本问题，另一个是收入问题。

成本问题："填补差距型CSM"

下面的情况听起来熟悉吗？

一个新产品发布了。该产品为客户提供了一定数量的"开箱即用"的价值——换句话说，不需要人为干预来帮助客户。但是客户期望的价值——客户想要的结果——通常要比"开箱即用"的价值大得多。因此，CSM把时间花在填补这两种价值观之间的差距上：制造创可贴解决方案或变通方案、举办培训课程及开展其他活动，如果产品本身提供了必要的价值，这些活动就不需要了。CSM在发挥"填补差距"的作用时，因为正在填补一个价值差距，如果产品设计得更好，这个价值差距就会需要被填补（如图9.7所示）。

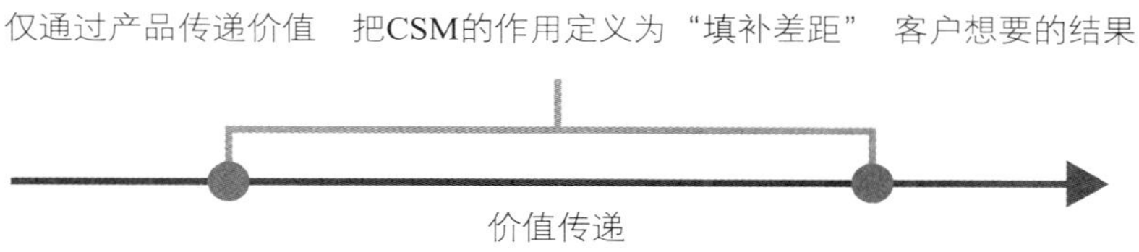

图9.7

结果，你的客户成功费用增长，你的盈利能力受到抑制。此外，当CSM正在填补价值差距时，你的财务团队将开始在销售的货物成本中考虑他们——因为CSM成为交付你所销售货物的一个必要团队。这意味着投资CSM以"填补差距"对毛利率来说是可怕的（最重要的是，你的CSM团队并不开心，因为他们宁愿把时间花在更有战略意义的活动上。他们可以说，如果产品更有效的话，就不需要这些努力了）。

除成本问题外，当你的CSM花费时间去填补差距时，你还会遇到收入增长的问题。

收入问题

在"填补差距型CSM"模型中，你的收入会受到两种方式的限制。首先，CSM日复一日地实施权宜之计时，没有时间去做那些能够最大限度地推动经常性收入增长的事情。他们无法协调客户利益相关方，不能提出成功计划，也无法支持变革管理。他们无法推动更快的扩展，也不会让客户变成健谈的拥护者。客户得不到他们想得到的价值。你的更新、扩展和拥护率会受到影响。你不会实现快速增长。

其次，在这个模型中，你没有创造出能够最大限度地推动收入增长的产品。当CSM忙于填补差距时，他们会忽略另一个团队——产品管理团队，因为产品才能够更好地解决根本的问题。产品团队没有收到信息以做出更好的决策。唯一的数据是产品团队的领导者在战略规划会议上可能会看到的：CSM的成本太高（如上所述）——在未经专业培训的人看来，这更像是客户成功主管应该在CFO的积极监控下去解决的执行问题，而不是产品团队可以帮助解决的问题。

因此，你的产品质量和价值没有得到足够快的提高。你的竞争对手赶上来了。你的客户流失率更高。他们不再和你一起扩张。不再有拥护者在活动上为你站台和发言了。大家都说你的产品不好。销售周期变得更长。随着时间推移，表面的CSM的执行问题已经变成了增长问题。因为你的增长速度不够快，你的董事会告诉你，你需要提升效率——但这很难，因为你需要很多CSM来弥补产品的不足。

你的公司可能会被困在低增长、低利润的陷阱里，除非你能改变产品帮助客户获得成功的方式——不止一次，而是在一段时间内持续如此。为此，你需要将客户成功融入产品中。你需要让客户成功和产品管理系统地联系在一起，以解决规模化问题。

既然我们已经讨论了为什么这种联合很重要——出于道德和商业的原因——下面我们讨论如何实现。

产品与客户成功：新销售与市场营销

传统的经验告诉我们：如果你想实现增长，那就在销售和市场营销上投资，去获得新客户。市场营销会吸引新的线索并跟进，然后把它们传递给销售人员，销售人员会转化并关闭线索。

正如我们所讨论的，在由客户主导的时代，客户成功团队已经加入销售和市场营销的行列，通过关注客户留存和产品的宣传来推动业务增长（如图9.8所示）。但正如我们所讨论的，客户成功不能单独完成这项任务。由于产品本身产生许多宝贵的客户洞察和与客户的个性化交互，产品管理团队已经成为客户成功的宝贵合作伙伴。正如销售和市场营销曾经被认为共同负责“漏斗顶部的增长”一样，现在客户成功和产品管理在分享经验与成果上是形影不离的，他们共同保留客户并实现增长，并将客户转变为拥护者。

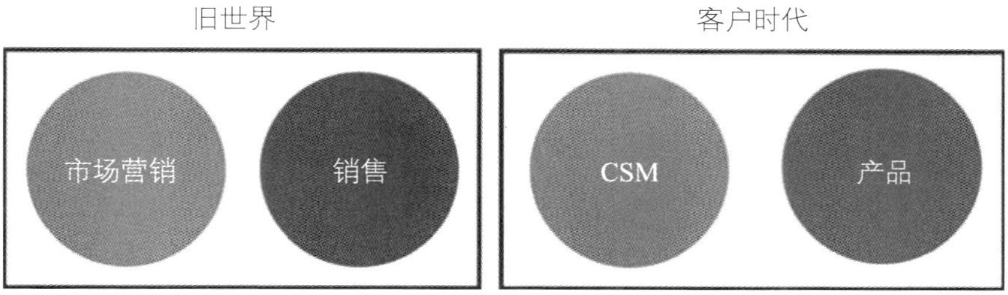

图9.8

CSM立即抓住了客户成功和产品是新的销售与营销方式的理念。他们积极与产品团队分享客户反馈信息。上市数据软件公司Splunk的客户成功负责人、高级副总裁约翰·萨比诺（John Sabino）表示：“客户成功经理会观察客户如何处理售后服务，因此他们最清楚客户认为什么是有价值的，以及他们对未来的产品走向有何考虑。”

> CSM每天都与客户打交道。所以，当产品不起作用的时候，他们会感觉这是自己的事情。他们可以看到产品升级有多困难，以及客户从升级中实际得到了什么。他们可以看到创建了多少客户支持工单，以及随着时间的推移积累了多少支持工单。他们看到客户与产品的交互，通常比任何人都能更好地建议如何更简单地使用产品，以及提出功能或可用性提升建议。他们是确保新功能的采用和这些投资为客户创造价值的关键。
>
> CSM是最好的信息来源，因为他们是你的首要信息来源，帮助你了解你的产品如何被采用，以及它是否在市场上发挥预期的作用。他们比任何人都清楚你的产品的稳定性和可扩展性。

CSM可能急于向产品团队提供反馈。但我们如何确保产品团队是快乐的接受者，并确保这种合作关系长久地维持下去？

我们提出以下9个解决方案。

解决方案1：创建公共数据集

一种解决方案是确保客户成功和产品团队使用相同的数据集。不久前，我们的客户成功团队发布了修订过的记分卡供客户使用。他们称其为采用率—广度（捕捉使用功能的多样性）和采用率—深度（捕捉单个客户使用产品的程度）。客户成功团队在一个管理团队会议上提出了这些问题，结果却从产品团队那里得知，他们已经在使用自己数据，而且对于广度和深度的定义非常不同。客户成功团队却全然不知！每个团队都出于好意，试图达成相似的目标。这不是产品团队的错，也不是客户成功团队的错。问题是他们没有做到协调一致。

确保你有一套关于公司客户的数据——真正的“360度客户模型”。该数据集应该包括采用数据、客户支持工单数据、对调研的响应情况和客户健康得分。所有这些数据都可以帮助产品和客户成功团队就如何在路线图上对产品改进进行优先级排序达成共识（我们将在本书的后面部分讨论如何构建一个360度客户模型，以及优先考虑哪些指标）。

解决方案2：从场景到模式的桥梁

让我们看看史蒂夫·斯隆（Steve Sloan），他曾是Twilio旗下SendGrid的首席产品和营销官，现在是Contentful的CEO。他致力于在产品管理和客户成功团队之间建立紧密的联系。

> 假设我们整个公司都想要持续地创造我们的客户喜爱和重视的产品与体验，并且每个团队都在朝着这个目标努力。但举例来说，对于客户成功和产品管理来说，他们的工作角度略有不同。我把它看作一个2×2的矩阵，x轴是你关注的客户数量，y轴是影响力。客户成功经理和产品经理都专注于高影响力。产品经理通常关注对尽可能多的客户产生的影响，而客户成功经理关注对客户子集产生的最大影响。让这两个团队聚集在一起的诀窍在于在两者之间架起桥梁。

我们有一些方法可以实现这一点。对于产品经理，我们创建了一些被称为“倾听帖子”的东西——通过这些方法，产品经理能够获得关于客户问题的信息。它建立了一个规律的节奏，让产品经理向客户成功经理询问特定的主题或趋势，以了解他们从客户那里看到了什么。

我们做的第二件事是让他们关注问题，而不是解决方案。一个团队可能专注于“让我们来构建x轴！”的想法，但是，这种解决方案最终可能不会产生客户想要的结果。当我们让每个人都关注一个真正尖锐的问题时——同样，这种关注必须跨团队进行——我们就能取得相当大的成功。然后，我们可以进入并验证一系列可能的解决方案。但找到问题总是排在第一位的。

解决方案3：产品化这些“解决方案”

还记得我们在本章前面讨论的那些CSM 解决方案吗？产品团队可以将这些“创可贴”式的短期方案转化为持久的解决方案。斯隆的团队就是这么做的。

> 我们观察到，CSM聪明而富有创造性地做出了他们自己的小工具来处理他们反复看到的客户问题。我们有一个想法，我们可以提供服务来完成CSM出于好意已经在做的工作，或者我们可以将这些解决方案产品化——将它们作为一个新功能或我们产品中的一个高级版本来构建。

为了实现产品化，我们指派了一名产品经理和一名产品设计师全职与客户成功团队一起工作。他们注意到，CSM一次又一次地创建了一系列富有创造力和洞察力的解决问题的模板，这些都是改进产品的机会。如果CSM花了时间来创建模板，那么这一定意味着他们经常看到这个问题。

在15个月的时间里，这两个人与客户成功团队一起创造了一套新的产品和服务，从一无所有发展到拥有大约700万美元的收入。这确实向我们表明，我们需要拥有技能和时间的人来识别这些问题的模式。因为我们同时拥有产品经理和产品设计师，团队可以在纸上画出原型图，与客户成功经理分享并看看他们的最初反应。这种方法非常有效，因为团队可以坐在一起，看看对方在处理什么，然后一起解决问题。产品人员坐在后面，只是观察他们在做什么，然后揭示了所有这些令人惊叹的发现。

产品化这些工作的挑战之一是，CSM是自发完成这些工作的。因此，他们认为自己这些令人惊叹的见解，以及所有能让客户迅速成功的小技巧和窍门都是理所当然的。这和你在做客户调查时问人们问题所需要的技巧是完全一样的，但是你需要观察他们的工作，了解他们在做什么。然后，当你看到一些有趣的东西时，你让他们在工作中暂停下来，并带着你做一遍。我们正试图进入这些优秀的CSM的大脑，并找出一种方法来应用他们的洞察力。

解决方案4：创建产品风险流程

在Gainsight公司，我们跟踪产品风险，即客户无法从产品中获得足够的价值，除非对产品进行改进的情况。当一个CSM通过我们Gainsight软件中的一个行动提示来升级一个产品风险等级时，它就启动了一个行动指导中的正式流程，客户成功团队和产品管理团队基于这个流程进行协作。行动指导通常包括产品经理与客户召开会议，讨论了解为什么客户没有获得足够的价值，然后在产品团队对产品路线图的更改做出决定后，结束这一流程。

标记产品风险是一种谨慎的需要平衡的行为。太多的标记可能会导致产品团队过度紧张，无法处理所有的风险问题，但又没有付出足够的努力来跟踪其中的任何一个；或者导致产品团队在突破性创新上投入的时间太少。我们通常看到的是客户成功团队给产品团队标记的风险太少，而不是太多。

解决方案5：利用你的在线社区

在线社区允许你大规模地收集来自客户的反馈，因为客户会将他们的想法发布到社区论坛上，客户成功涉及的商业模式的所有产品团队都可以通过直接回复帖子来了解更多信息。CSM也可以在论坛上发表自己的观点。收集发布在社区论坛上的产品改进请求，可以帮助你跟踪和分析许多客户的常见需求。社区参与者可以投票支持产品创意；出现最频繁或得到最多支持的改进需求将在产品路线图上获得优先排序。因为产品和客户成功团队都可以访问社区——包括支持票数和定性反馈——他们可以更容易地就什么是最需要解决的问题达成共识。

解决方案6：重视主题专家项目

在所有面向客户的团队中，CSM并不是唯一对产品提出有价值的观点的角色。客户支持和服务团队的成员也应该有机会与产品团队分享反馈。例如，虽然CSM可以在产品可用性上为客户提供有趣的观点，但是解决方案架构师可能会针对产品的配置提出自己的观点。

在Gainsight公司，我们的主题专家项目将我们的产品子团队与客户成功组织中不同角色的人员联系起来，每个产品子团队关注产品的不同部分。每个小组每两个月举行一次会议，议程如下。

- **产品功能更新**：受欢迎的功能使用情况统计数据，最近发布的产品改进点/功能和缺陷修正。
- **主题专家（SME）例子**：审查客户使用某个功能所面临的问题，并提出解决方案。
- **对产品路线图的反馈**：回顾下一步的路线图，重新设定优先级，添加或删除根据主题专家反馈而建议的功能。

有时，如果我们偶然发现一个非常有趣的主题，我们就会适当地与主题专家和产品经理举行后续会议，深入研究特定的问题。

解决方案7：发布产品路线图

就像CSM需要完成来自客户反馈的闭环一样，产品团队也需要完成来自CSM反馈的闭环。产品团队应该分享产品路线图是如何根据反馈进行调整的：具体来说，什么时候要构建什么。斯隆说："最终，我们意识到我们需要一份共享文件，这样每个人都可以查看并了解日程安排上有什么、没有什么。否则，CSM就会认为建议失败了，而实际发生的情况是，产品团队决定当前暂不考虑构建某个功能。"

解决方案8：开发应用程序内消息

过去，产品团队对产品体验进行更改的唯一方法是通过发布新版本修改代码。今天，应用程序内消息传递工具允许产品团队在不修改代码的情况下改进产品体验，并与客户成功和市场营销团队密切合作。产品经理可以为新客户设计引导内容，指导他们在首次登录产品时应该做什么。他们可以就如何从新功能中获得价值与客户进行沟通。他们可以将知识库中的相关文章呈现出来。他们甚至可以精确地在产品内从客户那里收集调查反馈，回复率通常是电子邮件调查的3倍。

解决方案9：培养彼此的同理心

所有这些过程都是有价值的。但是，除非产品和客户成功团队展现出对彼此的同理心，否则产生的影响力不会持久。史蒂夫·斯隆表示："在许多这样的对话中，缺失的一点是同理心。"

> 产品经理需要理解他们正在对话的CSM正在解释一个客户问题，而且可能不得不处理与客户的艰难对话。将这一点牢记在心，有助于产品经理培养同理心。从客户成功的角度来看，重要的是理解与他们对话的产品经理在任何给定的周、月、季度、年都有比他们实际交付的多得多的有效项目。有些好的项目不会出现在优先级列表中，那是因为工程时间是有限的。必须制定优先级是一个痛苦的现实，而不是一个借口。

对我们所有人来说，总有一些事情会让我们失望，因为它们没有发生。没有这种同理心，跨职能的沟通效果往往就会很糟糕。

总结

从所有这些最佳实践中得出的重要结论是什么？将产品—客户成功这一结对转换为新的销售和市场营销的能力，需要他们共享数据、沟通及协作的系统化演进。你在这些创新上的投资将在降低成本、实现收入增长方面得到回报，更抽象但同样重要的是，你对客户履行道德义务。

产品领导者有巨大的机会来开发产品，引导人们从恐惧和困惑中走向成功。客户成功领导者也面临机会，他们正在安排团队打破人与机器之间的障碍。对应的解决方案，是将客户成功和产品管理结合起来，利用以人为本的技术。

让我们回到你穿过树林时的感觉，体会思路清晰、自由和充满能量的感觉。如果每个产品体验都能像一次奇妙的森林徒步旅行，那么是不是很棒呢？

在第10章中，让我们继续讨论另一个部门应该如何发展：市场营销。在客户成功交响曲中，市场营销的新角色是什么？提示：市场并不会以把线索交给销售作为终点。

第 10 章

市场营销：线索不是你工作的终点

将客户成功融入公司的组织结构中带来了一个问题：当涉及客户时，谁对什么负责？谁处理与客户的哪些互动过程？不同的部门如何获得客户数据以最大限度地驱动客户成功？在对这些话题的讨论中，市场团队通常是主要的利益相关者。

为了说明市场营销在客户成功经济中的作用是如何演变的，我们将求助于云内容管理软件公司Box的首席营销官克里斯·克勒（Chris Koehler），他本人曾是客户成功领导者。

螺旋式营销

克勒指出了面向客户的团队之间合作的重要性："这个凳子有三条腿，我们这样考虑如何进行营销。你有客户成功组织、销售和市场营销。它们必须保持一致以确保客户获得成功。"

总体而言，以客户为中心的思想的兴起促使市场营销团队重新将重点放在现有客户身上。过去的情况是，市场营销团队专注预热冷线索，然后把它们传递给销售——实质是在"漏斗"的顶端。但在客户主导的时代，市场营销团队需要帮助推动整个螺旋式发展——这种新的收入增长模式将现有客户转变为潜在的客户。

"市场营销需要在客户生命周期中扮演一个角色，"克勒说，"在SaaS世界里，经常性收入是非常重要的，你可以从现有客户那里获得大规模的追加销售收入和交叉销售收入，市场营销必须有兴趣去超越现有的思考模式，即不仅仅考虑如何让客户进入销售流程。"市场营销团队必须考虑如何利用现有的客户基础来提高收益：如何鼓励现有客户的口碑宣传，如何在当前的客户数基础上找到追加销售和交叉销售的线索，以及如何在客户中产生更强的品牌意识和忠诚度。这种关注点的改变需要对市场营销团队的工作进行全面重构。

鉴于客户成功、销售和市场营销通过增强客户对产品的拥护度，共同对螺旋模型的三个结果负责，包括更好的留存率、扩展销售和新客户增长，确保它们的步调一致是非常重要的。下面我们将讨论保证这种同步的四个步骤。

步骤1：在客户旅程中保持一致

克勒说："第一步是要有一个共同的客户旅程愿景。我们经常看到这样的营销观念：他们的客户旅程要么止步于把合格线索传递给销售团队，要么止步于销售环节。第二步是客户成功会关注客户的培训、实施和留存。但它们并不是两个独立的旅程。这是一个很长的客户旅程，客户成功和市场营销都必须通过与销售合作来完成这一过程。因此就客户体验形成共同的认知是很重要的。”

步骤2：制定共同的目标

克勒说：“我为市场营销组织制定了增长目标和保留目标。因此我们和客户成功的步调是一致的。我们既要给客户合理的预期，也要给他们带去良好的体验。”

步骤3：共享数据

加尔·布莱恩（Gal Brian）是Crowdvocate的联合创始人和CEO。Crowdvocate是一个B2B客户营销和宣传自动化解决方案的供应商。在Gainsight的博客上发表的一篇文章中，布莱恩提到，客户成功团队并没有接受过市场营销人员的培训，但是他们可以分享信息，从而提高市场营销团队的工作效率。他们知道谁可能是扩展销售的潜在机会，也可以推荐可能成为拥护者的客户。“他们可以推荐那些具有好的技术背景的人，也可以推荐那些具有管理者视角的领导者作为拥护者。他们甚至可能对客户组织中谁是支持扩展销售活动的最佳人选有着非常好的想法。”布莱恩写道。

相反，从市场营销数据中获得的见解可以在CSM与客户合作时为他们赋能。客户正在阅读哪些电子邮件？他们是在线社区的贡献者吗？通过跟踪这些指标，例如，通过自动化的客户健康评分，客户成功团队可以跟踪了解客户健康状况。

步骤4：在“一对多”（技术接触）沟通模式中协作

“客户营销”是目前无人涉足的领域。对于它需要什么或谁对它负责，人们目前还未达成共识。

当大多数人想象客户营销的时候，他们真正想到的是在产生营收的服务中进行一对多的沟通。图10.1显示了我们如何剖析它。

图10.1中列出的各种客户营销活动的责任方通常分布在多个团队中。市场营

销团队几乎总是对（2c）执行口碑宣传活动负责，这是标准的营销工作。他们通常也对（1b）交叉销售营销活动负责。但他们并不总是对（2b）和（3b）负责，这两项工作通常由客户成功运营团队（有时也称为客户营销团队）来执行，该团队向客户成功团队汇报。

	CSM	客户营销
扩展	在高管业务回顾会上讨论新产品[1b]	发送一对多电子邮件介绍新产品的优点[1c]
宣传	联系客户，鼓励他们参与宣传（例如：参与活动或写推荐信）[2b]	发送净推荐值评分以调查识别拥护者 与新客户一起进行推荐（例如，帮他们设计演讲，写推荐信[2c]）
实施	讨论使用一款产品的最佳实践以达到客户想要的结果[3b]	发送一对多电子邮件描述使用一项功能的标准最佳实践 设置一个应用程序指南培训新客户使用或说明如何使用一项新功能[3c]

图10.1

活动（3c）的责任方是有争议的——市场营销、客户成功和产品都在争夺它。

这种分布式责任可以运行得不错。仅仅因为上面右侧列中的所有活动都涉及一对多的沟通，并不意味着相同的团队必须对这些活动负责。公司内部没有人对电子邮件“负责”。你能想象有人说只有一个团队可以使用电话与外部人员通话吗？技术是有价值的，不应该局限于被某些人使用。但是这项技术确实需要让多个团队都使用，而不互相干扰。具体地说，电子邮件和应用程序内工具需要提供一种机制，以安排多个团队沟通（以免使客户晕头转向）和了解彼此的沟通（以确保消息传递的一致性）。

事实上，市场营销和客户成功在这些活动中的协作是互惠互利的。“我有一个与客户成功团队合作的客户营销组织，”克勒说，“我们是推动信息传递和产品功能需求的专家，但我们不知道客户成功走向市场是什么样的。我们不像客户成功那样每天都与客户沟通。因此，你必须组建这些团队或小组，让他们能够协作、在一起工作，一起策划那些针对现有客户的营销活动。”

克勒指出，客户成功可以向市场营销学习到很多关于如何编写消息的知识。“市场营销团队具备所有的工具和经验。这是他们每天做的事情。如果一个客户成功团队试图推动市场信息的传递，效率可能不会很高，因为这不是他们的核心竞争力。客户成功非常擅长与客户打交道，谈论业务成果、价值、了解产品功能。但是，你可以把营销工作交给市场人员来完成。只要确保你有一个考虑到整个客户生命周期的市场营销组织。”

并不是每个市场营销组织都像克勒在Box的团队那样对客户成功保持前瞻性思考。因此，我们通常会看到营销—客户成功转换发生在三个阶段。

- **阶段1**：市场营销只专注于获得“净新增”客户。客户成功团队最终不得不在他们的组织中雇用具备营销技能的人（例如，一对多的客户成功管理）。
- **阶段2**：市场营销对与客户成功合作表达了兴趣但没有足够资源。因此，市场营销开始在关键领域提供帮助，如内容设计、电子邮件优化、网络研讨会和其他可规模化的项目。
- **阶段3**：市场营销正式扩大职责范围来支持客户成功。在这个阶段，“异花授粉”经常发生。拥有客户成功背景的人最后往往会从事市场营销工作，正如克勒的个人经历一样。而拥有营销专业知识的人最终会选择客户成功。

既然我们已经讨论了市场营销和客户成功如何在以客户为中心的环境中共存，现在让我们讨论市场营销团队工作范围的一个新方面——客户之声。

客户之声

举一个来自尼克的真实例子，看看当你将市场营销和客户成功割裂时会遇到什么问题。让我们考虑一个我们曾合作过的公司，这家公司从一个高管购买者那里得到了9分甚至更高的净推广值。但与此同时，几乎没有人登录这个工具。而另一家公司，有一家客户从来没有对调查或与客户的互动活动做出回应。但与此同时，他们经常定期提出客户支持工单。

尼克倾向于将一切与亚原子物理学联系起来。他指出，没有一个工具或系统能将这些数据点结合成一个整体来考虑，客户在本质上既是健康的而又在流失，有点像物理课中的薛定谔的猫，只是没有盒子和猫。但是基本的前提是正确的，即客户的状态是多面的，它告诉我们有必要共享信息，得出正确的结论，并定期采取行动。

我们在Gainsight公司的观点是，任何成功的以客户为中心的项目——许多人称之为客户之声（Voice of Customer，VOC）计划——都可以发展成更广泛的客户成功战略。在本书的前面，我们讨论了CS = CO + CX，即客户成功等于客户结果加上客户体验。简单地说，这意味着每个客户的整体成功不仅指他们是否从产品中得到了他们想要的结果，也与他们的感受相关。在与供应商进行糟糕的互动时，你可能会得到相应的回报。但我们知道这反过来也成立！

因此，你需要高度关注客户结果。这是唯一的也是最佳的续约指标。同样地，如果没有可靠的客户之声模块，客户成功策略就是不完整的。它能让你洞察客户的体验，以及他们是否实现了自己的目标。让我们快速了解一下客户成功与客户之声的区别：

客户成功

- 关键经营理念、实践和职能；
- 负责所有面向客户的决策；
- 基于从多方数据来源（包括客户之声项目）为客户设定基准；
- 根据数据采取行动，以确保带来成功的客户行为。

客户之声

- 执行性质的项目（可能由某一个特定的职能来负责）；
- 主动从客户那里获取反馈信息；
- 发现和收集主动提出的客户反馈；
- 通过人工或自动的沟通来闭环反馈回路。

客户之声项目是一个整体数据来源，它可能是整个客户成功策略中最重要的一部分。包括你的问卷调查、一对多的对外联系、社交活动，CSAT指标和CX数据。没有积极地追求和参与以获得客户的直接反馈，你就没有完整的客户成功战略。

但是，如果一个独立的客户之声项目不涵盖传统的客户成功行动和原则呢？为什么不开发一个独立的、功能专一的调查工具呢？我们可以看到三个主要原因，说明一个不与客户成功挂钩的客户之声项目从根本上就是不完整的：

首先，客户之声存在盲点。即使客户健康度不佳，也有可能获得良好的调查结果。客户的声音可能（甚至很大概率）与客户的行为不匹配。这不会使客户的行为和声音二者任何一个成为无效的数据源，而是意味着二者中缺少任何一个，它们都是不完整的。我们将举一个例子来说明这是如何实现的：你从一个客户高管级别的推广冠军那里得到一个耀眼的净推广值得分。你主动出击，想要获得口碑宣传的机会，并策划一个高价值的、联合品牌的网络研讨会。最后，你通过运营获得了来自这位拥护者的一篇热情洋溢的在线评论。这是一个非常成功的客户之声宣传活动，对吧？同时，使用情况完全一团糟。最终，客户已经陷入迷茫，未解决的问题已经等待了数周。这位高管离开了客户公司，客户流失了，你那些有价值的宣传和内容都成为负债。

其次，必须将客户之声对应到特定的客户结果。当你考虑任何业务行动或计划时，请在心中思考目标和要跟踪的指标。这不是什么激进的行为，而是必须做的工作。关键的问题是你的客户之声项目是否与客户的生命周期相关，并对应特定的结果。例如，一个典型的客户生命周期可能是这样的：

关闭订单→新手培训→首次价值实现→管理层业务回顾→续约

当客户的反馈与这些转变产生关联时，客户之声才是最有效的。我们知道，新客户培训时的失误是客户流失的主要原因。在新客户培训的同时进行调查，可以发现这些错误并加以改正。脱离实际完成的客户之声项目并不与客户生命周期相对应，也不与客户的结果相对应。

最后，客户之声应该为不同的职能团队带来价值。客户之声有可能通过外部接触点为每个团队提供信息并给他们带来转变，从市场营销开始，然后是销售，再到客户成功、CX、客户支持等。例如，无论你的客户之声项目在何处运行，负责人都必须将客户支持相关的数据提供给支持团队，以改进客户支持状况。他们必须将产品反馈信息给产品团队，将销售反馈信息给销售团队，你理解这个逻辑。这听起来很像客户成功，不是吗？客户成功是唯一真正跨职能的团队，负责收集客户反馈信息，并将这些信息提供给公司内的其他组织。这项调查将失败的销售交接视为一个痛点，需要让销售团队来处理。那条称赞客户支持工单解决方案为一流方案的信息需要反馈给客户支持团队。除非你的客户之声项目能够关闭这些反馈循环，否则它不会产生应有的影响。

简单地说，记住：成功的客户之声项目的三个主要步骤是倾听、行动和分析。

倾听： 询问并倾听客户的想法，然后做出回应。

行动： 根据反馈信息，积极主动地延长客户生命周期。

分析： 将客户所说的与客户所做的联系起来。

显然，技术是每一步的关键。你需要对外接触、收集反馈信息并将其转化为研究且采取行动推动业务的能力。没有行动和分析，倾听就会走进死胡同。如果你的客户之声解决方案没有行动的结果或分析能力，那么它只能是1/3个解决方案。

总结

在这一章中，我们列出了将市场营销和客户成功结合起来的基础——为什么这很重要，以及如何持续下去。我们还讨论了客户之声项目行动的重要性，这对于确保优质的客户体验至关重要，这是等式CS = CO + CX中客户成功的两大支柱之一。

在第11章中，我们将讨论另一个部门——销售在这个时代的演变。我们将探索为什么在这个客户成功项目正迅速成为常规而不是特例的世界里，一个优秀的客户成功组织会使你与众不同。

第 11 章

销售：客户成功使你与众不同

如果我们有一个公司精灵，那么我们的希望之一是在当前财年结束到下一财年开始之间能多出一个月。感觉好像每年关闭订单的压力都会立即转变为从零开始的新压力。在新财年的第一天，我们中的许多人盯着0美元的预订量说："我们怎样才能实现目标数字呢？"

人们很容易怀念SaaS之前的"旧时光"。当时要算出这个数字也很困难（也很有戏剧性），但方法很简单：

- 雇用销售代表；
- 培训发展销售代表；
- 推动销售代表达成目标；
- 如果事情失败了，则归咎于市场营销！

先不开玩笑了，尽管许可软件世界在某些方面很奇怪，但这个模型还是很好地被理解了，并从一家公司传到另一家公司。尽管我们已经进入SaaS/云计算转型20年了，但大多数公司的销售模式仍然采用本地部署/许可软件模式。每个订单目标的实现都是关于如何增加"销售代表的产能"。如果企业只采用旧的策略，就无法达成销售目标。

新的销售策略实际上是客户成功，因为快速增长的SaaS/云业务是在业务流程的支持下实现的，业务流程为客户带来持续的和明显的结果。出现这种情况的四个主要原因如下。

1. 特定的市场意味着销售代表产能模型本身没有效果

还记得你可以创办一家面向所有人销售产品的公司的时候吗？你可以建立一个数据库，出售CRM，或者创建人力资源软件。如今，创建一家公司很容易，以至于每个大市场都被分割成几个特定的市场——垂直化、区域化、细分化。你再也不能使用仅仅依靠雇用更多的销售代表来实现增长的模式了——因为没有足够的客户。

2. 特定的市场促进了客户推荐

但希望并没有消失。在这些小的细分的市场中，你可以通过利用10倍于你的团队规模但成本是1/10的销售力量——也就是你的客户——获得高于平均水平的经济效益。当你可以"雇用"1万名快乐的客户为你销售产品时，为什么还要雇用10名销售代表呢？在特定市场中，人们相互认识彼此。所以要让客户开心，这样当他们换工作的时候，他们也会带上你一起进入新公司。如果搞砸了，他们就会让你丢掉你10笔新交易。

客户推荐不仅很有效，而且是必要的，它可以通过以下方式实现：

- 客户为你推荐；
- 客户为你写评论；
- 客户换工作后会将你带入新的公司；
- 使用过你的产品的客户加入一家公司后说："这家供应商很棒。"

以及最重要的一个：

- 在LinkedIn上反向调查了解人们都在做什么。

3. 续约最终会增长

每个CEO和首席财务官都有这样的时刻。他们看着下一年度的财务模型，对视了一下，然后面对模型说："哇！我们的续约数字比我们的新订单数字要大。"不幸的是，太多的公司试图在这一点上补救客户成功，但通常都太晚了。这很有趣，因为那一刻是完全可以预见的。新订单销售额不会永远增长，在某个时刻，现有客户数量会大于潜在客户数量。如果你没有在关键时刻让客户成功介入，你就会错过机会，也就没有希望实现你的计划。

4. 扩展是让SaaS模式起作用的唯一途径

SaaS的财务模式从根本上说是残酷的。前期，你会先产生成本，随着时间的推移才会得到回报。这与许可模式正好相反，在这种模式下，无论客户是否使用你的产品，他们都需要预先支付给你费用。啊，美好的过去！

每个 SaaS公司都必须最终成长并盈利。从数学角度来看，仅仅通过获取新客户达成目标几乎是不可能的。你需要高续约率来盈利，但你也需要以扩展的形式实现低成本的增长。毫不奇怪，几乎每个高估值的上市SaaS公司都有110%、120%甚至更高的净留存率。

如果没有客户成功的介入，你又想要向这些客户要到更多的钱，那么祝你好运吧。我们的建议是：正如我们在整本书中一直提到的，你应该从现在就开始，非常认真地对待客户成功。我们谈论的是贵公司的成功，这和公司里每个人的生计相关。

既然我们已经讨论了整个销售框架需要如何改变，那么让我们来讨论一下销售能从中获得什么。我们已经在第5章讨论了客户成功对驱动业务增长的影响——续约、扩展和推动新客户的推荐，但还有更多内容。好的客户成功项目可以帮助你进行销售。

如何使客户成功成为销售的资产

我们可以通过一个简单的测试来检验你是否将客户成功作为企业的一个差异化要素：如果客户的成功没有出现在你的销售计划的幻灯片里，那就说明你做得不够好。在理想的情况下，销售人员会要求你这样做，而不只是等待。

在37年的职业生涯中，苏·巴萨米安（Sue Barsamian）担任过企业软件与硬件公司的高管和董事会成员，曾供职于传奇的技术公司惠普（Hewlett Packard Enterprise）、安全软件公司赛门铁克（Symantec）和云内容管理软件提供商Box等公司。她见证了科技行业对客户成功的关注不断增强的过程。她在两家公司实施了客户成功计划，并作为销售主管与客户成功团队一起为其他几家公司工作之后，她对强大的客户成功部门的需求充满了热情，并相信其所带来的可见的结果。

特别是，她看到了一个与众不同的客户成功项目的价值。在本书的前面部分，我们讨论了这样一个事实，即现在开发一个产品比以前容易得多，这意味着你的竞争对手可以更容易地跟上你所谓的独特的产品路线图。这意味着公司不能只用产品来实现差异化，他们必须用为客户带来的成功来让自己与众不同。

但是，仅仅组建一个客户成功团队是不能带来足够的差异化的。“最简单的方法就是让你的团队每天保持接电话。他们的首要任务是确保客户参与，并优化他们的参与情况和产品的使用水平。这是餐桌上的赌注，”巴萨米安说，“有无数的‘模板’来告诉你如何构建一个客户成功组织。因此，你经常会看到一个团队随便选择了一个策略，而不是制定真正适合自己公司、企业价值观和客户的策略。”不愿深入挖掘、不愿个性化地设计“客户成功计划”，意味着你在市场上的差异化程度会更小，这将不可避免地影响销售，即使不是立即影响。为了满足设定的目标，销售团队需要一个差异化的客户成功计划。

这个差异化的项目是怎样的呢?

> 进阶的客户成功是指你的工作可以定义你的客户旅程。客户如何成功？如何让他们达到目标使用率？接下来会发生什么？哪些指标可以自动跟踪和被触发，以用来标注客户在客户旅程中所处的位置，以及反映他们在旅程中是否在以正确的速度前进，从而表明他们的状态是否健康？这需要做很多工作，涉及销售、市场营销、客户成功、产品团队、服务团队，每个人都要对客户旅程的定义进行深入的和结构化的思考，然后在这个旅程中实现对客户基础健康状况的跟踪。

将她的观点与我们在第6章中的分析联系起来，一个独特的客户成功项目使用了一种经过深思熟虑的方法，并确保所有职能部门都在该框架内协同工作，以帮助客户最终实现其结果。

这对客户有利，对净留存和推荐有利，而且与本书的这一部分更加相关——在销售刚开始与潜在客户接触时很有帮助。

> 如果你真的让他们相信，“嘿，这就是我们的模式，它展示了我们的客户旅程应该是怎样的，它的价值主张，以及应该为你带来的重要结果”，就有助于创建持续的关系，让所有参与方都乐于承诺和投入。如果你这样做，那将是一个完全不同的情况。

销售的情况完全改变了，因为你把你的公司作为客户的战略合作伙伴呈现给客户，并推动他们实现业务成果。你不仅仅是在销售产品。

对销售代表来说，能够向你的潜在客户推销不同的产品听起来很不错，但他们对于完整的客户旅程是否可以帮助解决“我能赢得这个潜在客户吗”的担心，可以很容易地被新的顾虑所取代，即“我是否能让这个客户的售后情况也在掌控之中”。正如我们在前一章关于市场营销的讨论中所谈到的，定义这段客户旅程的过程，以及其中涉及的许多职能，可能会让人们对谁负责什么感到头疼。具体来说就是，“客户到底是谁的？”

客户是谁的？

当艾莉森思考这个问题的时候，她想到了她和弟弟小时候的一次争吵："我有一张我非常喜欢的安全毯。当我弟弟两岁、我五岁的时候，他有时会想要拿走我的毯子。我会把它拉回来，然后说：'这是我的！'安迪把这句话理解为'毯子'是'我的'。所以，我们的对话是这样的：'把我的还给我！''不，这是我的！'孩子们这样争吵很可爱，但如果这样的对话发生在商务人士之间，那就太荒谬了。"

艾莉森认为，一些销售和客户成功团队谈论"客户是谁的"的方式，就像两个孩子之间的争抢一样。在现代商业中，没有人拥有客户。如果说有什么区别的话，那就是公司拥有客户——但我们确信客户并不这样认为。更好的问题是：

1. 为了使客户在其旅程中受益，每个部门应该进行哪些活动？

2. 这些部门如何才能了解彼此的活动？

销售和客户成功部门都需要与客户互动。问题是，续约和追加销售的分工是怎样的？我们将在本书后面的一整章中专门讨论这个话题。

（顺便说一句，艾莉森和她的弟弟在打架后便言归于好，现在关系很好。他也忘记了他们曾有过争吵。）

当你通过合作伙伴进行间接销售时，客户到底归谁变得更加复杂。在本章中，我们把销售等同于一个销售团队。但客户成功团队并不只存在于那些采用直销模式的公司。对于通过渠道销售的公司来说，这也可能是革命性的。如何与合作伙伴分担责任，为客户带来成功？

与你的伙伴合作，进一步增加收入

与渠道合作伙伴一起推出客户成功的关键是对齐——具体地说，对齐客户预期的结果、客户旅程中的接触点，以及对客户、供应商和合作伙伴的激励。当这些都对齐时，每个人都赢了。客户全速前进，供应商赚得更多，因为他们不用再花那么多时间与客户打交道，合作伙伴的利润率和留存率增加了，找到了额外的销售机会，增强了他们的竞争力。

我们注意到供应商与合作伙伴关系的一个主要模式的转变，它直接带来了一个围绕客户成功的生态系统。供应商和合作伙伴关系应该是这样的：

- 共同为帮助客户获得积极的结果负责；
- 拥有共享的工具箱，在客户旅程中对客户有全方位的了解；
- 使用共享的、被信任的客户健康度指标（包括净推荐值、使用情况、推荐情况和其他指标）；
- 对于定义的客户旅程和使它发生的策略有更强的共同认知。

让我们思考一下。客户成功活动使供应商—合作伙伴关系的整个结构都在改变。未来，供应商会将他们的渠道合作伙伴及内部各职能的利益相关者（客户支持、销售、市场营销、产品、CSM等）也作为客户成功之路上的主要贡献者。此外，供应商将期望他们的渠道能为客户结果做出贡献。

这在方向上是一个根本性的转变。它不是一夜之间发生的。我们知道，许多合作伙伴在没有看到回报的情况下，根本无法投资积极主动、以培养为导向的团队成员。因此，与一些进步的合作伙伴一起证明新范例的价值并将其扩展到更广的范围，就成为供应商的责任。

根据我们看到的该行业内的成功经验，我们推荐一个六步策略来与合作伙伴一起将客户成功应用到你商业模式的每个方面。这是我们与思科全球客户成功、云安全主管克里斯·德尔（Chris Doell）共同设计的。

（1）分析你的合作伙伴；

（2）为合作伙伴展示ROI；

（3）分享客户数据；

（4）提供赋能；

（5）明确劳动分工；

（6）衡量合作伙伴的有效性。

步骤1：分析你的合作伙伴

当供应商鼓励他们的合作伙伴推出客户成功项目时，他们必须在合作伙伴生态系统中对自己的时间进行优先级排序。从2~4人的小组开始。你可以从以下角度来考虑选择优先级高的合作伙伴：

（1）服务是他们商业模式的核心部分吗？

（2）他们有客户生命周期或客户使用实践吗?

（3）我们是否期望合作伙伴通过对客户成功投资获得高的ROI?

（4）是否有一些集中负责客户成功或培训的角色?

（5）对于更大的合作伙伴：

- 是否有一位合作伙伴的高管致力于客户成功?
- 是否有专门的客户成功高管，还是只是CSM汇报给销售/客户支持/运营的高管?

一旦你有了自己的小组，就开始试验。看看哪些效果好，哪些效果不好，然后再来扩展你的列表。

步骤2：为合作伙伴展示ROI

与你优先考虑的合作伙伴一起工作，帮助他们证明扩大客户成功项目是值得的。大多数合作伙伴不会主动这么做。作为供应商，展示ROI是你的工作。最后，找到一些合作伙伴真正地通过推出客户成功项目来证明取得了较高的ROI，并帮助在合作伙伴中建立一小群“早期采用者”，向其他人展示价值。

对合作伙伴来说，有四种ROI来源：（1）产品收入的增长；（2）服务收入的增长；（3）客户成功作为服务带来的新收入；（4）吸引新客户的差异化因素。

步骤3：分享客户数据

如果你像大多数供应商一样，通过构建360度的客户视图来实现数字化，包括使用数据、净推荐值数据、客户支持工单数据、社区门户数据和其他类型的数据，那么现在是向你的合作伙伴公开这些数据的时候了。信息共享应该是双向的。供应商渴望听到合作伙伴对其客户的分析结果，并共享这些信息。供应商还希望听到他们的合作伙伴对上述策略和产品本身的反馈信息。

步骤4：提供赋能

除以ROI模型和客户健康数据的形式获得支持外，合作伙伴还需要来自你（供应商）的另外三种类型的支持：针对策略的培训、认证和合作伙伴成功经理。一些合作伙伴尤其需要提高他们的水平，因为他们的付费实施服务可能不像供应商提供的免费客户成功项目那么强大。这可能会导致渠道冲突，客户会抛弃合作伙伴。

在推出这些赋能项目时要进行周全的考虑。确保合作伙伴将其视为一种形式的授权（加强合作伙伴对维护客户关系的责任感），而不是一种侵扰。

步骤5：明确劳动分工

合作伙伴可以帮助你将触角延伸到较小的客户。当供应商构建一个客户成功项目时，他们通常会首先将CSM分配给他们的企业客户，也经常将CSM分配给中型公司，但是可能没有预算将CSM分配给中小企业。

然而，对于许多企业来说，合作伙伴在客户金字塔的每个层都发挥作用。无论供应商或合作伙伴的资源被应用于何处，了解谁在做什么都是很重要的。对于每个细分市场，你希望你的团队做什么？你希望合作伙伴做什么？答案要具体！这里的关键是要在整个生命周期中保护你的品牌，确保你的合作伙伴使用的信息是一致的，并在为你的品牌留下积极的烙印。

步骤6：衡量合作伙伴的有效性

供应商希望让合作伙伴承担责任。他们想要看到合作伙伴是否遵守了推荐的方法和策略，还希望看到合作伙伴为客户创造真正的价值。事实上，许多供应商计划根据合作伙伴在推动结果实现和客户数增长方面的成功来支付报酬。有些供应商一开始很简单，根据续约量来向合作伙伴付费，而不仅仅考察获得的新客户量。另一些则更先进，根据更新和扩展销售的核心指标（如授权的利用率、活跃客户数或客户健康度得分）来向合作伙伴支付报酬。最终结果只能由实践来验证。无论你采用什么标准，都必须衡量客户成功投资的有效性。

这种演进的支付模式使第三步（分享客户数据）更加重要。供应商和合作伙伴需要一个共同的系统，这个系统是给各项数据的真实来源。此外，这些KPI应该事先相互商定，定期一起评审，并客观地衡量和记录。请把一切都写下来！虽然这些步骤需要进行一些努力和投资来建设一个共享的工具，但它们对于协调供应商、合作伙伴和达成积极的客户结果来说都非常重要。

销售如何帮助客户成功

我们在这一章讲述了差异化的客户成功计划是如何对销售起到帮助作用的。但我们也知道，销售在帮助客户成功、为客户创造成果方面同样发挥新的作用。

卡森克·查卡拉帕尼（Karthik Chakkarapani）对数字化转型略知一二。在Salesforce网站上，他帮助客户进行客户体验的再创造。作为科技巨头思科客户体验数字化转型和技术战略部门的副总裁，他正在帮助公司重塑客户体验。卡森克认为销售在客户的成功和体验中扮演着非常重要的角色。

在战术层面上，CSM需要从他们的销售伙伴那里获得很多信息。“我们希望销售团队能捕获客户正在寻找的用例和业务优先级作为结果。此外，我们需要他们对每个用例的联系人进行跟进，这样我们就知道我们实际上与谁一起工作。”如果CSM不知道谁买了、为什么买，他们就不知道从哪里开始工作。

从战略的角度来看，客户成功不仅是客户成功经理的事情，实际上，它还是销售的事情。“思科的每个人都在客户体验中发挥作用，包括销售、客户支持和交付。这也是我们的愿景。”

总结

客户成功正在成为比以往任何时候都更为重要的收入来源，而且这一趋势没有停止的迹象。如果你没有一个强大的客户成功计划，你就很难脱颖而出，获得新客户，并保留现有客户。我们制订了一个提升你的追加销售业绩的计划，并详细说明了为什么与你的合作伙伴协作可以（也应该）推动你的收入增长。

在第12章中，我们将研究为什么当你把客户结果作为客户成功团队的一个关键指标时候，你便会更成功。

第 12 章

服务：从服务时长到服务结果

每项服务都应该带来毛利的增加。

——旧时代的服务领导者

每项服务都应该是自动化的。

——产品主导的创业公司创始人

经常性收入商业模式的兴起正导致专业服务（Professional Services，PS）团队面临生存危机，因为他们面临来自上述两种非常不同的、极端的观点的挑战。旧时代的公司正在质疑长期以来对PS组织所承担的职责的坚持。新公司的创始人往往认为，他们的产品应该实现服务自动化，也正在质疑PS团队的价值。PS团队或许可以成为推动订阅增长的关键力量，但为了实现这一目标，他们正在经历巨大的变化。

旧时代的服务

让我们再看看安东尼·雷诺兹——Altify的CEO，我们曾在第8章提到他：

传统软件时代是这样的：你购买一个本地许可软件，然后将其部署在你自己的数据中心上。之后，你购买了一份维护合同，这样你就可以永久使用你的软件，并期待它给你带来好处。那是旧时代了。在新时代，你购买的是一份订阅授权，你购买它是因为你相信它会给你带来价值。但如果它在几个月之内甚至一年之内还没有开始为你提供价值，那么你就会把它关掉。从供应商的角度来看，你的利益在于确保销售时的承诺得到实现，这样客户才能够真正受益。如果你不能证明这些好处，那么客户就会把你拒之门外，转向其他能提供这些价值的供应商。因此，找出客户希望实现的那些好处，并帮助他们确保这些价值的实现，是我们的最大利益所在。现在，有一些步骤可以去实施。你不会自动获得价值的实现。你必须花些时间去实施。通常这是一个变革管理的方法，你必须去推动解决方案的采用。

这就是专业服务的新角色——帮助客户实现他们所追求的收益。

在订阅模式兴起之前，成功的定义对于大多数专业服务团队来说，都是从内部角度出发的——按时并不超预算地完成项目被视为是成功的。虽然这在过去的交易模型中是可行的，在这种模型中，客户预付一笔大额资金后获得产品，但那些从事经常性收入业务的人发现，这一定义不再适用于支持订阅型产品的服务。TSIA在2017年专业服务状态报告中分享到：行业范围内向新技术消费模型的持续转型，往往会破坏专业服务的传统及其核心作为现金流的营收定位和能力（产品主导、基于项目、面向部署服务），并强迫其探索和交付在B4B场景下仍然适用的新方法。

正如我们在第6章中所讨论的，客户现在期望他们的供应商能够为他们提供出色的结果和体验，这种期望也适用于PS团队。因此，PS团队已经开始用客户的术语来定义成功。

结果：这个项目是否为客户交付了一个符合长期目标的初始价值？供应商是否提供了实现这些目标的可见的（通常是可衡量的）证据？

体验：供应商是否能够无缝协调面向客户的各方人员——项目经理、解决方案架构师、客户成功经理、销售人员和产品经理以确保良好的客户体验。

不要再问"我怎样才能以最快、最经济的方式对这位客户进行引导"这个问题了。PS团队正在将问题转变为："我如何才能为客户提供服务，从而让他们从我们的产品/服务中真正得到他们想要的结果？"通过将自己对成功的定义与每个客户对成功的定义联系起来，PS团队开始培养客户关系，这可以成为指数级收入的来源。

用产品主导的增长来调节服务

如今，顶尖的SaaS公司比其前辈发展得更快。有时候，它们开发的产品非常简单易用，能够通过自下而上的采用模式来实现增长，而面向客户的团队成员只需付出非常有限的努力，比如，最近上市的视频会议公司Zoom。这样的成功故事为一些初创公司的CEO设定了新的期望值，即"自助式"的商业模式是发展成为大公司的最佳且唯一方式。因此，CEO有时对专业服务的价值持怀疑态度。他们可能会问自己，"为什么我要向客户收取低利润的服务费用，而这可能会蚕食高利润的订阅收入？"或者"既然我可以在产品本身中自动化地实现引导过程，为什么还要雇用专人来做客户引导？"

这些都是重要的问题。诚然，Zoom和其他一些主要依靠自服务模式成长起来的公司都提供了非常棒的成功故事。而现实的情况是，并非所有市场都与视频会议类似。CEO需要问：我的客户需要从我的公司得到什么？这个产品真的能独立提供那些极佳的结果和体验吗？人工干预会有帮助吗？如果人工干预有帮助，那么我是否可以通过客户成功经理（本质上是对客户提供免费服务）提供足够的干预，或者我是否需要通过向客户收费来填补成本？如果是后者，那么公司应该将专业服务作为其商业模式的基本部分。

也就是说，即使PS团队是公司内部重要的成长杠杆，产品管理团队也应该不断寻求将PS团队的工作（特别是更多的人工活动）自动化。这将确保PS团队实现毛利率目标，同时也为客户带来良好的结果和积极的体验。

无论你是一家正在向订阅式业务模型过渡的大公司，还是一家希望同时实现自动化和服务的初创公司，在设计你的服务组织时，你都希望正确地完成以下几个流程：

- 做好交接；
- 产生最佳的“价值实现时间”；
- 收集数据；
- 驱动服务销售团队。

做好交接

在销售和PS团队的对话中，最有争议的话题通常是客户签署合同后双方之间的交接。在签字之前的这段时间里，销售团队对客户的目标和期望有了很深入的了解。如果PS团队随后启动项目，而没有展现出对客户向销售团队传递的内容的深刻理解（通常就在几天内），那么客户很可能会感到沮丧——这意味着你已经让合作关系产生了需要解决的问题。当PS和销售团队在一起无缝协作时，销售会创建一个流程来记录客户在购买产品前期望的结果，并与PS团队系统地分享该信息。

一旦签订合同，客户就会希望马上启动项目。这意味着，一个臃肿的PS团队根本无法做到这一点。PS团队需要比以前更准确地预测他们的人员需求，因为预测不足可能会导致项目启动的延迟。一般情况下，企业客户等待启动的时间不会超过几周，而中小企业客户希望立即启动。PS团队也需要保证团队的敏捷性。例如，如果一个项目需要4个高度专业化的团队成员，那么他们彼此是不可替代的，如果其中一个团队成员无法参与，那么整个项目就可能被推迟启动。敏捷的PS团队正在降低专业化，当需要专业化时，他们会采用一系列经过充分研究的措施，以便使项目继续开展。

产生最佳的“价值实现时间”

流失最常见的根本原因之一是新客户引导不佳。当客户在新客户引导期间遇到困难时，他们往往无法走上正轨。因此，新客户引导可以说是客户旅程中最重要的部分，而它通常由PS团队负责。因此，PS团队对于如何衡量新客户引导是否成功的思考越来越深入——不是通过项目利润这样的内部价值定义，而是通过对客户是否获得价值的定义。

PS团队可以为产品的应用设置一个阈值，其希望客户在引导培训结束时可以达到这个阈值：例如，在产品中以某一频率执行特定操作的一定比例的客户。产品应用程度的度量应该能尽可能体现客户是否获得了初始价值，或者换句话说，客户是否在实现其结果的轨道上。PS团队通常有一个衡量标准，用来衡量引导项目是否成功，这样他们就可以对每个项目进行相应对标，但他们也会同时评估某个特定的客户是否正在实现其特定的目标。如果某个客户没有达到标准的应用指标+及实现特定的目标，那么供应商可能会决定追加投入以扩展项目，或者可能会发现一个机会出售额外的服务来让客户实现更高的价值。通常情况下，这些初始结果的实现情况，可能取决于客户从负责新手引导的PS团队到客户成功团队的交接过程是否顺利。

你需要一个有效的方法来帮助客户实现可预测的结果。我们在第6章的Gainsight上讨论了我们自己的方法，即客户成功元素。使用我们的Gainsight产品实现每个元素都有一个标准的方法。当客户说他们希望关注某些元素（换句话说，这些元素匹配他们想要的结果）时，我们的PS团队就会遵循每个元素的标准化配置，调整默认值以适应客户的独特需求。在新手引导项目结束时，我们不仅要确保元素得到合理的实现，还要确保客户在每个元素中采用正确流程，从而从产品中获得价值。

当客户在新手引导培训结束后获得初始价值时，往往是询问客户是否愿意为潜在客户进行推荐，或者以其他方式参与宣传活动的最佳时机。在Gainsight公司，我们将客户在新手引导后参与的推荐活动称为PSQA（Professiond Services Qualified Advocacy），即专业服务合格的推荐活动，并将PSQA的数量作为我们PS团队业绩的主要衡量指标。

收集数据

优秀的PS团队正在从许多不同的来源收集数据，以确保项目顺利进行。安德里亚·拉根（Andrea Lagan）是专业服务自动化公司FinancialForce的前首席运营官，目前，她是人力资源软件公司BetterWorks的首席客户官，她正在领导她的团队努力完成这项工作，她的PS客户也在这样做。“如果一个正在实施解决方案的咨询团队不知道客户正在进行的相关活动，他们就只看到了事情的一半。以客户为中心需要成为PS团队的核心，因此你必须设计系统来确保自己了解完整的客户背景知识。”

我们发现，最先进的PS团队会跟踪客户的健康度评分，从而在多个方面评估客户活动的成功程度。

- **应用**：在上述的讨论中，客户是否开始改变使用行为，而这些变化是否预示着客户价值的实现？
- **时间表**：我们是否有望在预期的时间内实现客户的目标？我们的目标不只是在截止日期前完成项目，因为最重要的是结果的实现，而不是简单地将项目完成。也就是说，满足客户的时间表要求对客户自己的体验和结果的实现是至关重要的，这不可避免地受到时间的限制。
- **感受**：在参与的关键节点上，客户对净推荐值调查的反应如何？PS团队将从这些信息出发再收集到客户的反馈信息，以得到更多的定性反馈。
- **范围**：项目是否仍然在范围之内，还是发生了变化？在客户期望值已经提升了的情况下，PS团队需要管理这些期望，但要确保这种投入不会让自己破产。反映范围变化的客户健康度得分可以帮助PS团队在与客户的对话中进行深入思考，以保持其在正确的轨道上，或者在需要时正式扩大参与的范围。
- **投入**：客户是否对项目提供了足够的内部资源，并与你的团队以合适的方式相互配合？如果不是，那么与客户共享这个健康度得分可能是一个很好的发起对话的方式，一起讨论客户的团队是否需要付出一定的努力来保证他们的成功。
- **高管支持**：供应商的高管最近是否与客户内部的资深人士发生过联系？即使项目似乎进展顺利，高管们也经常发现，如果他们等到团队要求时才与客户沟通，那通常就太迟了——糟糕的情况已经发生了。高频率的高管会面确保供应商和客户在客户目标和项目状态方面保持持续的一致性。

- **客户支持：** 是否一个紧急的工单反馈了重要的问题，还是有大量的这样的工单？这个健康值帮助PS团队确保升级的问题正在得到解决。

驱动服务销售团队

对于正在优化螺旋模型以推动快速增长的公司来说，售卖服务是为客户创造价值的一种方式，这样客户就会续约、扩展并向其他潜在客户进行推荐。换句话说，大公司把服务看作发展业务的战略杠杆。因此，他们不只想为新客户提供服务，他们还希望在整个客户旅程中售卖服务，在这一过程中推动价值和收入的实现。

一些公司发现在订阅业务模式中销售服务是有价值的，这与软件的订阅性质相匹配。他们可能会出售技术客户经理的服务，以随着时间的推移来规范地指导客户，优化软件的技术配置（尤其是当产品包含复杂的数据组件时），随时跟进新功能发布，以及做一些原本由客户自己解决的事情。

其他公司发现，他们能够通过出售咨询服务来加强与客户的联系，使工作更具战略性，从而确保更高的续约率和更快、更大的扩展。一份咨询合同甚至可能与公司的产品没有直接的关系，但它可以解决让客户从产品中获得更多收益的问题，例如，如何设计流程，如何组织团队，以及如何激励团队成员。有时候，公司甚至在向客户销售产品之前就开始销售这些咨询服务，因为他们发现，一旦客户解决了一些在产品购买前被认为很重要的问题，客户就能更快地购买产品。当客户信任供应商是思想领袖时，他们更有可能相信供应商的产品体现了他们的专业度，更有可能帮助自己实现期望的结果。与咨询服务一样，教育服务也会由于同样的原因而加深供应商和客户之间的合作关系。

考虑到向客户销售服务的好处——推动更快的价值、更短的销售周期、更大的续约可能性和更快的扩展——在客户成功方面最先进的公司设计系统，从而使不同的部门都能帮助销售更多的服务。最重要的协作类型是服务部门和销售部门之间的协作。销售人员可能因为销售服务而获得佣金，但即便没有佣金，他们也有与服务团队一起工作的规范的流程。他们在以下问题上达成一致：服务应该卖给什么样的客户，什么是正确的近似附加率（每销售1美元的产品对应销售多少美元的服务），服务团队成员将如何参与到销售流程之中，什么情况下我们应该让合作伙伴而不是我们自己的内部服务团队参与进来。较大的组织通常会建立专门的服务销售团队来对服务订单负责，并与订阅型产品的销售团队携手合作。

其他团队也往往是销售服务的关键参与者。产品营销不仅为产品赋能，也为服务赋能，并帮助其确定定价和包装。CSM通过在与客户的关键会议（如高管业务回顾）和其他主要阶段讨论服务可能带来的价值，为服务线索制定目标。客户支持团队确定服务（如教育）帮助客户避免未来可能发生的问题。当你公司的每个人都围绕服务的价值达成一致时，出售服务就成了一种可重复的行为，你的客户就会获得比其他情况下多得多的价值。

总结

在本章中，我们讨论了一种趋势，即旧时代的服务组织必须适应订阅型业务模式，以及另一种趋势——产品可以帮助自动学习和完成新手引导，初创公司仍然正在实现服务的价值。我们将在第13章讨论另一个由于客户成功运动而发生重大变化的面向客户的组织：客户支持。

第 13 章

客户支持：从被动响应到主动出击

你可能带着怀疑的眼光看着这一章的标题。事实上，如果你和我们一样，那么你可能会马上想到你最不喜欢的消费品牌的客户支持体验。在提出主动出击这个词之前，你可能会想出很多词来描述这个情景。从历史上来看，人们形成对客户支持的这种不好的认知也不足为奇。

在经常性收入商业模式出现之前，客户支持团队通常是唯一在购买后仍会考虑客户的团队。客户通常会被“销售”一份价值数百万美元的合同和一个实施包。只有当客户没有获得价值时候，问题才会被提交到支持团队。问题的出现将被作为向客户销售利润丰厚的支持维护合同的机会，这本质上是供应商将解决问题作为向客户收费的一种方式。

在客户至上的新时代，正如我们所讨论的，供应商在确保客户获得价值方面变得更加主动。许多在被动响应的客户支持组织中成长起来的人正很兴奋地建立并领导客户成功团队，以解决曾经导致他们工作和生活中一系列提升问题优先级情形的根本问题。问题是，在一个主动性至关重要的时代，客户支持团队会发生什么变化?

第一个CSM团队通常是通过以下两种方式重新配置过的客户支持团队：（1）支持代表被分配给特定的客户，而不是让客户寻找任何一位可以找到的或具有必要的产品知识的支持代表；（2）支持代表会持续地提供支持，而不是仅在提出工单期间。这带来的结果是“永远在救火”。客户支持团队依然持续对客户的需求做出响应——不同的是，现在，他们没有将问题排序，也没有清晰的结论来帮助他们简化工作。团队中的许多人精疲力竭，他们的客户也是一样。

当CSM团队意识到需要更加积极主动地引导客户走向正确的方向，以避免危机时，他们意识到客户支持可以成为有利的合作伙伴。客户支持将继续以“响应”的模式运作，处理客户提出的技术问题，CSM可以腾出时间更加主动地采取行动。

客户支持和CSM的分工

然而，这种分工听起来比实际实施要容易。马琳·李·萨默斯（Marlene Lee Summers）是Vlocity的全球产品支持副总裁，曾在Zuora担任客户支持服务和社区副总裁，无论是对于初创公司还是上市公司，她在创建客户支持和CSM团队之间的协作关系和流程方面都拥有第一手经验。她是这样解释这个挑战的：

> 当客户与支持人员一起工作时，他们并不总是会与同一个人交流。这是设计出来的，因为我们在世界各地都有工作人员，以此保持沟通的连续性。相比之下，当客户被分配了一个特定的CSM时，他们倾向于感受到CSM与他们建立的个人联系。因此，客户常常开始询问他们的CSM关于如何使用或修复产品的问题。由于CSM通常是友好的、以客户为导向的一类人，他们会试图提供帮助并回答客户的问题。但是，这可能会使CSM无法实现他们的主要目标。你希望CSM专注于建立他们与重要客户的关系，推动更多的功能使用和升级销售，并形成可推荐的客户案例，这有助于销售拉来新客户，带动收入增长。所以，你不希望你的CSM去解释如何使用或修复产品。这是一个挑战也是机遇。如何让客户像信任他们的CSM一样信任客户支持？

此外，如何让CSM充分信任客户支持，以便在客户出现问题时放心地派他们去提供支持？萨默斯建议限制客户在支持团队内被重复引导的次数。你可以通过创建专门的主题专家团队来做到这一点，这样“你就不会为了找到一个真正能回答你问题的人而去找五个不同的人”。她补充道，“在我看来，高度分层的支持模型相当于可怕的‘电话树’地狱。没有人想为了找到对的人而不停打电话——你想要和一个能解决你问题的人取得联系。”

当你能够快速地将客户与能够提供帮助的人员联系起来，从而避免工单解决时间过长时，客户就不会认为必须去找到他们的CSM。“最糟糕的情况是，客户说：‘你让我提交工单。但现在它已经放了10天了，什么也没发生。’那么，CSM就是那个必须推动事态升级并解决问题的人。但是现在你已经造成了这种行为的恶性循环，客户认为获得帮助的唯一方法就是将问题升级到CSM。”升级问题相当于在电话树上拨0，或大叫“接线员！”“为了避免和打破这个循环，支持团队必须推出他们自己的升级流程，这样客户就会知道，举手寻求更多帮助会得到一个行动计划，这由客户支持而不是 CSM 驱动。”CSM可以根据上下文随时了解问题升级的情况（这也确保了客户支持可以根据需要，不受地理位置限制，7×24小时地处理问题，而这是CSM无法做到的）。

要维持这种CSM主动出击、客户支持响应问题的分工，你必须做的第二件事是确保支持团队能够看到客户的情况。

了解客户数据

过去，客户支持团队相当于戴着眼罩处理工单。他们完全不知道客户的其他方面情况：与客户的合约这个月到期吗？销售团队正在和他们一起进行大规模的扩展吗？这是客户偶尔遇到的问题，还是这个问题是客户经历的一系列危机中的最新一个？客户遇到这个技术问题时，想要获得什么样的结果？这个问题是否与专业服务团队与客户一起进行的项目有关？

在不完全了解相关情况时，客户支持代表可能无法在他们的工单列表中对客户的问题进行恰当的优先级排序。他们也可能不会从根本上解决问题，而是提出一个权宜之计，并且意识不到这一点。他们可能不会与公司里的其他人交流，而这些人可以帮助他们解决问题，为客户带来最好的体验，加快他们实现预期结果的进程。

现在，运行最好的支持团队在处理工单时确保他们对客户的相关情况有全方位的了解。安德里亚·拉根将确保自己的客户支持团队获得所需信息作为工作的重点。"如果我是一名客户支持分析师，我看到的第一件事就是客户的健康评分是否为红色。哦，顺便说一下，他们离续约日期还有45天，在过去的10天左右，他们已经提出了5个高优先级的工单。"一般来说，你需要确保你的客户支持团队能够看到关于客户健康状况、使用、更新、最近与客户的对话记录、文档化的期望结果和其他相关信息的数据。

让问题升级变得可见

最以客户为中心的组织会创建流程，以使CSM、专业服务和销售团队能够在需要的时候与客户支持团队紧密合作。例如，如果一个最近提出了大量问题的客户提交了一个工单，或者这个工单已经提出了一段时间，或是亟待解决的，那么支持工单将触发风险升级，促使CSM、项目经理、销售代表在一起商量建议并制订行动计划。这些紧急的情况经常在每周的管理团队会议上被回顾。

萨默斯解释了当其他面向客户的团队没有这种协作时会发生什么。

> 一个典型的场景是客户经理将到现场去见客户。所以，他们想知道，最近的客户支持问题是什么，是否有长期存在的问题。但是，如果支持团队没有跟进系统中的客户互动交流，而是在由其他面向客户的团队成员使用该系统，那么这些信息通常会隐藏在某人的个人电子邮件或电子表格中。客户经理会想："我可能会在现场会议上被问到一些事情。我需要准备好我的讲话。我不想让别人觉得我被自己不知道的事情搞得措手不及。"

我们很多人都知道那种恐惧的感觉。将客户支持工单系统与客户成功解决方案和客户关系管理系统集成可以帮助确保每个人都看到升级的问题，而不需要支持代表做太多工作。

支持团队同样可以主动出击

萨默斯发现，除了帮助减少负面影响外，客户支持代表还可以主动帮助一类客户群体，而不仅仅帮助提交工单的客户。也许支持代表找到了一种解决问题的创造性方法，并且意识到多个客户可能正在经历相同的问题。他们可以提前告知CSM团队哪些客户可以从解决方案中受益，然后CSM就可以与客户进行沟通。专门支持中小企业的团队尤其能够为经历过类似挑战的特定客户群体提供解决方案。

客户支持团队也在帮助加速螺旋的飞轮。他们正在寻找机会，在客户可能从教育或基础服务之外的帮助中受益时，推销服务，正如我们在上一章讨论的一样。支持代表同样在寻找这样的机会：当发现客户试图解决一个现有合同不涉及的问题时，如果他们购买额外的产品或升级到新的合作关系，这一问题就可以得到解决。

事实上，客户支持的世界就像CSM领域一样在不断演进。比尔·帕特森（Bill Patterson）是Salesforce的执行副总裁和CRM应用总经理。他看到了明显的变化：

> 当你从广义上考虑客户服务时，大多数互动都是交易性的。你打电话

> 要解决一个问题——我就解决这个问题。你打电话提出一个问题，我就回答这个问题。今天的服务世界常常在这种交易中开始和结束。
>
> 但企业开始认识到，这些时刻让我们理解客户的需求，这些时刻是宝贵的信息资源库，可以帮助我们以更个性化的方式了解客户。这就是客户服务中机会的变化。

帕特森看到了另一个将以前的交易性沟通转变为更有价值的互动的机会，因为客户支持代表可以帮助CSM变得更主动。“CSM可以考虑事务性的交流案例并说：‘我如何才能帮助您从服务中获得最大的收益？’”

他进而看到了利用支持数据预测客户动向的机会。“如果我有关于有线电视账单的问题，我不是每次打电话都威胁说要离开，我只是想解决我的问题。但如果你不关注我，我离开的倾向就会更大。如果我有过很多次这样的经历，我就会带着一种消极的态度与你互动。而拥有客户成功管理平台的CSM可以识别导致客户流失的模式。当客户感到‘我一直在努力想要用起来，但我就是做不到，现在我要放弃了’时，CSM可以将一系列问题与产品使用量的下降联系起来，并采取必要的措施留住客户。”

这样做的最终结果不仅减少了客户流失，还改变了我们对服务的看法。“如今，在许多服务互动中，客户会想：‘你知道我是谁吗？’现在，我可以开始让他们觉得我们真正关心客户和他们的问题。总的来说，我们可以将服务从以交易为基础带到以人为中心的模型中来。”

与研发协作

当客户在使用产品的过程中遇到问题时，支持团队通常会感到沮丧；当问题大量出现时，他们会更加沮丧；当他们不能与客户分享修复问题的时间表时，他们更沮丧了。这种沮丧是可以理解的；它也呼应了客户的沮丧，这种情况当然必须加以处理，以实现我们在本书第一部分中讨论的那种更新、扩展和推荐率。以客户为中心的组织定义了客户支持与工程团队一起工作的过程，以识别产品缺陷，设定解决问题的优先级，并将时间表反馈给客户。

除了帮助在产品路线图中涵盖缺陷解决方案之外，支持团队还可以帮助产品管理团队用更全面的方法来改进产品。例如，对工单的分析——来自支持代表的定性反馈——可以显示产品中客户投入最多努力的领域；也许可以通过改变客户界面或者更大规模的架构改进来减少这种努力。这种分析还可以揭示客户认为最有价值的产品领域；毕竟，如果他们不相信该产品的潜力，他们就不会在使用该产品时遇到困难。为了帮助分析，萨默斯建议通过一项调查来跟踪客户的努力程度，该调查的问题是："从'非常简单'到'非常困难'的范围内，与（公司名称）进行互动有多容易？"支持团队甚至可以参与产品团队的设计评审，以便在开发周期的早期提供他们的输入。一般来说，建议产品团队改进产品——这是公司最可规模化的资产——是一种极好的转移工单的方法。通过这种方式，支持团队可以帮助从根本上解决问题，从一开始就防止问题发生。

工单的转移

客户支持团队也可以用其他方式转移工单。工单的转移——从一开始确保问题不会出现——已经成为Gainsight公司全球支持副总裁艾米丽·迈克丹尼尔斯（Emily McDaniel）的首要任务。她指出，支持团队可以帮助文档团队识别需要更新的技术文档（关于最近发布的功能），或其他修改，这些修改可以帮助客户更好地自行解决问题，而不是提交支持工单。同样，支持团队可以建议改进培训资料（可能是由客户培训团队负责的），这将帮助从一开始就避免问题发生。通过在线社区与客户进行沟通，分享建议或对问题提出解决方案，也可以帮助客户自行解决问题。最后，有时高级支持（由客户付费）包括定期的"客户支持回顾"，在回顾中，供应商和客户可以就如何改进他们在技术挑战上的合作方式达成一致。

客户支持的职业路径

萨默斯说，随着以客户为中心的理念的兴起，现在的客户支持代表比以往拥有更多的职业发展道路。

> 我们已经从传统的内部支持组织转变了，曾经某人会从事支持职业20年，并晋升到不同的层级上。最近几年，我的员工从我们的客户支持部门

> 调整到了产品管理、销售工程、专业服务、IT、技术运营、工程和CSM。这种调整在十年前是不可想象的。今天的支持代表获得了宝贵的工作经验和对客户体验的深入观察。这使他们可以转到其他领域，并从直接的产品经验中增加即时的价值。

尽管与更主动的CSM模型相比，客户支持模型还是响应式的，但对以客户为中心的新增关注也提高了支持团队的水平。

总结

在本章中，我们讨论了客户支持团队如何促进CSM团队的兴起，以及如何在 CSM团队需要变得更加主动的情况下给予他们支持。与此同时，客户支持团队也变得更加积极主动，向其他面向客户的团队分享问题的升级情况，找寻帮助客户避免问题恶化的方法，发现客户增购的机会，并教育工程团队和产品团队如何提高产品的质量和价值。这些趋势帮助客户支持团队在CEO的眼中变得更有价值，也帮助支持团队成员在他们的职业生涯中达到新的高度。

在第14章中，我们将介绍另一个随着订阅模式的兴起而发展起来的团队——财务。

第 14 章

财务：新的计分系统

> 最困难、花费最多的事情之一就是说服潜在客户成为客户。一旦做到了，之后的实施期是非常重要的，因为这时交易的经济效益才真正开始让供应商受益。

这是多次担任首席财务官的约翰·邦尼（John Bonney）的观点，他曾在FinancialForce担任首席财务官，最近在Harness 任职。他的观点表明了他的信念，即客户成功对一家经常性收入公司的盈利能力至关重要。像邦尼这样的首席财务官正在成为首席客户官的关键合作伙伴，因为他们为客户的成功设定目标，规划员工人数，并考虑将客户结果转化为企业的收入和利润。

首席财务官越来越多地投身于客户成功的潮流，他们真诚地相信，对客户成功的前期投资将有助于产生我们在本书前面部分讨论过的螺旋结构的飞轮效应。邦尼是这样描述客户成功如何帮助你向新客户销售产品的：

> 通常在开始阶段，会有一些引导新客户的培训，这可能意味着在开始阶段会有更高的成本。这是可以接受的——事实上，我们计划这样做——因为一旦客户很好地执行你提供的方案，他们将在未来与你发展关系。随着客户在他们的旅程中走得更远，我们公司就可以受益更多。那些成功的客户通常也是你最好的销售人员。即使是你最优秀的销售代表，如果没有来自满意客户的良好口碑助力，通常也无法获得新客户。

克里斯托夫·博丹（Christophe Bodin）认识很多像邦尼这样的首席财务官。他是“互联计划”软件公司Anaplan的首席客户官，该公司帮助组织的职能团队，即财务、销售、供应链和人力资源等推动执行整个企业的战略和财务规划，以更好、更快地做出决策。克里斯托夫知道客户成功的价值，因为他每天都参与其中。因为他的客户中有很多是财务团队，所以他知道这些财务团队对客户成功的重视程度。特别是，克里斯托夫知道一个有效的财务规划过程需要对客户保持高度关注：“当我看到客户成功和财务很好地在一起工作时，财务才真正理解客户行为是如何驱动数字指标的。这是财务对客户旅程的深刻认知，知道客户和CSM在每个点上在做什么，以及了解这将如何对损益表产生影响。”

在这本书中，我们已经一次又一次地证明了投资客户成功会带来强劲的收入增长。随着财务团队越来越了解客户成功的价值，并在预算过程中投入更多时间，他们开始深入研究客户成功的投资回报机制：我的投资能带来怎样的回报？更具体地说：

- 我应该期待怎样的结果？
- 我应该花多少钱，把钱花在哪里？

在本章中，我们将讨论财务和客户成功如何合作来回答这两个问题。

我应该期待怎样的结果

“如果你需要更多的收入，那就对销售投资。”为什么会出现这种默认的（有些人可能会说“膝跳反射”式的）对如何增加收入这个基本问题的回答？对于公司来说，销售是一个明显的经济驱动因素，原因之一是其核心关键绩效指标（Key Performance Indicator，KPI）有意义且定义明确：订单量。

许多实施客户成功的企业在定义最终的财务KPI方面遇到了困难。虽然每个人都同意主要的健康评分指标（使用情况、成熟度、满意度等）是你每天应该为之采取行动的目标，但每个客户成功团队都需要定义最后的“滞后”指标，以便与高管和董事会一起关注。财务团队尤其需要了解客户成功的最终财务KPI，以便与客户成功领导者合作，为他们的部门制定适当的预算。

你应该不会惊讶于这个指标就是客户留存率。但与销售不同的是，对于应该以哪一种客户留存指标为基础还存在争议：总客户留存率（GRR）或净客户留存率（NRR）。下面是邦尼对这两个指标之间的差异的解释：“总留存率体现的是，如果一年前你有10个客户付给你10美元，那么你今天保留了10美元中的多少。净留存率体现的是，如果一年前有10个客户付给你10美元，那么现在这10个客户付给你的钱是多少。”

GRR考虑了客户流失率，但没有从扩展销售中获益，因此最大值是100%。NRR既包括扩展也包括流失，因此可以（可能对大多数公司来说应该）超过100%。

总留存率和净留存率

那么如何在GRR和NRR之间选择你的售后/客户成功组织的关键绩效指标呢？多年来，我们与数千家公司进行了接触，我们发现没有一种放之四海而皆准的解决方案，因此，我们对这个问题进行了大量的思考。但我们相信，有一个框架可以帮助你为公司做出正确的决策。

乍一看，人们很容易想当然地认为NRR是更好的指标，因为它综合了两种收入流——续约和增购。简言之，它包含更多信息，但事实并非如此。一方面，GRR与NRR相比有一个优势，它真正衡量了业务的长期健康状况，因为总流失率会随着时间的推移侵蚀扩展的机会。换句话说，你不能向已失去的客户追加销售！另一方面，过分关注总留存率和流失率会导致收益递减。这种情况每天都有变化。我是应该把注意力集中在第n个面临风险的客户身上，并试图挽留他（有时是徒劳的），还是把精力花在一个健康的、续约时机成熟、适合扩展的客户身上？

GRR 还是 NRR问题的三个维度

在这个问题中有几个核心维度需要考虑。

- **融资**：你的企业是私有的还是需要额外筹集资本？如果是后者，投资者可能会仔细审查你的GRR。或者，你是上市公司还是打算上市？你可能会需要报告NRR。
- **增长率**：如果你正在快速增长并且依据增长情况来对企业进行估值，那么NRR短期内可能有更大的影响。另外，增长缓慢的公司可以通过优化GRR（也就是总客户流失率）来获得很高的投资回报率。
- **最近总留存**：一般情况下，会有一条明显的GRR底线。根据你的目标客户细分和客户获取成本（CAC）的不同，这个比例可能是60%（对于中小企业）或是70%（对于大企业）。在某一点位以下，投资者就会认为一家企业不可投资，而流失率则意味着更根本、更系统性的挑战。

这一切都取决于你如何优化总留存率——或者换句话说，如何优化你的续约机制。如果该机制是高度优化或非常有效的，那么更高的ROI重点可能是净留存率。我们推荐的GRR范围如图14.1所示。

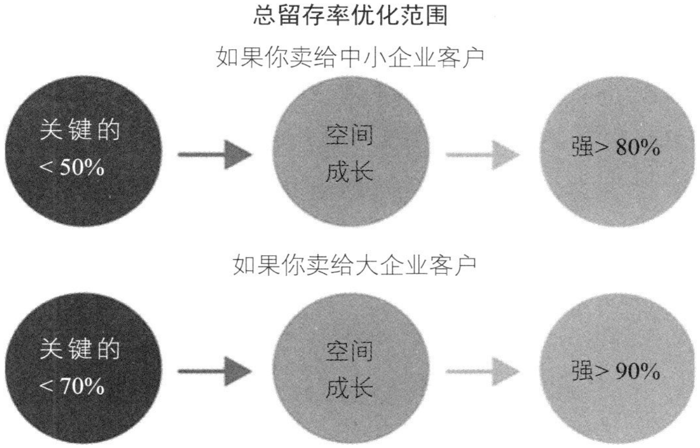

图14.1

我应该优化GRR还是NRR

如果你是一家需要更多资金的私人企业，那么努力让你的GRR达到最优的水平，因为投资者会关注这点。如果你是上市公司并报告NRR，那么你可能会住在GRR的“优化空间”区域，专注于提高NRR。同样地，你的增长率越高，你就越应该关注净留存率而不是总留存率。

这当然是一个连续的过程，但如果你是一家拥有97% GRR的高增长上市公司，那么你可能会把那些增加的时间花在追逐讨厌的少数高风险客户上，而不是加倍投入到成功的客户身上以帮助他们成长和扩展。例如，Salesforce公司负责MuleSoft业务全球客户成功的高级副总裁布伦特·格莱姆斯（Brent Grimes）主张将金额净留存率作为一项关键指标：“它既能让你在公司的宏观层面，也能在个别我花时间的特定领域做出决定——保留一个客户的能力和发展另一个客户的能力之间的权衡是什么？”

我应该花多少钱，把钱花在哪里

现在你已经弄清楚了你的目标是什么（总留存率或净留存率，这取决于你的情况），你需要了解投资的细节。我们将在后面关于预算的章节中讨论你应该为客户成功做预算的实际金额。与此同时，让我们关注一下“过程”：你应该以何种方式进行投资，以产生更高的总留存率或净留存率？

我们该怎么花这些钱

聪明的财务主管知道，仅仅雇用一群客户成功人员，并期待更高的留存率是不够的。正如克里斯托夫所强调的，优秀的首席财务官会深入了解客户旅程中客户成功团队和客户之间的实际互动细节。他们会问客户成功领导者一些问题，比如：

- 我们的 CSM 是什么类型的？他们有什么技能？
- CSM的时间会花在哪里？
- 他们在小企业客户上投入多少时间？在企业级客户上呢？
- 什么方法能产生特定留存率并可重复使用？
- 将客户成功团队的时间投入在哪里，可以带来1%的留存率？
- 哪些导致流失的根本因素可以通过客户成功的工作在明年被消除？哪些类型的问题应该通过结构性变化来解决（例如，产品改进、目标市场的改变）？

当首席财务官对客户成功投资机制和销售投资的细节的理解达到同样水平时，他们就可以真正掌握公司关于收入增长模式的整体知识。

曾多次担任首席财务官的邦尼强调，财务和客户成功在留存率预测方面的一致性尤其重要。“在考虑哪些客户需要续签合同时，财务和客户成功真的需要保持一致。客户续费的可能性是多少？是否有客户存在风险？”这些显然会对你的财务状况产生非常重大的影响。与其他首席财务官一样，邦尼希望让自己的高管团队和董事会对公司未来的收入流和现金流有清晰的认识，而留存率是一个重要的影响因素。因此，邦尼与财务和客户成功每周都有接触，讨论客户的健康状况，包括使用指标，这两个部门都认为它是续约的重要指标。这种与预测的一致性有助于邦尼与客户成功团队一起找出在客户成功上的投资的正确方向，从而实现他们的目标留存率。

财务和客户成功也希望在给客户折扣或退款的时间上达成共识。邦尼曾见证过失败的案例：

> 如果这两个部门之间没有协作，那么你可能会遇到这样的情况：客户不满意地要求获得积分或退款，客户成功团队希望满足客户要求，但这可能会失控。在这种情况下，你需要确定客户提出要求的根本原因，并了解客户未来可能提出的请求。否则，你可能会违反非常重要的收入确认规

则，而这是我们必须遵守的。你可能会与你的审计员发生冲突。

我们应该如何对客户成功进行核算

CSM应计入已售商品成本（Cost of Goods Sold，COGS）还是销售与营销成本?“我们经常在客户成功社区看到这个问题。回答这个问题的关键是深入研究上面的一个问题：你有哪些类型的CSM？”我们注意到CSM有三种不同的会计分类：

1. 价值补充型CSM

因为处于早期阶段，你的产品不能提供足够的开箱即用的价值，所以CSM填补了这个空白。他们具有很强的技术实力，可以提出（有时是巧妙的）方法来解决问题。从理论上讲，这种类型的CSM可以作为一种服务来收费，但是你的客户不愿意为此付费（因此你需要在这些工作上投入成本并免费提供），或者你还没有时间或足够的专业知识来开发一个服务项目。随着时间推移，你可能会想出如何将这一角色包装成为付费的经常性技术客户管理（Technical Account Management，TAM）服务。你可以将CSM费用归类为COGS，因为CSM对于交付客户购买的产品至关重要。

2. 价值传递型CSM

你的产品已经进化了。价值差距不再很大，并且你已经知道如何通过销售服务来填补剩余的差距，以抵消团队做额外工作的成本（你让服务团队来专门承担这一工作）。你意识到交付价值不仅意味着产品功能的发挥，还通过软件规定的行为变化来管理客户团队。要实现这一点，CSM必须取得信任，在客户会议上协调不同的观点，进行有说服力的沟通，动员团队制订计划，并获得高管的尊重，高管通常是产品续约的决策者。你聘用CSM是因为他们的人际交往能力强。你让他们关注某个“生命周期”的活动：启动、里程碑会议、高管业务回顾和续约沟通。

你的客户留存率提高了，你的销售团队也很高兴，因为他们可以少花点时间处理升级的问题，多花点时间在寻找和增加客户上。CSM计入客户留存成本（销售和市场营销的一部分），因为他们有助于续约，即使他们并不直接对业绩负责。

3. 价值获取型CSM

你有一种有效的方法，可以通过产品（可能是非常简单直观的）和/或服务（当产品很复杂时这是必要的）向客户传递价值。你的CSM专注于将交付的价值货币化（通过将客户升级到新的级别），通过推荐新的用例、寻找新的团队或者销售新产品来拓展销售。CSM的技能在于利用机会：过剩、空白领域、组织动态或政治情况。你聘用那些喜欢建立长期关系和有能力获得订单的CSM。他们承担业绩目标，并可能带有客户经理的头衔。他们被计入扩展成本。

表14.1所示的三种模型中，其中的任何一个都并不一定比其他的更好；你的选择取决于你的情况。请做出明智的选择！

表14.1

	价值补充型CSM	价值传递型CSM	价值获取型CSM
产品	早期的	强健的	成熟的且可能有多种
已售服务	很少或没有；或者CSM承担付费的 TAM角色	成熟的	核心竞争力或不需要
CSM背景	技术	有丰富的高管对接经验	销售/农夫型
成本归类	已售商品成本（COGS）	留存（销售和营销的一部分）	扩展（销售与营销的一部分）

总结

在本章中，我们讨论了财务在理解CSM活动和客户行为对损益表的影响方面作为客户成功关键合作伙伴的价值。我们介绍了财务总监在预算中应该使用的财务指标——总留存率或净留存率，使用哪种指标取决于你的融资方式、增长率和当前的总留存率。我们讨论了公司在客户成功上的花费，他们如何看待他们所做的客户成功投资的类型，以及他们如何计算这些成本。底线是什么？首席财务官不再说“需要收入吗？那就再雇用一个销售人员”，相反，他们越来越了解客户成功投资与留存之间的联系，以及如何获得更高的投资回报。

第 15 章

IT：CIO 的新任务

我经常告诉人们，最重要的事情是尽早行动，经常行动。

这是Gainsight公司的首席信息官卡尔·毛斯哥费安（Karl Mosgofian）对客户成功团队应该如何与IT团队合作的问题的回答。考虑到他曾在几家大公司和小公司担任过CIO，毛斯哥费安见证了客户成功和IT协作的成功和失败。他说："我认为很多企业领导人犯的错误是，他们想要迅速行动，但有时他们没有及早行动。于是在某个时间点，IT会介入，然后说：'哎呀，你为什么选择这个产品？现在你得回去解释这一切了。'"

但是卡尔也看到了IT参与其中的积极价值。

IT可以提供很多帮助。SaaS很简单，因为现在开发某个产品相对容易。但通常情况下，你不可能简单地按下开关，然后一切就开始正常运转了。数据需要集成，有些人是专门做数据集成的并且对此很擅长。他们就在IT团队里。

在本章中，我们将讨论这一观点，即最成功的公司甚至不质疑客户成功与IT协作的价值，特别是在对客户进行对全方位深入回顾时。

IT：客户成功必不可少的合作伙伴

商业的发展，正如生活中的许多事情一样，像钟摆一样从一个极端摆向另一个极端。

20世纪90年代到21世纪初，出现了大型企业IT组织。如今没有IT 的参与，几乎什么事都做不成。CIO正迅速成为公司最重要的领导者。然而在过去的五年里，情况似乎突然发生了逆转。随着IT的"消费化"，业务部门的领导甚至员工都可以购买技术产品或服务。我们读过很多CEO的名言，他们质疑自己是否需要一个IT部门。事实上，甚至有关于"IT末日"的书。

最近，我们看到了一种新的趋势。大大小小的公司都在遭受技术"消化不良"的痛苦。有了SaaS和云计算，很容易买到应用程序，公司现在拥有的产品数量多得离谱。一位CIO在当时有400名员工的公司担任首席信息官的朋友说，他的公司已经购买了100个独立的SaaS应用程序。另一位CIO最近告诉我们，他所在的公司有700名员工，拥有数百种基于云计算的产品。他们的工作就是梳理这种混乱的局面。原因是：

- 人们为了做同样的事情而购买了多个产品；
- 技术彼此不兼容；
- 很多功能没有被利用；
- 一些服务并不需要；
- 没有人了解每个产品的安全标准。

这种关系不是单向的。一些IT部门获得了“进展阻碍者”的称号。这使云应用程序供应商通常绕过 IT 部门，因为 IT 可能了解技术，但不了解核心业务。IT专业人员应该思考为什么业务不将他们视为可信任的顾问，这与个人能力无关。

我们从两个有利的方面来看待这种情况。

1. 一家面临上述诸多挑战的成长型公司的想法从“我们永远不会需要IT”变为着手组建一个团队。

2. 对于一个向这个新时代推销平台的供应商，在早期，我们的应用程序就像上文提到的那样，面向业务线（在这里指客户成功团队）销售，并且通常在没有大量IT人员参与的情况下被购买。但目前业务已经发生了很多改变：

- 现在客户认为客户成功平台应该推广到整个公司：CSM、销售、服务、支持、产品、营销、财务等。
- 客户意识到CSM平台依赖于数据——数据越多，价值越高。
- 客户意识到CSM平台通常存储着一些最敏感的业务数据——客户的数据。

因此，我们看到越来越多的公司将他们的购买CSM平台的决策视为企业决策。作为一个企业决策，他们让IT同事参与进来。

- 设计将数据集成到平台的路线图，并且进行评估：
  - □ 数据将如何从源系统中输出；
  - □ 如何映射到多个数据源（例如，通过一个共同的客户ID）；
  - □ 如何解决数据不一致的问题；
  - □ 需要什么类型的“ETL”（数据处理）将数据传送到CSM平台；
  - □ 上面的流程是如何运作的，包括调度、日志记录、验证等。

- 协助整个公司的变革管理，包括：
  - □ 数据更新；
  - □ 功能推广；
  - □ 客户采用。
- 评估和管理应用程序相关的安全状况，包括：
  - □ 验证供应商安全合规性（例如，SOC Ⅱ 2型）；
  - □ 了解应用程序的权限和控制；
  - □ 决定这些权限和控制如何与其他企业系统兼容（例如，Salesforce网站）。

在某种程度上，最精通IT的客户是那些在以往的SaaS平台发布中没有充分让IT参与进来的客户。最常见的情况是，我们看到这些公司将软件推广早期制订的糟糕计划称为他们的“学习经验”。业务部门可能是出于权宜之计才推出了这样的计划，但多年之后，这种配置就变得难以维护，无法使用最新、最强大的功能，而且采用情况很糟糕。事实上，许多相同的公司正在并行地对现有系统进行“重新调整”，他们不希望在CSM领域犯同样的错误。

因此，如果你是一位研究平台决策的客户成功领导者，那么我们的建议是尽早让你的IT合作伙伴参与进来。他们将是决策过程中的重要帮手，更重要的是，他们将确保你在一段时间内获得最大价值。

以下是SurveyMonkey高级副总裁兼首席信息官埃里克·约翰逊（Eric Johnson）对与客户成功团队合作解决技术需求的看法。

> 在过去的3~5年里，CIO的角色已经从管理技术的后台功能管理，转变为更多地依靠业务策略进行运作。作为CIO，你如何真正帮助业务线的领导者做出更好的决策？CIO与他们的客户成功领导者合作得如此深入，以至于他们中的一些人实际上已经进入了客户成功管理者的角色。但是，作为客户成功的合作伙伴，CIO可以帮助你理解如何将人员、流程和所有技术组织在一起，从而真正更好地了解客户的情况。让我们坐下来并开始真正了解你所面临的挑战是什么，或者你想利用的商业机会是什么。在开始讨论技术之前，让我们先来讨论一下上面这些问题。
>
> 现在比以往任何时候都更迫切地需要改善客户体验。要想做到这一点，你通常需要确保你正在主动地与客户互动，甚至让这种互动自动地发

生。你不能一直通过增加人力来解决问题。你必须想办法扩大规模。这正是CIO可以提供帮助的地方。

首先，他们可以在你的360度客户视图计划中提供帮助。长期以来，公司在客户互动方面的数据集是孤立的。你通过客户支持电话、产品、销售和市场活动与客户互动。你需要确保自己同时看到所有与客户进行交互的渠道，以确定哪些互动是有效的，哪些是无效的。

当然，这是理想的情况！

作为你的合作伙伴，即使在你的技术需求出现之前，CIO就可以帮助你思考你的商业目标，并帮助你获得一直梦想但从未实现的360度客户视图。

客户视图在20世纪90年代受阻的三个原因

我们都认为，20世纪90年代是个很棒的时代。其间诞生了电子宠物（Tamagotchis）、勃肯鞋（Birkenstocks）、香草冰（Vanilla Ice），很棒是不是？尽管勃肯鞋和腰包令人难以置信地再次流行了起来，但有些东西或许还是留在我们的记忆里比较好。以20世纪90年代的科技为例：拨号调制解调器的音调和色彩鲜艳的iMac可能会让人产生温暖的怀旧之情，但要等30分钟才能下载一封电子邮件？真高兴我们已经取得了进步。

但我们究竟取得了多大的进步呢？在B2B IT的某些方面，事情在过去的20年里没有太大的变化。很多公司在使用类似的系统来跟踪相同的数据，而这些系统又被相同的团队应用——这些团队使用这些数据的方式和他们在1998年使用的方式一样。比如，非市场营销人员知道客户在阅读什么内容吗？产品部门之外的人员知道什么是日活跃客户吗？除了销售人员外，还有谁能找到客户的基本联系方式？而且，即使这些痛点已经得到了一定解决，它们可能还没有在整个公司得到全面的解决。

在世纪之交，像汤姆·西贝尔（Tom Siebel）这样的先驱者——西贝尔系统公司（Siebel Systems）的创始人——都在谈论将所有客户数据集中在一个视图中的需求——“360度客户视图”。在理想情况下，公司里的每一个员工都完全了解客户的情况。很明显，如果我们把从20世纪90年代以来收集和分析的客户数据绘制成图表，那么它看起来就像字母J。但是我们真的完成了神秘的360度客户视图吗？

让我们回到20世纪90年代，来了解“360度客户视图”的最初需求。20世纪80年代和90年代的宏观商业趋势是整合。私募股权和债券市场开启了一个巨型的整合世界，从电信行业整合到美国在线—时代华纳（AOL-Time Warner）。在汪洋大海般的企业中，当员工努力想要全面了解客户的情况时，客户体验就会受到影响。

因此，IT部门开始启动整合项目——只是用名称的首字母缩写将每个不同的系统整合在一起：ERP系统、HR系统和CRM实施。而客户信息就像一块绿洲，就在横跨整个IT项目的沙漠之外。毕竟，仅仅因为你可以将不同的数据源发送到一个窗口中，并不会使信息更有意义，甚至这并不易于访问！

20年后，我们在哪里？从某种意义上说，我们仍然在努力实现难以捉摸的客户视图，让员工在多个系统中搜索和查找，以了解客户的情况。与此同时，《财富》500强企业的一位高管最近表示：‘我们的问题并不是没有客户视图，而是有48个！另一个客户最近问我们：“如果员工不知道如何使用数据，给他们数据有什么用？”1/3的人告诉我们：“漂亮的仪表盘变成了漂亮的停车场。”

如果我们围绕客户视图的假设是错误的呢？或者只是因为时间的原因受阻了？我们认为，三种客户数据系统运行的关键方式——就像降落伞裤和吊桶帽一样——仍然停留在20世纪90年代：

（1）**数据**：客户数据不再是静态的、靠手工输入的信息（例如，客户联系方式）。它是实时的、动态的数据，比如，产品的使用情况和物联网传感器的遥测结果。

（2）**结构**：业务变化不再是单向的。当然，有很多大型的合并事件发生（比如AT&T！），但剥离、分拆和私有化也同样流行。

（3）**速度**：更新的速度急剧增加。新产品不断推出和修改，客户侧的支持者似乎也在不断变化。

相反，新的客户视图有着截然不同的要求。

- **个性化**：作为一名员工，我需要客户视图展示与我相关的产品和企业信息。它需要向我们展示与客户组织内我们沟通的那个人的相关信息，而不仅仅是公司层面的信息。

- **富有洞察力的：**请不要让我们解释所有这些数据。给我们一个简单的红/黄/绿视图，看看这个客户状态如何。
- **行动导向：**告诉我们基于被证明的最佳实践，下一步应该做什么。
- **自动化：**尽可能多地、规模化地帮我们开展行动。

新的客户视图不再是一个仪表盘或报告，而是一个驱动客户体验的业务流程系统。换句话说，它比工作流修改或小规模的时间节省更有战略意义。

如果你是一个CEO或IT领导者，而你的客户视图还停留在20世纪90年代，那么是时候让你的流程和系统变得真正具有战略性和前瞻性了。我们看到，在这一领域拥有21世纪先进水平的敏捷公司正在把客户体验变成巨大的竞争优势。简而言之，你一定不想在2019年及以后被发现仍然穿着Generra的超彩T恤。现在是时候将你的客户视图更新得更加现代一点了（虽然我们仍然认为超彩T恤很酷！）。

总结

在本章中，我们讨论了为什么客户成功领导者在与CIO紧密合作时，能够最成功地通过技术扩展自己的团队。在将业务目标转化为技术需求和评估客户成功平台决策方面，CIO已经成为客户成功不可或缺的合作伙伴。因此，公司在如何购买和配置一个个性化、富有洞察力、以行动为导向和自动化的最佳的客户视图项目方面变得更有经验。

有兴趣与客户成功领导者合作的部门似乎比以往任何时候都要多。人力资源部门也成为客户成功的盟友，因为他们意识到让客户成功会让员工更快乐——客户成功工作的压力也会给团队成员带来不寻常的负担。在第16章中，我们将讨论人力资源部门在客户成功经济中是如何改变的。

第16章

人力资源：员工快乐，客户快乐

让我们正视这一事实：如果客户已经从你的产品中获得了足够的价值，那么大多数客户不会去求助于你的客户成功经理。他们寻求帮助是因为遇到了问题。

这是特雷西·科特（Tracy Cote），Zenefits公司的首席人力资源官的观点。Zenefits公司是一家基于云计算的人力资源软件公司。她指出了CSM的工作有多么困难，因为你经常要处理具有挑战性的客户情况。她的观点并不奇怪。有些人甚至会说客户成功工作是公司里最辛苦的工作。在本章中，我们将探讨是什么原因让CSM的工作变得困难，然后讨论客户成功领导者和他们的人力资源合作伙伴可以对此做些什么。

为什么客户成功的工作充满挑战，以及为什么这很重要

CSM的工作非常具有挑战性，有六个常见的原因。

- **“半空杯”现象**：尽管销售代表每季度从零开始工作——就像拿到一张空白的画布——并且将客户成功应用到商业模式的每一个方面，在此基础上完成100%的业绩目标，CSM却是从假定的100% 的默认总保留率开始工作的，而且留存率唯一可能的变化方向就是下降。每当销售完成了一笔交易，我们便敲响锣鼓庆祝，但是续约更像是一种挽救——伴随着长松了一口气——而不是庆祝胜利。
- **“下游”现象**：CSM是其他部门的下游，他们承担其他部门决策的后果。当工程质量保证过程失效时，CSM会从他们的客户那里听到这一消息。当产品管理部门发布的新功能不能提供足够的价值时，CSM会知道。当一个营销活动出了问题，CSM会知道。当销售在销售流程中设定了错误的预期，或者售卖给了目标市场以外的客户时，CSM也会知道。
- **“责无旁贷”现象**：CSM通常会处理最糟糕的问题。你的支持代表可能会对工单问题解决的细节负责，但是你的客户会要求CSM对他们的整体成功负责，因此，CSM也会对工单是否得到了解决负责。
- **“助手”现象**：CSM常常会对公司面临的挑战感同身受，因为他们往往是一群天生喜欢帮助他人的人。当CSM不能以自己想要的方式帮助他们的客户时，这会让他们感到非常难受。

- **“成本约束”现象：**CSM团队必须将预算控制在一定范围之内，即使频繁的产品发布、市场变化，以及营销团队对于谁是目标客户做出的决定导致他们所处的环境以惊人的速度发生着变化。每个CSM在管理越来越多的客户的同时还要跟上这些变化是非常困难的。
- **“孤独”现象：**上述问题加在一起导致变得更加复杂，因为许多CSM，特别是那些为企业客户服务的CSM，通常在家或在与“总部”分开的小办公室远程办公。当他们完成某次艰难的电话沟通时，他们周围可能没有人可以倾诉。

如果不谨慎对待，那么你可能会拥有一个非常悲惨的CSM团队。没有人想要一个不快乐的团队，但是拥有一个不快乐的CSM团队比拥有任何一个不快乐的其他团队更加糟糕。这是因为当你的客户成功经理不开心时，痛苦就会蔓延到你的客户身上。如果我们不关注自己的情感需求，就很难关注他人的情感需求，包括我们客户的。换句话说，当我们没有从我们的工作文化中体会到同理心，我们就很难对他人提供同理心。反之，当我们的客户成功经理感到快乐时，他们也会把快乐传递给我们的客户，而客户也会获得更好的体验。如果我们有责任为客户创造良好的体验，那么我们应该每一天都在传播快乐而不是抑郁！

正如科特所指出的：

> 你必须始终记住，客户成功团队是你的公司和品牌的一线工作者。如果你的员工敬业、快乐、有能力，他们就能更好地确保你的客户继续与你合作。你的CSM和客户之间的互动，以及他们之间建立的关系，将对业务在声誉和收入方面的成功产生持久的影响。被授权的员工会展示出能力，客户也会感受到这一点。简言之，客户成功团队的快乐是领导者必须关心的事情。
>
> 另一个为CSM的快乐投资的原因（如果你还需要的话！）是员工的保留——这似乎是显而易见的，但值得一提。当你失去一个CSM时，他的离开不仅会对客户关系造成灾难性的影响，还会增加你的人力成本，因为你需要为填补一个新的CSM进行投资和培训。换句话说，不开心的团队成员会影响你的损益表。还记得人力资源软件公司Culture Amp的首席成长官彼得森吗？该公司很早就开始关注员工的成功。以下是他对不快乐的团队成

员对财务状况造成影响的看法：

> 大量数据表明，快乐的员工花在办公室外的时间更少。当然，他们留在公司的时间更长。我们都知道招聘、替换和培训员工的成本有多高。当你有更快乐的员工时，你会提高员工的净推荐值得分，这就像客户的净推荐值得分一样。他们会为在这里工作感到骄傲。他们会有动力告诉别人你的公司有多棒。他们会推荐新人加入团队。这会提升你的品牌价值。

就像快乐的客户一样，快乐的团队成员也可以创造一个“螺旋”，产生一种良性循环，快乐的团队成员带来更多的团队成员，他们进而变得快乐。让我们在下一节中探讨团队成员和客户之间的这种类比。

你的队友也是你的客户

在前面的章节中，我们讨论了帮助我们的客户达成良好的结果和吸取经验的重要性。客户的快乐如此强烈地影响着客户的成功，这一事实意味着我们也必须为客户带来强有力的结果和体验。换一种说法：CSM也是客户。这个将CSM等同于客户的类比在许多其他方面也适用。客户成功的某些概念与管理团队成员的领域有相似之处。我们可以从“客户成功元素”表中找出这些例子。

- **生命周期管理**：我们如何对新的团队成员进行培训？是否在90天后检查情况，定期安排一对一的会议，定期举行职业发展讨论，并重新评估薪酬？
- **风险升级**：我们如何监控团队成员可能面临的风险？如不能达到目标，表达沮丧、焦虑或抑郁，展现出他们的兴趣或技能与角色性质的不同，或捕捉到其他迹象。
- **续约管理**：在今年年底前，是否每个员工都想和雇主续约？我们能否勾画出在明年对双方都有利的愿景？

这些例子说明了客户成功领导者如何与HR团队合作，帮助团队成员获得良好的体验，并在他们的职业生涯和生活中取得成果。

在客户成功中运用服务型领导力

在艾莉森很小的时候，她的父亲就和她的哥哥以及她分享关于英雄的故事。

有这样一个故事：莱特兄弟，两个默默无闻的自行车修理工，多年来不知疲倦地进行飞行实验，他们的创新在法国受到了无数仰慕者的称赞。还有另一个故事，讲的是尽管面临政治上的反对声音，罗斯福如何在美国加入第二次世界大战之前，秘密地向英国提供援助，因为这是一件正确的事情。还有一些别的故事，是她爸爸在睡觉前编出来的。坐在艾莉森卧室和她哥哥卧室之间的走廊上，爸爸讲述那些拯救了一天的英勇的孩子们的故事。故事情节各不相同，但一个中心人物不断出现：一个具有远见的虚心为他人服务的领导者——服务型领导者。

如今，我们很少在媒体上听到关于服务型领导者的故事。我们可以继续讨论当今关于领导力的普遍的话题——带有诸如自恋、贪婪、物质主义、工作狂等主题——但这些讨论已经在其他地方有很好的记录了。

我们认为我们的生活需要更多引人注目的领导力故事。我们需要知道应该对领导者有怎样的期望，当我们在职业生涯中成长时，我们需要知道渴望什么以及如何达成目标。通常情况下，我们需要得到更多的鼓舞。

服务型领导是指领导者为团队服务，而不是团队为领导者服务。领导者不会坐在金字塔的顶端；他们颠覆了金字塔，授权给每个人［这个概念是由罗伯特·格林利夫（Robert Greenleaf）提出的，他还创建了格林利夫服务型领导力中心（Greenleaf Center for Servant Leadership）］。虽然我们在Gainsight公司并不尽善尽美，但我们已经在管理者中目睹并听到了许多服务型领导的故事。包括如下内容。

- 每当我们企业CSM的前任主管纳德拉（Nadav）希望他的团队成员尝试一项新行动以帮助客户的时候，他总是第一个尝试。这向他的团队展示了什么是可能的，并教会他们如何去做。纳德拉多次在世界各地出差，以这种方式来支持他的团队。
- 艾莉森在与我们经理解决方案架构师丹尼尔开会，我们正在讨论如何平衡团队的工作与生活，当时我们做得并不是很好。丹尼尔的立场是，他认为管理者应该像对运营结果负责一样，真正地为团队成员的工作和生活平衡负责。
- 伊莱恩，我们教育团队的思想领袖，主持了一个座谈会来讨论如何在变化中全面周到地管理我们的团队，因为变化是处于成长期的公司面临的永恒的话题。

对一些人来说，这些活动可能看起来很普通。但想象一下，如果我们的每一次行为都遵循服务型领导的原则，那么我们将生活在一个什么样的世界里。

这并不是说团队的领导者不会犯错。我们自己就已经犯过不少错了。有时候，我们会因为自己的情绪状态而犯错：我们面临压力，感受到威胁或其他痛苦。有时，我们会因为没有正确的知识而犯错：在任何情况下，都需要经验、创造性思维和可靠的判断来实现三赢。在这两种情况下，我们的意图是好的，但采取了错误的行动。

我们认为大多数人想帮助别人。即使他们现在没有意识到自己想要助人的愿望，但是他们可能会在今后的生活中发现这一点。也许他们会获得一些启发。但一个重要问题是，即使人们想要为他人服务，他们也不知道如何去做。服务型领导不仅想要提供帮助，而且能采取有效的行动真正帮助他人。

我们需要一本指导手册告诉我们如何在一家不断成长的公司中做一名“服务型领导者”。你已经向投资人承诺了要实现更高的目标；你知道变化是一个必要的常数；你需要用更少的钱做更多的事。所有这些因素都使你很难为你的团队服务。

虽然我们还没有写手册，但我们将分享八个框架，这些框架将有助于我们自己成为服务型领导者。

（1）**透明**：分享更多。

（2）**成长心态**：成为团队的榜样，向他们展示即使是领导者也需要成长。

（3）**平和**：减少压力，创造快乐。

（4）**目标感**：带着一个目标成长。

（5）**能量**：帮助你的队友茁壮成长。

（6）**善待自己**：善待你自己，这样你才能善待你的团队。

（7）**不惧弱点**：在工作中展示真实的自我，激励你的团队成员也这样做。

（8）**地域包容性**：拥有“无总部”的文化。

1. 透明

Culture Amp的彼得森相信透明的价值，因为他看到他最成功的客户都相信了。“首先也是最重要的，我们在客户身上看到的最好的文化是从收集反馈信息和听取员工的声音开始的。它从简单的倾听开始。反过来，这些文化也注重透明度和开放性。”员工与管理层分享，管理层也与员工分享。

在Gainsight公司，尼克从一开始就支持透明的文化。这通过常见的方式进行表达：全员沟通、“问我任何问题”的问答环节，诸如此类。但它也以非传统的方式出现，比如，尼克不惧展示弱点，与大家分享他孤独童年的故事。尼克最喜欢的一项仪式是他每周日晚发给全公司电子邮件，内容是一些“形而上的沉思”（Mehtaphysical Musings）：公司发生了什么事情、给队友的小贴士、他即将到来的一周的日程安排、工作以外家庭发生的事情，以及他的第二个家庭——匹兹堡钢人队！

2. 成长心态

艾莉森说：

> 在我看来，没有人会停止成长。当我们停止成长，我们的内心就会死亡。对于领导者和团队成员来说都是如此。领导者应该成为具备这种成长心态的榜样，这样团队成员才能效仿，并在自己的发展过程中支持领导者。所以，去年，我为自己制订了一个职业发展计划，并与我的整个团队分享。我分享了我从整个组织收到的反馈，然后分享了我要继续保持、停止和开始做的事情。我发现团队非常欣赏这一点。他们知道我并不完美，他们也很感激我能认识到这一点。他们很高兴我在回应他们的反馈，甚至想帮助我成长。他们有时甚至认为我和他们一起承认不足表现了一种勇气。如果我们能“在公众面前成长”，我们的团队就更有可能成长。

3. 平和

鉴于CSM可以从客户那里吸收的压力和公司内部变动的影响，客户成功领导者和他们的HR合作伙伴需要努力减少压力。“工作和生活的平衡是非常重要的。”科特说。

> 我们都在谈论工作和生活的平衡，但是很多人都觉得他们永远不会实现这个目标。这一点非常重要，尤其是对于承担压力较大的工作的人而言。想办法在你安排员工的时候增加灵活性。相信如果你让某人提早下班去参加他的孩子的学校活动，那么他之后会十倍地补偿你，因为他会感激

你。允许休息时间成为真正的休息时间——人们不应该在周末或假期工作——这在许多环境中需要有意识地改变，在这些环境中，技术允许我们所有人都是“全天候”工作的。作为领导者，确定基调完全取决于你。当你感受到有人开始精疲力竭时，就要注意了。停下来，倾听他们。给他们一些休息时间、一个特殊项目，或者一些能打破这种状态的改变。人们常说“改变比休息好”，当员工处于精疲力竭的状态时更是如此。

与此同时，减轻压力并不等同于激励团队。科特从尼尔·多西（Neel Doshi）和林赛·麦格雷戈（Lindsay McGregor）合著的《准备表演》（*Primed to Perform*）一书中获得了灵感。

从根本上来说，如果在一个环境中，人们能够保持好奇心，被授权来实现变革，理解自己工作的目的，看到每个人的潜力，并能够把当前的职责和未来的成功联系起来，他们就更容易获得成功。实际上，这意味着你必须在工作日安排一些“节目”。设置乒乓球台是个不错的点子，其实它更多地是创造了一个环境，让你的团队有精力解决实际的业务问题。这将提高他们的满意度，并对你和你的业务带来帮助。

4. 目标感

已经有很多关于人们如何在工作中寻找目标的文章。人们并不总是受到数字、运营计划或短期成功的鼓舞。他们希望感觉到自己在为更大的目标做出贡献。服务型领导者的工作就是阐明这一目标。

在Gainsight公司，我们信奉一个宗旨，即客户成功是更人性化的商业方法的一部分。我们的目标是“成为一个活生生的例子，证明你可以在以人为本的同时在商业中取胜”。

艾莉森发现客户成功在帮助人类运用科技方面还有更深层次的意义。

客户成功有一个特别强烈的目标。人类如何与科技互动是我们这个时代的一个基本问题。软件正在吞噬世界，机器人的能力比以往任何时候都更强，人工智能至少可以具备一些人类的能力。有趣的是，客户成功经理在商业世界中处于人机交互的最前沿。当软件有糟糕的客户界面时，当它是自上而下强制使用的，或者当它的应用很牵强时，CSM往往站在第一线，对那些挣扎着使用软件的可怜人们抱以同情的态度。CSM的工作就是打破人与机器之间的障碍，以人为本。对我来说，为实现这个目标努力是我们一生中最有价值的事业之一。

5. 能量

提到人格框架，艾莉森读过：麦尔斯-布格斯性格类型指标（Myers Briggs），九型人格（Enneagram），五大动力（Five Dynamics）。她发现这些框架非常有价值，帮助她用最大化能量的方式帮助她的团队成员定义自己的角色，构建一个互补的团队，让每项活动都由对此充满热情的人来执行，以及快速了解应聘的候选人。服务型领导者知道如何向每个团队成员授权——这意味着将他们置于充满活力的环境中。

6. 善待自己

如果你不能服务好自己，那么你就很难服务好他人。你可以通过情绪波动、被动地决策、不愿在冲突中工作或无法对他人产生同理心等现象来判断一个疲惫的领导者。当领导者精疲力竭时，他们的痛苦会传导到整个团队。

因此，领导者为自己服务也是至关重要的。这意味着你要弄清楚如何分配自己的精力。多年来，艾利森执行并改进非常精细的每周计划。例如，她晚上9:30上床，晚上10:00睡觉。她是一个早起的人，也是那些需要至少8小时睡眠的不幸的人之一。她每天早上6点起床，在完成晨读和冥想之前，她都不查看电子邮件。每当她破例在完成自己的常规行为之前检查了电子邮件，她的大脑就会在一天的剩余时间里处于不集中的状态，而阅读帮助她集中注意力，思考大局，并激发创造力。

更进一步说，我们在Gainsight公司有一条规定，我们在周六不发送电子邮件。自公司成立以来，我们就把这作为公司的核心原则，作为我们推动“人人成功”的价值观的一部分。我们为“周六不使用电子邮件”的理念感到自豪。我们对新队友，尤其是领导者进行教育。这样做的目的是，如果一个人在周六发了一封电子邮件，那么其他人会觉得有责任去回复。因此，除非要处理关键的客户问题，否则我们都是这样做的。

每周五晚上，尼克都会关闭手机上的电子邮件程序（以及其他与工作相关的应用程序），然后在周日晚上再次打开这些应用程序，以便在下一周赶上进度。

我们每天都在努力帮助别人——通过指导、劝说、安慰、调解、协调——这需要投入大量的情感能量才能产生效果。为了照顾他人，我们首先需要照顾好自己。

7. 不惧弱点

善待自己的一个关键是认识到没有人是完美的。布琳·布朗（Brene Brown）在TED大会上发表了一篇名为《领导者如何展现弱点并变得更强大》（*How Leaders Can Show Vulnerability and Become Even More Powerful*）的演讲，很多人都受到了启发。作为高管，我们在向利益相关者敞开心扉的过程中，已经突破了我们的舒适区。

对尼克来说，这开始于向我们的团队吐露他童年时的孤独感，这种感觉一直持续到今天。后来，他又更进一步，开始在每年参加我们Pulse大会的数千名客户面前谈论"脆弱"这个话题。那一年，他谈到每天在学校独自吃饭改变了他的人生。其他演讲者——Gainsight和客户都接受了这个概念，现在Gainsight活动的特点是将弱点带到台前和中间。因此，每个与会者都处于一种开放、联结和成长的心态中。

8. 地域包容性

Culture Amp的彼得森观察到，企业正在构建地理上分散的团队，并投入额外的努力帮助那些"远程工作"的团队成员，让他们感到自己融入了团队，这是一种大的趋势。他说："越来越多的人不在总部工作，甚至不在办公室工作——他们在移动设备上工作。"当你在建立一种文化时，你需要考虑到这一点。"这对于客户成功尤其重要，因为正如我们在本章前面部分所讨论的，当没有人在身边帮助CSM从情感上的挑战中恢复过来时，工作的困难可能会加剧。"

在Gainsight公司，我们接受了地域包容性的理念。我们是在密苏里州的圣路易斯和印度的海得拉巴这两个城市不可思议的组合中建立起来的。多年来，我们接受了这样一个理念：最优秀的员工无处不在，而不仅仅是在硅谷这样的科技中心。因此，我们告诉我们的队友，我们没有总部，我们的总部位于我们的每个员工居住的地方。我们试图以尽可能多的创造性方式来实现这一价值，从总是在会议中通过电话提醒人们先发言到在工作室直播我们的全体员工会议，这样就不会有员工因为不在“会议现场”而感到不被重视。

这对首席客户官来说意味着什么

那么，对于一个首席客户官来说，采取这些服务型领导的行为，特别是帮助CSM应对他们具有挑战性的工作，需要做些什么呢？让我们再看看特雷西·科特，她研究了创建成功团队的CCO的属性。

科特观察到，伟大的CCO不只展示某一个特性；他们多才多艺。“最好的CCO具备高智商和高情商。战略、战术、共情和关系，首席客户官不仅必须驾驭客户的情绪，也必须驾驭延展的内部团队的情绪。销售、专业服务、产品和客户成功之间存在一种天然的紧张关系，因为每个团队都尽其所能在内部和外部驾驭复杂的业务环境。这种导航能力帮助CCO保护团队免受最严重的压力。”例如，销售通常被鼓励引入新客户，然后继续前进。但是CCO负责留存、扩展和推荐。这样有时会产生问题，尤其是在销售和客户成功之间的对接没有明确定义的情况下。此外，CCO经常是变革的驱动因素，他们需要在这方面做得很好。其他内部团队并不总是理解CCO组织真正做了什么，因此沟通是必不可少的。“当一名CCO在公司高层和其他部门创造了一致性时，他们就会给团队空间，并帮助他们进入工作流程。”科特补充道，“而且由于这个角色的压力很大，具备幽默感从来不会有坏处。”

总结

Culture Amp公司的彼得森说得好：“现在谈论快乐的员工如何带来快乐的顾客几乎是陈词滥调。老实说，这是毫无疑问的。”在这一章中，我们讨论了客户成功经理遇到困难的典型原因。我们还讨论了如何将CSM作为客户来对待，利用某些众所周知的服务型领导技巧，可以使客户成功团队蓬勃发展。

既然我们已经讨论了公司内的主要职能——从专业服务到人力资源——是如何随着客户成功运动而演进的，我们将探索如何在你的公司启动客户成功计划。这是我们将在本书第三部分关注的主题。

第 17 章

避免客户成功孤岛

现在你的公司的每个人都参与到了客户成功中。这是完美的，不是吗？小心点，否则会一片混乱。

在客户成功之前的时代，B2B公司在很大程度上忽视了客户的售后服务，而现在我们则有走向另一个极端的风险。今天，在许多公司里：

- CSM主动接触客户并推动产品得到采用；
- 产品团队将新手引导设置在应用程序内；
- 营销团队不断“轰炸”现有客户。

对于绝大多数公司来说，众所周知的“左手”和“右手”彼此没有沟通。

客户可能会告诉CSM某个特定的新功能不适用。尽管如此，下一次客户登录产品时，他们仍然会收到关于这一新功能的“弹出”指南。第二天，一封关于这项新功能的网络营销研讨会的电子邮件可能就会出现在他们的收件箱里。

这样一来，你可能在与客户过度互动的同时，仍然错失了让客户参与的机会。那么答案是什么？我们需要停止将CSM、产品内帮助和营销邮件作为独立的策略来考虑。我们要摧毁这些孤岛。相反，我们需要为某个既定的目标（例如，采用一个新功能、新手引导）制定一个目标客户旅程，并协调使用各种渠道（CSM、产品内帮助、电子邮件），以帮助客户决定下一次最佳行动。

避免功能采用时的孤岛

作为一名前产品经理，尼克可以证明，这份工作的一大乐趣就是“交付”新功能。但是这个词本身已经过时了，可以追溯到我们向客户“运送”软盘（你可以在谷歌上搜索一下！）和CD等物理设备的时代。对于SaaS，“交付”是即时的，而且在许多情况下是连续的。

但实施就不一样了。客户有自己的季度、节奏、会议、变更管理等周期。有时候，让你的发布周期与他们的实施周期保持一致是一项挑战。

大多数公司会做一些基本的工作来推动采用——发布说明、文档和屏幕截图。如果他们真的在行，他们会创建视频甚至动态图片！最近，伴随客户成功带来的兴奋感，事情就像滚雪球一样越滚越大。市场营销部门可能会接过这一重任，向客户提供有关新功能的信息。产品部门可能会变得兴奋，并在应用程序内推送通知。CSM可能会急切地联系客户以让他们“使用”新功能。

这一切对于客户来说是怎样的呢？我们了解到客户有过以下体验。

- 耐心地向CSM解释为什么新功能在他们的商业模式下不适用。
- 然后，从营销部门得到关于相同功能的电子邮件——他们可能在那个时间点就退订了。
- 他们登录产品开始工作。瞧！相同功能的弹出窗口又出现了。

这不是带来良好客户体验的秘诀。统筹规划的客户成功策略会采取不同的方法。

- 根据客户的使用情况，向他们发送个性化的新功能电子邮件。
- 如果他们参与进来（例如，观看视频）并开始使用这一功能，那么就到此为止。
- 如果他们没有参与（可能他们不习惯看邮件），那么在他们下一次登录时推送一个应用内通知。
- 如果他们取消了通知，那么让CSM采取行动并说："我注意到你看了指导但没有使用过这个功能，有什么我们可以了解的吗？"

避免客户反馈中的孤岛

有了一次糟糕的体验然后收到一封调查问卷是一回事，而调查问卷本身的体验很糟糕是另一回事。它会让人记忆深刻。事实上，根据我们对记忆的了解，一段经历的最后时刻往往是最难以忘却的，它可以改变一个人对整个经历的看法。

心理学家丹尼尔·卡尼曼（Daniel Kahneman）将这一概念称为"顶峰结束法则"，但它只是强调，你需要像关注整个客户旅程一样，给予客户调查同等的关注和协调。

让我们用一个净推荐值调查来做例子。

- 我按照计划完成了新手引导培训。
- 我的收件箱里收到了一封有时限要求的净推荐值调查问卷。
- 我忽略了调查。我还在忙着新手培训呢！
- 收到另一封电子邮件。删除它。
- 我放弃了。

我刚删除了一堆烦人的、断章取义的邮件，而供应商却不知道如何改善我的体验。

经过策划的调查问卷体验应该是这样的：

- 当产品的一些价值被实现后，在应用程序内触发净推荐值调查；
- 我没有回复——因为我很忙！这时触发一封邮件；
- 我还是很忙，所以，你要等到产品中的另一些结果被实现时，再进行调查，并且距离上次尝试到现在已经过了一段合适的时间。

总结

客户成功不只是一个部门的事情，而是整个公司都应该具有的一种共识。但是如果你的公司里的每个部门都试图在没有协调的情况下帮助客户成功，那么情况可能会变得更糟。客户可能会感到不知所措、困惑和沮丧。真正的企业级客户成功需要与你期望的客户旅程相一致。

第三部分

实施步骤

第 18 章

启动：在已建立的业务中启动客户成功

许多知名公司的领导者看到客户成功，会想："是的，如果你在过去几年里创建了自己的公司，那很棒！但是，在没有风险投资的情况下，我如何在已建立的业务体系中实现转型呢？"

克里斯·贝茨是一位成功领导了转型的优秀领导者。作为视觉分析软件公司Tableau的客户成功总监，他接到了一项艰巨的任务，要在一家成熟的企业中实施客户成功。他做到了。

> 我们的CEO于2016年加入公司。我们在2017年开始向订阅模式转型。这是一个很大的变化，因为我们一直是一个永久许可的软件公司。短短几年后的今天，我们的大部分客户都是通过订阅许可购买的。在这个过程中，我们的CEO提出了三个问题。"怎样才能让客户在技术上获得成功？"然后他进一步问道，"一般来说，怎样才能让客户成功？"最后，他问大家："我们如何不断创造出客户？"这三个问题在公司内部引发了强烈反响。在6个月的时间里，我们组建了一个跨职能团队来回答这些问题，最终形成了我们的客户成功战略核心。2018年和2019年，我们在世界各地增加了100多名客户成功经理。我们投资了Gainsight作为客户成功平台。我们在内部调整激励机制，以更好地促进整个客户团队的协作。我们为我们的技术接触客户发起了全面参与的营销计划。我们投资我们的合作伙伴，帮助我们共同的客户取得成功。

贝茨和他的跨部门团队领导的转变是显著的。幸运的是，其他组织也可以做到这一点。随着B2B公司在商业模式上创新，提供灵活的、符合客户需要的交付模式，如订阅、云计算、现收现付和基于结果的定价，他们意识到客户拥有越来越强大的力量，以及投资于维持和发展客户基础可以带来投资回报率。与此同时，这些B2B公司在过去十年中已经实施了无数的系统——从CRM到营销自动化到在线支持再到计费——这使他们比以往任何时候都更深入地了解他们的客户基础。随着业务需求和数据可用性的融合，B2B创新者正在突破常规的销售和服务/支持组织的设定，创建一个新的CSM团队，专注于通过数据主动地推动客户实现结果。

在本章中，我们将指导你在已建立的业务中启动一个CSM团队。我们将讨论你需要做出怎样的决策，如何通过强大的沟通和客户旅程定位来协调各个部门，以及如何避免犯常见的错误。

为这种转型向领导者授权

对于大多数成熟的公司来说，客户成功的理念需要充分的考量。团队应该建立在公司的什么地方？它的责任是什么？它与其他职能（如销售/市场/支持）有怎样的关系？应该如何衡量结果？预算从何而来？我们曾和数百家大公司合作过，在他们向客户成功迈进的过程中看到了什么在试点中是可行的，什么是不可行的。

在我们深入讨论你需要做出的决定之前，有必要强调一下，你需要一位负责推动变革的领导者。这个人可以是你，也可以是你指定的某个人。正如甲骨文负责客户成功的GVP凯瑟琳·布莱克莫尔（Catherine Blackmore）所说的："CEO需要一个人来对这种转变负责。他们必须与CEO有直接的联系，而不能被埋没在任何一个部门里或其他地方。他们没有运营的责任，只对转型负责，因为有太多的事情必须先调整和改变，变革才会发生。"

你需要做出的决定

现在你已经获得了授权（或者已经任命了正确的人来负责这一转型），让我们深入研究能够使这一转型成功的11个决定。

1. 定义客户成功的核心业务驱动因素

客户成功的理念如此"热门"，以至于它已经成为一个被滥用的术语。客户成功可以应用于采用、更新、扩展、宣传——任何涉及通过推动更大的结果而从你的客户基础上获得更多东西的方面。然而，在第一次展示客户成功时，你需要深入考虑业务的具体目标。对于一些企业来说，缺少客户成功会导致客户流失。对于其他更具黏性的业务，其影响是扩张放缓。表18.1展示了不同类型业务的试点目标示例。

2. 定义起点组织

像大多数大型组织的新举措一样，创新来自情境（你所在的环境）和动机（你想改变的愿望）的结合。但是，我们在成功建立CSM团队的试点中发现了一些规律（参见表18.1），即哪个团队可能启动CS计划。一般来说，"理想"的

CSM几乎就像独角兽一样，在现实生活中很难找到，因为这份工作包含以下几个方面：

- 产品知识；
- 专业领域知识；
- 战略思维；
- 关系技能；
- 项目导向；
- 任务导向。

最常见的情况是，对于提供科技产品的组织来说，客户成功可以从技术客户管理团队或专业服务团队开始；对于提供交易型商品的组织来说，客户成功可以从客户管理团队开始。

表18.1

独特的商业现状	当前的情况	客户成功试点	客户成功结果
复杂的新手培训	新手培训不顺利导致持续流失	CSM 团队关注新手培训阶段	更少的新手引导期间流失带来更高的续约率
基于账号数的定价模型	过度售卖，采用程度低导致流失和购买缩减	CSM 团队关注采用阶段（推进实施和使用那些没有用到的账号）	使用量的增加减少了流失和购买缩减
具有黏性的平台型产品和“落地—扩展”模型	使用的缓慢影响了扩展工作	CSM 团队关注采用阶段	更快的价值实现可以更快产生新客户销售机会
长期的产品和服务合同	糟糕的客户满意度损害了口碑宣传和减少了新客户	CSM 关注客户满意度和商业价值	提高对客户业务价值的认知水平带来了更高的客户满意度（如净推荐值），进行了更多的宣传和新销售
产品分类竞争激烈带来更低的客户忠诚度	企业看到客户流失到竞争对手处	CSM 关注早期的风险预警	尽早针对风险采取行动，减少了客户向竞争对手的流失
面向大企业的产品	低使用率和产品缺陷导致客户满意度降低	CSM 关注产品使用和协作	更多的客户参与和使用，带来更高的满意度，产生更多的推荐和提升了新的销售水平

3. 首先确定产品

对于许多大型组织来说，客户成功的愿景贯穿整个产品线。但是从哪里开始呢？成功的试点会选择一个或几个产品线，然后扩大规模。同样，没有完美的答案，但是请考虑表18.2中所描述的内容。

客户体验软件公司Genesys推出了一项快速增长的云业务，并在那里启动了客户成功。他们后来发现，这种模式也适合他们的传统业务。首席客户成功官露西·诺里斯（Lucy Norris）观察到，“交付本地软件的公司和交付云软件的公司开始以统一的方式思考客户成功。我们真正了解到的是，客户不再将自己视为本地部署的。现代客户希望有一定的参与度和服务水平，无论他们是运行在本地部署还是在SaaS上”。

一般来说，我们会发现CSM试点项目从更新的或收购的产品线开始，或者从处于过渡阶段的产品线开始，然后随着时间的推移扩展到整个业务。

表18.2

起点	优点	缺点
成熟产品	• 很有可能是公司收入的重要来源，因此会产生较大影响 • 很有可能是关键客户	• 需要全公司整个组织层面的高度协同 • 考虑到其他部门会参与，有时，CSM 团队影响力不明确
在转型中的成熟产品（例如，正在永久地向订阅式定价模式转型）	• 变革发生的主要阵地； • 有可能获得 IT 和其他利益相关者的关注	深度的变革管理
新产品	• 可以从一开始就采取正确的方法 • 可能会有新的定价模型（例如，订阅模式）并需要 CSM 的工作 • 因为参与人数较少，很容易看到产生的影响	较小的收入影响，涉及普通客户
近期收购的产品	• 很可能是独立的团队，因此会更容易发起变革 • 向收购后的整合更加迈进一步	可能会有已建立的 CSM 方法来使其合理化

4. 确定客户分层

即使在一个产品线中，你也可能有多层次的客户（如图18.1所示）。

在Gainsight公司，我们为这些分层定义了三个规范的客户成功模型。

高度接触的客户成功管理： 围绕客户的成功计划与跨CSM、销售、服务、支持和产品的客户旅程进行强有力的协同。

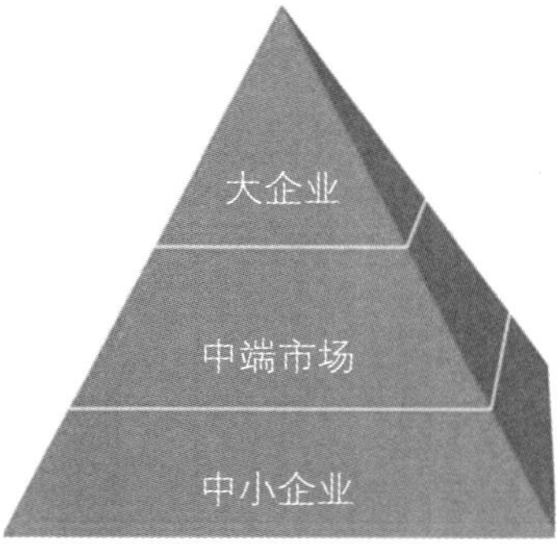

图18.1

中度接触的客户成功管理： 触发驱动，基于数据的"及时"客户成功管理（例如，客户将在6个月后到期，却仅仅使用了三个模块中的一个）。

技术接触的客户成功管理： 完全自动化，通过电子邮件和其他工具进行个性化的客户成功管理。

图18.2和表18.3说明了这些模型。

根据表18.3中的优缺点，我们最常看到CSM从中度接触管理开始。

进一步细分，你可能需要从你的产品线开始，从有限的客户开始。如果你选择高度接触或中度接触模型，那么你可能会受到初始团队规模的限制。根据经验，高度接触的CSM通常管理1~25个客户，而中度接触的CSM则管理25个到几百个客户。因此，希望在高度接触客户成功试点的公司往往会从顶级客户的一个子集开始。

你如何决定选择哪些客户？一些先进的CSM试点项目涉及挑选一批客户，公司认为这些客户有很大的"空间"或扩张潜力。其他的试点项目则专注于A/B测试——把同一组分成两部分（例如选择80%），为其中一组分配一个CSM，另一个则没有。无论如何，在最初选择客户时要考虑周全。

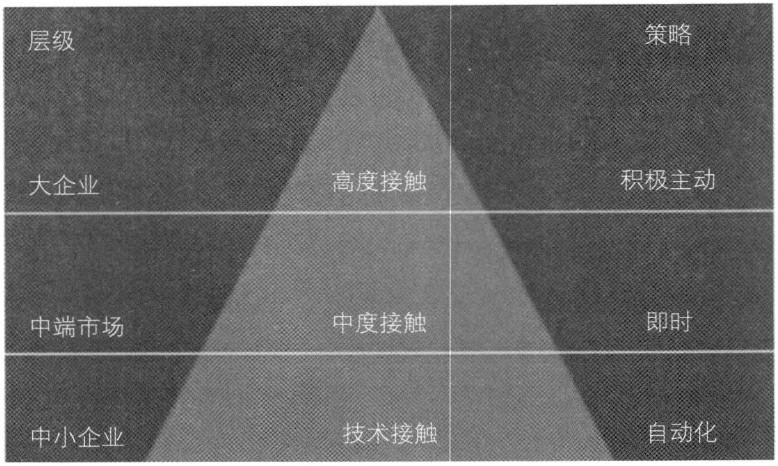

图18.2

表18.3

客户分层	优　点	缺　点
高度接触	影响大客户	很难说明 CSM 产生的不同影响；有时会带来与其他团队的职责范围相关问题
中度接触	收入明显，但是通常只得到有限的关注	需要面向流程的方法
技术接触	最少的变革管理	有时需要协调与市场营销的合作（特别是自动化的一对多的触达）

无论你选择什么细分市场，都要确保你的试点规模与团队的能力相匹配。PROS公司的吉尔·萨瓦茨基（Jill Sawatzky）已经有过很多次经历，并分享了她的建议："我会和一小群客户一起开始试运行。不要试图让一个全新的小型客户成功团队覆盖整个庞大的客户群。然后，在试运行了几个月后，开始查看核心的客户成功指标。例如，你是否从有 CSM 的客户组获得了更多的推荐介绍？他们的净推荐值得分上升了吗？不要马上关注你的续约率，因为需要一段时间这些工作才能对客户留存产生重大影响。"

5. 确定团队需要什么数据

对大多数大公司来说，数据既是最大的机遇，也是最大的挑战。企业有大量数据，却往往难以利用好这些数据。对于CSM试点，你需要定义一个实际可行的清单。

- **客户关系管理系统**
  - □ **客户名称**：有时候会因为客户“层级结构”（如母公司和子公司）而比较复杂
  - □ **CSM**：你在哪里跟进为每个客户分配的CSM？这是CRM中的一个字段吗？
  - □ **费用**：你跟踪了解每个客户在出现问题的产品上的花费吗？这是准确的吗？它需要100%正确还是仅仅展示大体情况即可？
  - □ **到期时间**：如果你有签订合同的业务，那么这些信息存储在哪里？
  - □ **客户分层**：如果你想专注于一个特定的客户分层，那么你将如何筛选数据？
- **权益**：合同中约定的产品/服务。
- **客户支持**：你可能希望了解客户以前提交过的支持工单。
- **社区**：如果你有一个在线社区，那么你如何跟踪特定客户的活跃度？
- **客户调查**：客户满意度调查往往对CSM来说至关重要。
- **专业服务**：怎样才能看到客户项目时间正常还是逾期了？
- **学习**：如何了解哪些客户接受了培训而哪些还没有？
- **营销**：你能看到哪些客户参与了营销活动、在线研讨会和电子邮件互动吗？
- **账单**：你能查看客户的应收账款以了解早期满意度问题吗？
- **遥控**：如果你有一个在线的产品或服务，那么对于客户的使用情况你能看见什么？

根据我们的经验，客户关系管理系统数据是必不可少的，企业还会选择两到三个其他数据源（最常见的是客户支持和问卷调查数据）。

6. 确定你的团队使用什么系统

根据试点的范围，你可能需要一个正式的系统，或者也可以从电子表格开始。如果你有如下的诉求，可以考虑采用一个正式的系统。

- 与整个团队和其他利益相关者分享；
- 可追踪和可看到历史趋势；
- 流程实施和一致性；
- 自动化。

7. 确定 IT 的参与程度

正如我们在第16章中讨论的，根据数据和系统需求，你可能需要IT的帮助。在大多数公司，这是一种宝贵的资源，所以一定要早点提出你的要求。或者你可以联系第三方托管服务提供者，它们可以帮助你运行CSM平台和数据架构。

8. 确定范围

试点只是一个起点。因此，一定要明确定义有哪些事情是你不打算在试点中完成的。我们已经讨论了产品线、市场分层和客户。但是，即使在这个范围内，也要定义稍后要“下注”什么。举个例子，除非你有大量的客户数据，一旦你了解了整个过程，你可能会想要把“机器学习”和“预测分析”推迟到第二阶段。类似地，你可以为试点项目定义最小可行性产品（Minimum Viable Product，MVP），使其关注于CSM团队的行动，而不是关注于组织的其他部分的可见性。最后，你可能希望将试点项目限定在一个地区或地理范围内。

9. 确定你将如何进行沟通

布莱恩·卡明斯基（Brian Kaminski）是Conversica公司的首席客户官，这是一家领先的商业智能虚拟助理提供商。布莱恩已经多次启动客户成功项目，并指出了沟通的重要性。

> 我的建议是在组织内提高客户的意识。这听起来可能很荒谬，但在软件公司里，很多时候人们都忘记了他们每天来工作，是为了创建一个客户正在使用并从中获得价值的软件。我每周都会在公司内分享一则客户故事。我认为你需要花时间与公司内的其他组织建立联系，尤其是销售和产品部门。

说到组织的其他部分，成功的CSM试点项目需要高质量的沟通。请为你的每个利益相关者定义一个沟通计划。

- **团队内沟通：**你多久与你的试点 CSM团队会面？许多试点项目每天都要

召开“冲刺”会议，以确保取得快速进展。你将如何一对一地指导每一位 CSM？你对流程的规范程度如何？你也可以每周举办一次论坛来表彰优秀员工和分享经验。

- **跨职能沟通：**你将如何向组织内的其他部门介绍试点项目的进展？我们建议每周发布一份简报，介绍从试点项目中获得的经验教训，以及安排一些正式的回顾会议。
- **客户沟通：**你对客户有什么期望？如何介绍 CSM 项目？这对他们有什么好处？即使在 MVP 项目中，在 CSM 项目中精心准备好面向客户的材料也是非常重要的。

10. 确定成功的标准

回到业务目标，确保预先设定可实现的指标，这些指标可用于衡量试点项目的成功。在Gainsight公司，我们试图将滞后的指标（客户成功的财务结果，如续约、留存和增购）与更快变化的核心指标区分开来。核心指标包括：

- 客户使用量指标（如每日活跃客户）；
- 客户成熟度指标（是否能很好地使用你的产品或服务）；
- 客户满意度指标，如C-SAT或净推荐值；
- 可以作为案例的客户比例；
- 转给销售的增购机会；
- 高风险客户的数量；
- 由上面的几个指标综合得出的一个整体的客户健康度得分。

将这些数据整合到一个计分卡中，获得CSM试点项目的总体健康状况。

11. 确定路线图

当我们强调专注的时候，客户的成功很可能会在你的公司延伸开来——如果还没有的话。因此，你可能会看到跨产品线和部门的多个重叠的、令人困惑的客户成功行动计划。你可以考虑成立一个客户成功指导委员会或卓越中心，将这些举措结合起来，以确保较高的内部效率和顺畅的外部客户体验。

向其他部门阐明益处

在启动客户成功试点项目并将其转变为大型组织的整个过程中，你需要在内部进行充分沟通。甲骨文的凯瑟琳·布莱克莫尔强调：

> 首先，你必须告诉人们你正在解决的问题。你的董事会必须理解这一点，因为这项投资会改变业务方向。你的高管团队必须理解这一点。然后，主要的运营业务负责人和技术负责人必须理解它。因为我们发现，它改变了你的经营方式，带来新的基础设施、新的操作方式，还有新的看待软件的方式。人才也必须发生转移。我是否可以培训出在云环境中工作的高级人才？我们在文化上必须采取的主要行动是什么？

考虑到这一客户成功转型对公司影响的大小和广度，管理者必须理解它背后的原因，并能够向整个组织解释这一转型。

向其他职能领域的领导者阐明客户成功转型的具体好处是非常重要的。以下是按部门列出的要点。

产品管理

1. **优先考虑客户的需求来优化产品：**产品团队经常被客户的反馈信息淹没。CSM可以帮助他们找出哪些产品优化对客户最有利。

2. **组建焦点小组：**CSM可以在产品咨询委员会和产品团队所依赖的其他小组中就哪些客户最有帮助提供建议。

3. **发布最新的产品版本：**CSM可以推广产品团队发布的最新的产品版本。

市场营销

1. **主动识别拥护者：**你经常花很多时间寻找那些对产品有好感的客户。有了CSM作为你的合作伙伴，你会发现找到那些愿意在活动中发言、提供感言或参与案例研究的客户变得更容易。

2. **捕捉我们如何帮助客户实现结果的过程：**即使你让客户同意支持，你也经常发现很难详细记录客户如何获得价值。CSM可以成为解释客户历史的伙伴：他们如何从A点到达B点，以及我们如何为他们提供帮助。

销售

1. **了解客户情况**：当你给客户打电话时，被一个困扰他们的问题弄得措手不及，这是非常痛苦的。将CSM作为你的合作伙伴可以帮助你全方位地了解客户的状况。

2. **获得新的机会**：你的客户的高管离职会给客户关系带来了风险。但好的方面是，当他作为支持者加入的新公司，可能成为一个潜在的客户。通过客户成功的努力，现在你可以追踪你的“校友网络”，找到你向新公司推销时的拥护者。

3. **了解探寻工作的重点**：客户成功计划可以明确哪些类型的客户（行业、位置或其他属性）是成功的，哪些是不成功的，哪些可以帮助你实施区域内规划。

4. **管理续约风险**：销售可以在问题升级上花费更少的时间。这是CSM团队的工作。

5. **寻找更多的增购机会**：不要在没有全面了解客户的情况下通过单一来源的数据来寻找增购机会，请与你的CSM团队协作来寻找这些机会。CSM团队甚至可能会承担一个带来增购线索的目标，并将其传递给销售团队。

专业服务

1. **识别销售新服务的机会**：CSM团队知道客户所感受到的价值差距。因此，他们可以就哪些客户最有可能购买教育、管理服务、咨询服务或其他产品为专业服务团队提供建议。

2. **更有效地确定项目范围**：CSM是与客户的持续的接触点，因此他们可以帮助你明确客户的战略目标，并将项目计划映射到这些目标上。

支持

1. **避免看不到全局的情况**：从CSM那里获得全面的客户信息，这样你就可以更有效、更快地解决工单问题。

2. **制定工单的优先级**：根据CSM的建议，关注正确的工单，了解哪些工单与客户的成功更相关，从而最大化C-SAT。

财务

1. 催收：当应收账款团队没有从客户那里得到响应时，向CSM寻求帮助，CSM可能知道谁可以推动付款。CSM还可能告诉你，什么时候最好暂停收款，什么时候面临客户问题升级的风险，因为客户是因为没有获得价值而拒绝付款。

2. 了解现金流：CSM团队比财务部门更能预测你的收入和现金情况，因为他们是基于对客户基础的深入了解来预测留存率的。

底线：当你在公司推广客户成功时，要仔细考虑每个部门的WIIFM（What's in It for Me？即这对我有什么好处？）。这样，你就可以建立一个强大的联盟，最终使你的公司和客户受益。

探索客户旅程的价值

除了分别向每个部门解释客户成功的好处以外，还要考虑如何帮助他们从更大的视角看待自己在转型中扮演的角色。一起绘制客户旅程图是一种很好地将所有职能结合在一起以实现客户成功的方法。

以下是Tableau公司的克里斯·贝茨的经验分享，他描述了他的公司如何让不同的职能部门参与进来，为客户创造一个协调一致的旅程：

> 我们召集了一个跨职能的领导团队，并设计了客户在整个生命周期中，从潜在客户到售后服务，应该经历什么。它迫使组织中各个部门的领导者以全新的眼光看待业务和与客户的关系，并发现客户旅程中的差距。它还促使领导者走出孤岛进行思考，从客户的角度看待这段旅程。
>
> 我们定义了一个名为Tableau 蓝图的分步指南，帮助客户成为数据驱动的组织，这是我们在Tableau的目标。这确实是一个好的契机，用来记录客户希望从我们这里得到的最佳实践。我们对客户进行交互式评估，帮助他们了解自己的优势和不足。通过评估，我们确定了共同的优先级事项并将其纳入成功计划。然后，所有面向客户的团队成员都可以在该路线图中协调地工作。

当每个职能部门都运用一种方法——在这个例子中是蓝图——来帮助客户

通过指定的步骤实现他们的结果时候，这就确保了客户成功转型是可以持续下去的。

我们已经讨论了一些最佳实践，这些实践可以帮助你在大公司中落地客户成功。但也有很多地方可能出错。我们希望在下一节中我们可以帮助你避免踩到那些“坑”。

从失败的客户成功项目中得到的五个教训

客户成功管理是一个热点，它也很新。因此，随着CSM世界的快速发展，有一些组织在追求成功的道路上失败了。尽管大多数公司都在大幅度增加对客户成功管理的投资，但少数公司已经退出了。俗话说，“后进先出”；由于许多CSM项目都相对较新，因此经济形势严峻的时候，它们有时会被砍掉。

根据我们在Gainsight公司的经验，以下是CSM项目可能失败的五种常见原因。

1. 错误的领导者

这可能是业务失败最常见的原因。具体来说，我们并不是在谈论雇用一个对任何公司来说都是错误的领导者，而是一个对特定的公司来说是错误的领导者。CSM是一项涉及广泛领域的工作，根据解决方案的阶段、范围和性质的不同，对领导者来说会有很大的差异。常见的招聘失败模式包括：

- 领导者擅长大规模的管理工作，却需要成为“队员教练”；
- 领导者擅长与客户工作，却被要求在办公室处理数据（例如，较低的聘用费用）；
- 领导者具有强大的数据处理能力，却需要在现场与客户打交道（例如，较高的聘用费用）；
- 领导者擅长与经验丰富的团队成员一起工作，却接管了一个低薪酬的入门级CSM 团队。

Gainsight最佳实践：公司和CSM的候选人在面试过程中相互要求进行一些实践演练和项目，以更好地了解对方的风格。例如，公司可以让CSM候选人分析历史的客户流失数据，或者提供一个管理层业务回顾会的示例。

2. 没有目标或不切实际的目标

我们已经介绍过逐步落地CSM的"试点"。不管是否这样标记，大多数CSM计划在这个阶段都是试验。因此，CSM领导者需要明确地指定应该如何衡量结果。

如果你有一个多年合同业务，那么你的续约率不太可能在启动CSM试点90天后发生显著变化，所以，你可能需要衡量一个关键的指标，如净评分值或使用量。类似地，如果你的试点聚焦于你的客户群的特定部分，那么请放大该部分的成功标准（而不是查看总体指标）。如果你不谈论目标和成就，那么管理层很容易开始想象没有CSM计划他们也能活下去。

Gainsight最佳实践：创建一个CSM指标的计分板，并每周在你的公司内分享。

3. 不能规模化的模型

在实施CSM过程中，从一个小的项目开始非常好。你可以运行一个试点项目，并学到很多东西。但是要确保构建的CSM模型最终会影响整个业务。举个例子，我们看到一些公司进行了不经济的试点（例如，一个CSM管理10万美元的收入），并且没有计划扩大规模。

Gainsight最佳实践：根据你的平均售价选择合适的客户接触模式（高度接触、中度接触或技术接触）。不要设计一个永远都只是试点的试点项目。

4. CSM团队又做了什么

因为CSM对大多数公司来说都是新事物，所以它也是陌生的。许多CSM团队之所以失败，是因为其他关键组织（最明显的是销售和产品）不理解CSM的价值主张。这意味着当预算紧张时，其他组织通常会与CSM组织争夺资源。

确保在你的组织通过章程、目标和成功定义，来教育那些在其他部门担任领导者的同事。我们非常相信Gainsight公司的数据。你应该能够证明CSM为整个公司和各个部门带来的价值（如本章前面部分所述）。为此，你可以基于与每个角色相关的标准为CSM团队构建ROI仪表板。

Tableau的贝茨强调了指用CSM与其他角色不同的重要性，这对其他部门有益，也是为客户的利益着想。"有时候客户会觉得自己在看一群6岁的孩子踢足球，每个人都在追球，而不是坚守自己在球队中的角色。”定义清楚客户团队中的不同角色和职责，向客户介绍每个角色将如何支持他们，这将是非常有力的。

Gainsight最佳实践：创建一个“战略文档”，展示客户成功的内部章程和结构，并用上面提到的仪表盘显示结果。创建一个面向客户的文档，以便向外部沟通不同的 CSM 角色。

5. 没有可持续的资助模式

你设法让一个CSM团队获得认可并得到维护，那么如何让它发展和成长？至关重要的是，你需要有一个明确的资助模式，这样你才能为团队做预算。想想其他组织是如何获得资金支持的。

- 支持部门：工单量或者收入的占比。
- 销售部门：销售目标和销售配额/生产力。
- 工程部门：收入的占比。

最糟糕的情况是，每增加一名员工，你都得与首席财务官争论一番。要问CFO的一个相关问题是，CSM是销售和营销成本还是已售商品成本。我们看到CSM越来越成为销售和市场营销的一部分。

Gainsight最佳实践：我们已经看到了三种常见的客户成功融资模式。

- 按收入的占比；
- 按每个 CSM 管理的客户数或金额的固定比例；
- 对客户成功进行收费，自负盈亏。

总结

客户成功之路离不开良好的意图。希望本章能够帮助你避免一些“坑”。我们已讨论了决策的框架、从其他职能部门获得支持的建议以及转型失败的原因。在第19章中，我们将讨论这种转型的一个重要方面：你需要什么样的客户成功领导者。

第 19 章

领导者：我需要什么样的客户成功领导者

在Gainsight公司，工作中最好的一部分就是帮助客户成功领域的人们实现他们的职业抱负。因为我们经常遇到很多客户成功从业者，所以我们经常处于招聘话题的核心。CEO们来我们这里寻找“你所知道的最好的首席客户官”，而首席客户官（Chief Customer Officer，CCO）来我们这里想知道“哪些重视客户成功的公司有职位空缺”。有时候我们开玩笑说，如果我们的生意不好，我们就开一家招聘公司。

看到CCO角色的兴起是令人难以置信的。5年前，我们知道世界上只有几十个CCO。今天，有成千上万的人拥有 CCO 的头衔，还有其他头衔不同但承担相同的角色的人，例如，客户成功高级副总裁、首席数字官和首席成功官等。如今，高管猎头公司正在为这个职位的招聘搭建主要的实践领域。

考虑到这个新的管理角色的丰富度，许多人想知道这个角色的哪些方面正在成为标准。CEO想知道：“我现在的客户成功领导者未来会在我的公司里继续发展吗？我在面试CCO时应该注意什么？”而CCO想知道：“我应该发展什么样的技能？我应该有什么样的经历？当我面试一个职位时，我应该如何表述我的经验？当我担任这个角色时，人们对我的期望是什么？”

我们将在本章中回答这些问题和其他一些问题。

下一代客户成功领导者

打电话给《星际迷航》的“粉丝”们询问他们最喜欢星舰“企业号”哪个船长：柯克（Kirk）还是皮卡德（Picard）？

我们两个都喜欢，但有趣的是，他们是如此不同。柯克舰长通过纯粹的意志和不屈不挠的乐观精神战胜任何挑战。他不怕为了更大的利益而改变规则。在“最后的边界”上，没有可以遵循的路线图。没有人到过那里，你需要一个开拓者和先驱者来做决定——有时纯粹出于本能。

皮卡德上尉则不同。在一些观众眼中，他可能表现得冷酷而精于算计，但他在内心深处，同样怀有联邦的使命和精神——吉恩·罗登伯里的人文主义。但是在下一代的世界里，皮卡德知道首要目标的价值——坚持战略框架以服务于整个任务。

总的来说，我们并不认为其中任何一个是好的或是坏的，但我们确实认为柯克适合最初的系列，皮卡德是我们下一代所需要的船长。在客户成功运动中，我们正处于《星际迷航》的转型过程中——从柯克式的领导者到皮卡德式的领导者。

在很多方面，客户成功正在成长。我们已经从主要专注于避免流失的单个部门发展成为基于全公司战略关注客户及其结果和体验的增长引擎。这就是今年的Pulse大会（我们的大型年会）的主题：以客户为中心，企业的未来会是什么样子？在CEO和首席技术官团队经历这一转变之际，双方都在努力确定相对于2010年，2020年所需的领导者类型是怎样的。

那么，你如何区分2010年和2020年的领导者呢？详见表19.1。

表19.1

	客户成功2010	客户成功2020
章程	专注于防守（如挽救、预防）	专注于增长
招聘	完全从客户支持或大客户管理领域招聘，依靠“摇滚明星”	也可以从管理咨询、客户领域、产品或其他领域招聘
组织哲学	完全从团队内部实施客户成功	积极地与公司的其他部门协作，使客户成功超越 CSM 的工作范围
资金	依赖于员工人数进行规模化，或者受到员工人数的限制	了解更大的财务模型并帮助（1）自给自足的客户成功；（2）交付清晰的来自客户成功的ROI
销售同盟	抱怨销售团队	与销售团队深度结盟
产品同盟	专注于填补产品差距	建立详细的流程和分析系统与产品团队协作
指标	仅衡量 NPS 和留存率	关注主要指标（如客户健康度）和增长指标（如净留存率）
报酬	纯粹主义的思维：什么可以/不可以包含在薪酬中（例如，CSM 不可以有激励性的薪酬）	演进的思维：薪酬可以根据业务的阶段和战略设定
客户沟通方式	与客户的交互基于约定的日程（如每月的定期检查）	增强计划的客户互动，由数据驱动而触发
过程	认为过程被高估了，只是让人们“凭借他们的直觉”做事就好	相信人的能力可以通过可重复的流程而被增强

2010年的领导者在引导客户成功运动进入新的2020年阶段方面发挥了巨大的

作用，但我们肯定认为，大多数公司都应该在2020年拥有皮卡德式的领导者。思考一下：你的公司有哪些类型的领导者?

世界顶级计算机公司的领导人正在做这四件事

我们花了很多时间与客户成功的领导者交换意见，包括在我们的Pulse大会上，这是我们最近举办的一个非常私密的活动，邀请了来自Genesys、Sitecore、Pearson、Kronos、Slack、PTC、ADP、Instructure、RealPage和Zendesk的十多家公司的顶级CCO和客户成功领导者参与。我们看到了他们每个人在自己的组织中进行的创新是如此鼓舞人心、令人受教的，同时有看到他们的创新也是整个行业大趋势的一部分。下面我们将讨论这些领导人实施过的四个战略。如果你是一位CEO，正在面试一位CCO，问问他们对这些方法的看法，因为他们应该有自己的观点，即使他们不同意下面分享的观点。如果你是一个想要“提升你的CS水平”的CCO，通过阅读下面四个战略，你就会更加深入地了解这个行业的杰出人物们正在思考什么。

1. 成功地对客户成功进行收费

长期以来，这是我们行业内争论的焦点：你是否可以（如果可以，如何）为客户的成功收费？软件公司PTC的客户运营执行副总裁艾杜达·卡马乔（Eduarda Camacho）在我们的会议上介绍了一个工作框架。它被称为“成功点”，这是个项目可以让客户灵活地将自己的“点数”花在各种各样的服务上——使用研讨会、培训、技术服务等。他们学到了两件事。

- 这些服务可以由许多不同的团队提供：解决方案咨询师、专业服务，CSM、支持等。
- 客户不会要求折扣。他们总是倾向于对特定的专业服务工作范围或项目要求折扣。

结论：如果你放弃了很多点对点的培训或服务项目，那么也可以创建一个灵活的服务项目，以获得更好的结果，而不是放弃有机会获得的收入。

2. 规范更多指标

另一家公司做了关于量化价值的标准化框架的演讲。他们将自己的客户成功团队标榜为“积极主动、有个性、**有经验**”——我们用粗体标出了最后一个词，指出他们正朝着更加标准化的方向前进。客户成功是真实存在的，它会一直存在。并且，这种演进的一部分意味着远离临时的衡量标准。当你可以使用以相同方式计算出的相同的度量标准，将自己与众多的相似的组织进行对标时，你就可以为逐步优化构建一个更加坚实的基础。

这里有一个例子：几家出席了活动的公司跟踪了他们的客户中可以作为参考案例的占比。这是了解客户群健康程度的一个很好的指标。

3. 从以产品为中心向以客户为中心的模型转变

房地产技术领导者RealPage公司的高级副总裁戴尔·史密斯（Dale Smith）做了极好的演讲，内容是关于如何打破客户成功组织和产品组织之间的隔阂。我们相信，客户成功（不是指这一职能，而是更大的理念）的未来是与最直接促成客户成功的团队——产品团队建立更深层的关系。客户成功和产品需要平等地对其负责，并将它作为一个共同的使命和目标，以加强跨职能纽带，庆祝共同的胜利。

4. 认真对待个人发展

在许多公司，个人发展已经相当系统化。客户成功在某些情况下落后于他们的同级部门，但这种情况显然正在改变。会议上，领导分享了他们是如何提供每季度的职业发展日来组织学习的——读一本书，参加Udemy课程、报名现场课程，花时间与客户一起学习等。或者，他们使用个人测试［像迈尔斯·布里格斯（Myers Briggs）或其他类型的测试］来发现他们的领导团队中存在的差距，或者学习如何更好地工作（或更好地向团队成员提供反馈意见）。这些领导者也在越来越多地与整个团队分享他们的全方位反馈意见。

什么样的领导者最适合我

尽管在过去的十年里，我们已经注意到CCO的特点发生了重要的变化，但你还是需要雇用适合你组织情况的候选人。我们发现公司所处的阶段决定了哪种类型的CCO是最合适的。经纬创投（Matrix Partners）普通合伙人戴维·斯克（David Skok）指出了企业的三个阶段：

1. 寻找合适的市场—产品匹配；

2. 寻找一个可重复的、可盈利的、可规模化的进入市场的模式；

3. 规模化地扩展业务。

这些阶段可以应用于初创公司，也可以被应用于更大公司内的新业务单元。

我们相信，在每个阶段，你都需要不同类型的人来帮助你取得成功。按照这种思维方式，就没有所谓的“最好的人选”；相反，只有一个概念，即一个人在多大程度上符合工作需要。这就是“人—工作匹配”的概念（类似于产品—市场匹配）。工作的需要在很大程度上取决于公司所处的阶段。

第一阶段：找到合适的市场—产品匹配

在第一阶段，你需要对你想要解决的痛点充满热情的人（不管是什么职能），他有足够的好奇心去深入调查你的客户和市场，愿意在实验中承担风险。考虑到实现产品与市场的契合所需要的多次迭代，他还需要有耐心。现在让我们根据这些标准来确定我们在客户成功中需要什么样的人。在这个阶段，你的客户成功主管可能和你的产品主管是同一个人，因为这个主管与客户沟通得越多，就越能理解他们从产品中获得的价值（和没有获得的价值），就越能更快地实现产品与市场的契合。

第二阶段：寻找可重复的、可盈利的、可规模化的进入市场的模型

在第二阶段，目标是建立一个策略来产生收入，并可以让你的公司在第三阶段始终如一地执行。要创建这个终极策略，你需要能够有效地感知不同客户场景（在售前和售后）背后的模式，设计解释这些模式的框架，展示一个学习和迭代的循环，并能在早期创建结构。你的客户成功主管应该具备这些能力特点。

第三阶段：规模化地扩展业务

在第三阶段，你需要以结果为导向的人。他们渴望实现目标，痴迷于预测，并期望他们的团队始终如一地执行既定流程。也就是说，他们不能以“埋头干活”的方式工作；他们还需要与其他团队很好地合作，以让整个公司的活动像“交响乐”一样协调一致。你的客户成功负责人应该为这些行为做出榜样。

就业市场的热点是什么

在第3章中，海德思哲公司的负责人亚历克西斯·亨尼斯讲述了她是如何见证客户成功负责人这一就业市场腾飞的。以下是她在评估候选人时会关注的要点。

- **对模糊性的容忍度：**“我们希望有能力的人检查下角落，做一些以前没有做过的事情，因为客户成功这一职能仍在定义阶段。我们需要一个不怕冒险，思维超前的人。”
- **跨职能的能力：**“我们寻找的人，在非常积极主动而非被动地思考和理解客户成功怎样对更多的组织产生影响。他们会谈论如何在组织中与跨职能部门进行协作，即使这些职能部门并不向他们汇报。他们有能力将整个组织凝聚在一个坚实的客户旅程上，将客户放在他们所做的一切的中心。这种影响力非常重要。”
- **收入指标：**“你需要关注指标。我想看到增长。你是如何让数字向右上方移动的？它们应该是基于事实的。”
- **持久性：**“如今，在任何公司工作三年都是值得尊敬的。如果做不到这一点，就很难真正知道这个人是否能产生影响。我们希望看到一定程度的持久力，这样，我们就知道你所讲述的故事实际上是你自己的。你有足够的时间达成结果并真正有所作为。”
- **云计算经验：**“每个公司现在都在经历某种变革。如果他们还没有云原生技术，他们也正在转向云。”

亨尼斯补充道：“如果要对经验做出取舍的话，那就是技术背景。这个人不需要以前管理过一个客户支持组织，也不需要是在技术或支持领域发展起来的，但是他们必须知道如何为团队聘用一个真正强有力的客户支持领导者。如果他们有很强的技术能力，那很棒，同时他们应该以商业和客户为导向。”

客户成功领导者不会单靠自己取得成功

我们已经谈了很多关于聘用合适人选的需求。但是简单地聘用一个优秀的候选人并期望他们让你的公司变得以客户为中心是行不通的。亨尼斯见证了这种失败。“如果一个客户只是因为其他人都在这么做而觉得自己应该招聘一名CCO，那么值得他们付出努力的客户成功人才就会一眼看穿，不会对他们产生兴趣。”这个职位对公司的影响有多大，高管团队和董事会认为找到合适人选的价值有多大，这些都取决于公司自己。他们必须真正确保他们授权给这些人。整个高管领导团队的成员都必须参与进来，这样这个人才能对更广泛的业务产生积极的影响。这让我们想起了我们在第8章中讨论的为什么客户成功不能被授权——CEO需要真正对它负责。

客户成功高管招聘市场的趋势

每周，都会有几位CEO在Gainsight公司向我们就招聘客户成功领导者寻求建议、介绍和进行背景调查。我们已经花了6~7年时间发展成为世界上最大的客户成功领导者网络，我们绝对喜欢用它来帮助专业人士和公司建立联系。

尽管我们不是专业的招聘人员，但通过促进这些联系，我们已经能够更广泛地了解客户成功的情况。我们的几个同事也做了同样的事情。

我们已经了解了聘用客户成功领导者的五个关键因素。

1. 招聘人员需要清楚地定义他们想要什么

“客户成功”是一个如此流行的词，难怪LinkedIn上的许多头衔最近都神奇地变成了这个词。这意味着你需要排除杂音，明确你要找的是什么。你需要考虑这些关键问题：

- 你想让这一角色自己负责收入（续约和/或扩展）吗?
- 是负责公司的“高度接触”（如大企业）还是“技术接触”（如中小企业）工作?
- 你需要这位领导者具有技术背景（例如，面向安全公司进行销售）吗?

2. 企业需要具有创业和规模化的经验的候选人

客户成功是一个难题。一方面，团队迅速壮大，所以，领导的管理规模很重要。另一方面，这个领域是如此新鲜并不断发展，领导者需要能够快速创新。我们发现，最能引起招聘者共鸣的候选人都具有大公司和创业公司工作经验。

3. 为所有的售后工作招聘负责人（也许是一位CCO）正在成为趋势

客户成功管理通常是从一个孤立的职能部门开始的。但是，世界各地的CEO们都意识到，要想让客户成功，整个客户旅程就必须围绕它（从产品到营销、从销售到售后）展开。

虽然CEO通常不能把所有工作都安排给一个人（因为如果是这样，那么他们的工作到底是什么？），但我们发现，CEO越来越多地把所有的“售后”（支持、服务、CSM、培训、社区、续约等）交给一个领导者，有时还称他们为“首席客户官”。

4. 招聘人员正在优先考虑多样性和包容性

我们都知道，作为一个行业，科技必须在多样性、包容性和归属感方面做得更好。原因有很多，但真正重要的只有一个：做正确的事。

好消息是，看起来客户成功作为一个职能在这个领域是领先的。从我们与LinkedIn合作的一份报告中可以看出，考虑到工作中男女比例接近1∶1，客户成功职业在推动科技走向平等方面显示出了潜力。

但是性别平衡只是多样性的一个载体。尽管报告并没有提到包容的必要性，但这同样重要。此外，在客户成功领域的领导者在少数群体中数量依然很少。

让我们感到鼓舞的是，最近与我们交谈过的数千位CEO都把多样性作为他们考虑候选人名单的首要因素。这需要各个层面采取深思熟虑的行动来做正确的事情——我们很自豪地说，我们看到许多领导人采取了这一行动。我们将在书的最后讨论这个话题。

5. 招聘人员需要用第一性原则来思考

最后，CEO意识到，客户成功仍然是一个相对较新的职业（不管人们如何追溯修改他们在LinkedIn上的个人资料），因此，未来，解决的问题要比过去已经决定的问题要多得多。此外，客户成功在不同的公司确实有一点不同。

正因如此，我们看到领导者在招聘过程中强调学习的敏捷性。这个人能适应并进步吗？他们是否具备策划未知课程的战略思维能力？

在Gainsight公司，这是我们公司的价值之一——初心，日语的意思是“初学者的心态”。从本质上讲，就是不管你有多少专业知识，都要像一个完全的初学者一样对待每一个问题。它可以帮助你发现非常规的或全新的解决方案，如果你傲慢地处理问题，那么你可能会错过这些方案。

随着这个行业以意想不到的方式发展，我们采访过的招聘负责人都意识到，他们需要的是能够与之一起成长的人。

总结

在这一章中，我们讨论了如何发现对最佳实践持续关注的客户成功领导者，如何选择一个适合你的公司发展阶段的客户成功领导者，以及如何从高级招聘人员的推荐中筛选候选人。我们还注意到设置这一领导角色对于成功的重要性。实现这一点的一个重要方法是创建一个能够授权给客户成功的组织结构，这将是第20章的主题。

第 20 章

组织结构：客户成功应该是销售的一部分，还是独立的组织

名不正则言不顺，言不顺则事不成。

——《论语·子路》

客户成功到底意味着什么？是客户成功经理团队，是售后组织，还是全公司的必要行动？当我们用客户成功作为许多不同概念的名称时，我们可能会把自己搞糊涂。这就是为什么客户成功从业者经常对如何称呼自己感到困惑。当我们与B2B企业的“售后”主管交谈时，我们收到的最坦率、最沉默的问题之一（尤其是在一起喝酒的时候）便是：“我的头衔应该是什么？”正如上面的引语所说的，名字很重要。

头衔问题与组织结构问题密切相关：客户成功应该向谁汇报？为了深入研究这两个问题，我们从贝西默风险投资公司（BVP）的纳斯达克新兴云指数（EMCLOUD）收集了一组公共云公司的数据。数据包括“客户成功”职能的领导者和“售后”组织的总负责人的头衔和职责。这里有三个关键点。

1. 雇用一位客户成功的副总裁

当我们研究EMCLOUD的组织结构图时，我们发现50家公司中有44家聘用了一个具有客户成功职能的领导者。其他6家公司可能也有类似的领导者，但我们无法确定他们的身份，所以，我们把他们排除在外。图20.1是这44家公司头衔的占比情况。

图20.1中有许多信息，它表明了两件事。

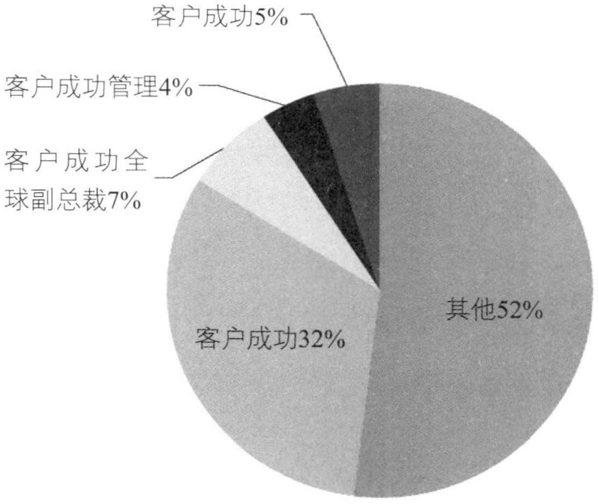

图20.1

（1）最大的（以市值计算）上市云公司中有88%聘用了客户成功负责人。

（2）到目前为止，最常用的头衔是客户成功副总裁。

关键结论：每个达到一定规模的SaaS公司都应该有一个副总裁或副总裁级别的人来负责客户成功。许多非SaaS公司也应该认真考虑这样做。

2. 将“售后服务”整合到首席客户官的手下

让我们解决一件事：售后组织这个术语是怎么回事？我们使用“售后”作为一个总括，即使我们真的不喜欢这个术语。更全面地来看，我们过去在内容、营销推广以及内部和外部对话中都使用过售后服务这个词。如果我们不喜欢它，那么为什么要用它呢？因为售后服务很好理解，而且包罗万象。也就是说，它过时了，并没有真正反映这一职能的使命。它隐性地将销售作为客户生命周期中最重要的时刻，这是以一种非常内部的视角在观察客户旅程，也是一种被动的方式。它不包括使命或授权，这助长了一种误解，即一旦收到钱，客户便只是一个成本中心，而非宝贵的资源。此外，在现代企业中，客户掌握权力，售前和售后之间的界限是模糊的。在某种程度上，客户总是既在售前又在售后阶段。

回到我们对组织结构的研究，指数上有45家公司都有一位高管覆盖了“售后”团队的领导职能（同样地，50家公司中缺失的5家的公司可能有类似的岗位，但我们在不确定的情况下把他们排除在外）。

从图20.2中可以看出，在45家公司中有15家公司存在客户成功高级副总裁和首席客户官（CCO）角色。如果你把CCO和任何拥有高管头衔和含有“客户成功”字样的人归为一类，那么你会得到这些组织领导者头衔的将近一半——48.9%。这意味着世界上90%最成功的软件即服务公司都合并了“售后服务”，此外，尽管他们都没有使用“售后服务”这个词，但“客户成功”这个词还不是通用的，尽管它是最常用的名称。

3. 客户成功>客户成功管理

那么，为什么客户成功还不是事实存在的术语呢？我认为人们有时会感到困惑，因为它是一个借代的用法。借代是指整体的一部分和整体本身可以互换。当你在公司提到“客户成功”这个词时，你可能指的是一位客户成功副总裁，他向客户成功高级副总裁汇报。

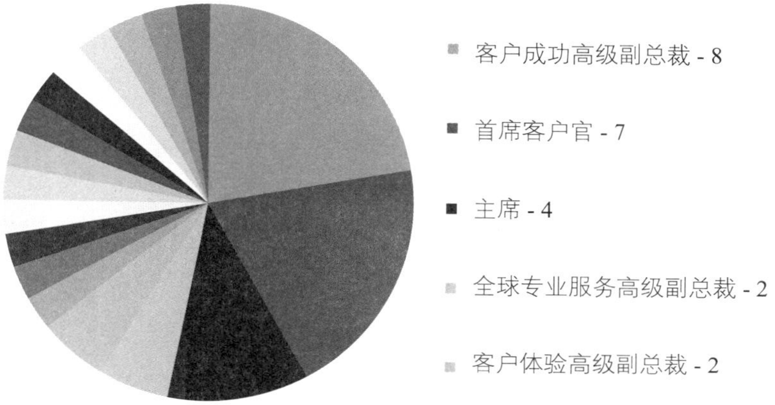

图20.2

这个汇报结构——客户成功副总裁（VP CS）向客户成功高级副总裁（SVP CS）汇报——实际上是BVP云指数（Cloud Index）中最常见的层级结构，但是总共只有三个例子。我们研究了客户成功职能领导者和客户成功组织领导者之间的各个层级关系，发现在该指数上的45家公司中，有41种头衔的独特组合。你可以看到这是多么令人困惑！我们不准备从我们的数据中提供一个图表来支持这一点，因为它会看起来像图20.3一样，有非常多不同的种类。

其他部门也是一种提喻。在销售团队的顶部是高级销售副总裁，下面是销售副总裁（北美）、销售副总裁（运营）、销售副总裁（工程）等。人们直观地了解到销售组织的领导者为更广泛的战略负责。但不幸的是，在客户成功领域中，仍有一种挥之不去的心态，认为客户成功和CSM不是提喻而是同义词。我们认为这就是为什么最常见的客户成功副总裁向客户成功高级副总裁（或CCO）汇报的层级结构还不普遍的原因。

为了克服这种混淆，我们需要强调客户成功具有更广义的范围，而不仅仅是客户成功管理。为了在Gainsight上做到这一点，我们实际上将内部客户成功经理（CSM）重命名为客户结果经理（Client Outcomes Manager，COM）。这保留了术语“客户成功”作为向我们的CCO汇报的更广义的组织的名称。该组织包括专业服务、客户支持和其他为客户带来成功的职能。换句话说，“实现成功不仅仅是CSM的工作，我们也需要共同参与，无论是解决工单问题还是推动新手培训项目”。COM命名约定也阐明了CSM的角色确保我们的客户通过Gainsight获得他们想要的结果，部分通过其他职能（包括产品、营销和其他）的支持，以确保客户有一个连续的旅程。

图20.3

同样，客户体验软件公司Genesys的执行副总裁、首席客户成功官露西·诺里斯使用“顾问”作为CSM角色的更准确名称。

> 在市场上，“客户成功经理”这个术语在我们招聘员工时会用到。但是，当你看到客户成功经理的核心工作时，他们会“建议”客户来帮助推动采用。他们帮助客户认识到产品和技术的好处。他们还根据客户的反馈意见为公司的产品管理部门提供建议。因此，CSM的角色的确是客户顾问，他们同时也为自己的公司就什么对自己的客户最重要提供建议。

为什么名字重要

你可能会问：“为公司里这些不同层级的客户成功命名真的很重要吗？”我们认为有两个主要原因使这很重要。

1.头衔传递使命

如果你的头衔是，比如，专业服务执行副总裁，但你实际上负责整个客户旅程，那么为什么你的头衔只包含了整个客户旅程的一部分？更重要的是，你的不同售后团队是否团结在客户成功的使命之下？其他组织（如销售）是否完全理解你的智能范围?

有时，当公司组建了一个孤立的CSM团队，然后试图找出该团队应该哪位高管汇报时，会发生这种命名错误。也许这个高管是销售副总裁，他的授权扩展包含了CSM。如果这位高管最终过度专注于更新和扩展，而没有首先在所有面向客户的团队中实施全面的客户成功战略，那么他肯定会难以实现业绩目标。以一个突然发现自己管理着一个CSM团队的专业服务副总裁为例。如果她仍然主要关注实现服务毛利率目标，并认为CSM团队是推动新服务预订量的战术渠道，那么她将忽略该团队影响经常性收入的能力。

2. 标准化>碎片化

我们构建元素框架（在前面的章节中讨论过）时，是经过深思熟虑的，并希望它变得更加规范。我们知道，企业有一种倾向，认为客户群体从根本上是独特的，但这样做的危险性在于忽略了相似性。客户成功作为一门学科已经足够成熟，以证据为基础的最佳实践可以被应用于任何公司，无论它有多么“独特”。

碎片化是知识共享的敌人。在商业和技术领域，我们越是能说一种共同的语言，我们的解决方案就越能模块化。如果我们的解决方案足够灵活，能够适应最广泛的业务模型，同时又足够严格，可规模化并且是有效的，那么随着实践证明，这些解决方案自然会得到推广。头衔也是一样！正如孔子所说，“正名”不仅有好处，而且是不可避免的。

客户成功应该汇报给销售吗

根据上面的基准数据，我们可以看到CSM报告给客户成功高级副总裁或CCO的诸多好处。这位高级副总裁或CCO应向业务部门的CEO或总经理报告。这样可以确保如下内容。

（1）参加高管团队会议的人对客户的经历和结果有一定的了解，这使他们能够分享其他高管可能没有考虑到的信息，并代表客户提出诉求。

（2）CEO可以让某人对总留存率和净留存率负责，这是公司估值的两个关键驱动因素，如本书前面部分所述。

也就是说，在两种情况下，CSM向销售类型的领导者（如销售高级副总裁）汇报是合理的。这两种情况如下。

1. 长尾客户场景

客户群体主要是长尾的小客户。在这种情况下，产品通常是轻量级的，不需要专业服务来驱动价值，而CSM的角色是事务性的，专注于完成更新和扩展。CSM团队甚至可能是一个客户管理团队，无论出于什么出发点和目的，这很像我们在前一章中讨论的“价值获取型CSM”模型。实际上，大多数客户可能不需要CSM；推动结果和积极体验的重担可能落在客户营销团队上，它负责一对多的策略。

2. 初创场景

公司很小，只有几个CSM和销售人员。在这种情况下，只有一个同时管理客户成功和销售的面向客户的高管可能是合理的。

在这两种情况下，关键是CEO不仅要让他们的营收领导者对季度新订单目标负责，还要对未来季度的更新和扩展销售的关键指标负责。许多销售领导者倾向于优先考虑短期收入，因为他们的职业生涯很可能是在鼓励短期收入的环境中发展起来的，并且，随着董事会成员逐步发展起对如何增加订阅式收入的现代思维方式，这些董事会成员往往会本能地倾向于激励这种短期视角。问题是：销售主管在季度的最后一天会做什么？是帮助销售代表完成一笔新交易，还是在电话上处理来自企业客户的升级的问题？销售领导者通常会专注于前者，如果他们在本季度太过忽视客户，那么他们会发现自己在下个季度要努力堵住漏水的桶上的洞。销售和客户成功之间的时间差是显著的；一个同时兼顾两种职能的优秀领导者需要同时具备两种视野。

CRO的角色是什么样的

和首席客户官一样，首席营收官（Chief Revenue Officer，CRO）也是一个相对较新的头衔。通常情况下，该执行官向CEO报告，并管理市场、销售和客户成功组织（可能包括专业服务和客户支持）。因此，CRO本质上管理一系列职能，这些职能最直接地推动提升了整个螺旋结构中的收益。

我们想要收集关于CRO的典型职责范围的数据，因此我们向Gainsight社区的营收领导者们发起了一项调查，其中，44人回答说他们拥有CRO这一头衔。正如所料，他们所有人都对新客户收入负责，几乎所有人（43人）都对增购负责，展示了CRO在客户旅程中管理新业务的作用。其中，36人（占比82%）对续约负责，30人（占比68%）管理CSM。负责续约和管理CSM数量的减少可能表明存在一个与CRO同级的客户成功领导者，或者CSM还没有出现在每个公司。与此同时，CRO比以前更加关注CSM。我们问CRO："在过去三年中，您的组织对客户成功的关注发生了怎样的变化？"93%的人表示关注度有所提高，只有2名受访者回答说他们的关注度保持不变，只有1名受访者回答说他们的关注度有所下降。

CRO更多地介入客户成功是一件好事吗？克里斯蒂娜·科莫维斯基（Christina Kosmowski）持肯定态度。她是Slack公司的副总裁和全球客户成功负责人，这家协作公司是有史以来增长最快的SaaS公司之一。科莫维斯基负责CSM、客户教育、专业服务和续约——这是一个典型的"售后服务领导者"的广义的领域。但她认为，让销售和客户成功汇报给一位领导者，然后由这个领导者向CEO汇报，这就是Slack公司的工作方式。"我认为这是非常有益的，由于Slack公司的起步是以个人消费者为导向的，因此企业运动是后来才建立的。让销售和客户的成功共同应对企业的发展，这是非常有价值的。"

她强调：

> 我不认为自己向销售主管汇报。我认为有这样一个领导者，他在一个组织中既有销售又有客户成功团队，在这个组织中我们是平等的。他说："没有客户成功，我就无法履行这个角色。"他是真正带头并支持将客户成功引入组织的人。所以他有这种心态。看看我所知道的各种公司，我认为这种心态在CRO中越来越普遍。但通常情况下，CRO是从销售人员中聘用的。其实并非一定如此。为什么客户成功领导者，或者市场营销的领导者，或者其他背景的人不能成为CRO呢？

他们还可以拥有更广泛的思维，以便在跨职能的CRO角色中发挥效力。产品分析公司Heap的CRO丹尼斯·德莱塞（Dennis Dresser）对此表示赞同。

> 我认为以客户为中心的公司通常会在他们所竞争的市场中获胜。如果你在客户成功上投资得当并以客户为中心，那么很有可能你会有更高的机会获胜率、更高的留存率、更高的净金额留存率和客户扩展。你不能再

> 仅通过销售软件，就让客户在自己的设备上使用而获得良好的使用率和商业价值。重要的是，供应商也要参与到这段旅程中来。这就是CRO对CSM职能负责并确保它与其他进入市场的职能进行有效结合非常重要的原因。

我们看到一位领导者在客户旅程中对多个面向客户职能负责的好处——特别是当CEO不能花时间在这些职能之间建立一致性时。这可能是因为他们需要将时间花在其他地方，或是因为他们是产品导向型的CEO。话虽如此，但我们还是对CRO这一头衔的持久力感到疑惑，因为它是内向型的。当客户会见首席营收官时，他们会有什么感觉？他们会认为CRO与他们会面的主要目的是创造营收，而不是支持客户的目标吗？“营收”这个词含有一种自我沉醉的成分。正如你从本章开头的引语中所了解的，我们相信名字很重要。

雅米尼·兰根（Yamini Rangan）实际上担任了Dropbox的CCO，尽管她还负责销售、市场营销和其他传统的以收入为导向的职能，因为她想通过头衔传达她对客户的关注。这可能看起来有些极端，但我们希望看到这种想法得到更广泛的传播。事实上，以CCO的身份来到HubSpot时，她保持了相同的头衔和组织结构。艾莉森·艾尔沃西在她的团队中认为，这种角色的整合至关重要。“我们在HubSpot有一个新的组织结构，我们称之为首席客户官。市场营销、销售和客户成功都在这一角色下。”

未来，CRO和CCO的角色是否会融合到一起来管理整个客户旅程？让我们拭目以待。

总结

在本章中，我们讨论了首席客户官这一角色的兴起，这一角色涵盖CSM、专业服务、客户支持，以及潜在的其他团队的工作内容。我们考虑特定的替代场景，在这些场景中，CSM汇报给销售的情况是合理的——在长尾客户群体的情况下，或者在初创公司中。我们探讨了CRO在管理所有与营收相关的职能中的作用，并对这个关注内部的头衔的持久力感到好奇。在第21章中，我们将讨论另一个问题，即这些与营收相关的职能如何协同工作：谁应该对售后收入负责？

第 21 章

角色和职责：谁对续约和售后收入负责

有时，当人们听到“谁应该对续约和扩展负责”的问题时，会有点厌倦。这可能是近十年来争论最激烈也最久的话题。有些人已经厌倦了这一讨论，但仍有其他人正在公司内部面临这一决定。（这一章会一劳永逸地解决这个问题吗？时间会告诉我们。）

让我们开始辩论吧！代表支持CSM负责续约的一方，我们有优秀选手——Slack的克里斯蒂娜·科莫维斯基和KeepTruckin的塞缪尔·李（Samuel Lee）。代表反对CSM负责续约的一方，我们有Kronos公司的简·格雷厄姆（Jane Graham）和Altify的安东尼·雷诺兹。然后我们将有一场加时赛来决定谁应该对扩展负责。

CSM负责续约：支持的观点

我们收集了三个主要的论点：（1）确保CSM的可靠性；（2）给予续约销售不会给予客户的关注；（3）保持唯一的联系人。

1. CSM的责任

上一章提到的Slack的全球客户成功主管科莫维斯基认为，CSM应该负责续约。

> 最终，续约是客户成功团队所做的所有工作带来的价值实现的副产品。事实上，作为一个值得信赖的顾问，你要谈论的是你的客户正在实现的商业价值，这就是续约谈话的全部内容。“值得信任的顾问”这一声明（我们将在下一节中探讨）可能成为不对客户负责的借口。我认为续约应该是这样的一个场景，你对客户说这是我的责任。我们需要表明，我们作为客户成功，实际上能够交付足够的价值，令你想继续使用我们的产品，并与我们维持伙伴关系。

2. 销售的关注点在别处

科莫维斯基说：

> 我坚定地认为客户成功应该对续约负责，因为这有助于将重点放在留住客户上，而不仅仅是吸引他们，后者正是销售常关注的。另外，这是两

种不同的技能。我在Salesforce工作了15年，在那里CSM对续约负责。当我加入公司的时候，Salesforce的收入大约是2000万美元。当我离开的时候，我们的收入接近100亿美元。拥有一支专注于续约的团队对于推动这一增长至关重要。在过去的两年里，续约的金额超过了新销售金额。它是如此重要，以至于我们有保持收入的基础措施和持续关注，所以，当我们达到如此巨大的规模时，我们处在一个非常好的状态来处理庞大的客户基数。

她认为，如果销售负责续约，Salesforce就不会那么成功，因为他们对获得新业务更感兴趣（由于典型的销售文化、技能和高管关注点），并且不可避免地会将续约排除在高优先级之外。

3. 单点接触

一些客户成功的思想领袖认为，将供应商处太多不同的人介绍给客户会让他们感到困惑，因为一个单一的接触人对客户关系非常了解，可以让执行更有效率。这是塞缪尔·李的观点。他是KeepTruckin客户成功与客户支持部门的负责人，KeepTruckin是一家车队管理的软件即服务公司，使命是实现运输行业的现代化。李解释说："CSM伴随着客户的生命周期。公司里没有其他人能够理解客户的痛苦和挑战，客户的业务目标，以及为了让客户在下一阶段续约需要做些什么。所以，CSM应该对续约负责。也就是说，如果续约有一个重要的谈判环节，或者有一个很大的增购机会，那么引入销售人员是有意义的。"（我们还要补充一点：财务团队可能也会对减少专业化分工的想法感到兴奋。将工作流程组合成一个混合角色可能会带来更低的人员成本。）

★★★

这些是来自科莫维斯基和李的令人信服的论点。接下来让我们来探讨一下反方观点。

CSM负责续订：反对的观点

我们收集了三个主要的反对意见：（1）保留令人向往的"值得信赖的顾问"地位；（2）从专业化分工中获益；（3）让CSM关注更前期的工作以便后续产生效果。

1. 值得信赖的顾问

一些客户成功专业人士认为，赋予CSM商业责任可能会危及他们作为可信赖的客户顾问的地位。简·格雷厄姆是Kronos公司客户成功及续约副总裁，负责客户成功和续约团队，管理着约10亿美元的经常性收入以及超过15000名客户。Kronos的CSM不负责管理续约，但他们的确向作为客户成功负责人的Graham汇报。“续约是一种交易，它可能会搞混CSM的目标（帮助客户实现业务成果）和公司的目标（促使他们续约）之间的界限。”所以，格雷厄姆看到了在公司将续订团队与CSM团队分离的好处。

Altify的CEO安东尼·雷诺兹对此表示赞同。“我坚信CSM不应该向客户推销。销售人员应该向客户推销，而客户成功应该关注客户的成功。CSM应该推动采用、赋能、参与、培训，以及所有能够实现价值的事情。我认为客户成功人士不应该有动力去推动交叉销售或追加销售机会。如果他们能有效地工作并赢得客户的心，那么这就是结果。”在他看来，促成续约和扩展并不需要直接对它们负责。

作为一些企业的客户，雷诺兹深知赋予CSM销售职责的不利之处。

> 当与我们的CSM开会时，我们本来以为自己要花时间接受培训或被告知采用的最佳实践或价值实现，却发现那个人只是一个卖家，想卖给我们一些其他服务或技术。没有什么比这更令人沮丧的了。请不要把另一个卖家伪装成客户成功经理。

2. 这对一个人来说工作量太大

简·格雷厄姆认为，CSM和续约负责人之间的专业化分工有助于优化工作流，特别是当公司的经常性收入为2亿~3亿美元时。这就是她认为两种职能应该分开的时候。

> 公司规模越大，拥有的客户数就越多，就越需要专业化来优化续约结果和客户成功的结果。我们要求CSM完成一项复杂的工作，即帮助客户以最有利的方式利用我们的工具，审视他们使用产品的轨迹，并与他们的高层领导者建立联系，以确保我们的产品在他们IT基础设施的更大版图内占有有利位置。这需要丰富的产品知识和强大的能力，需要频繁与高管会

面，甚至需要具备关于我们的产品如何满足垂直领域的具体需求的知识。这还要求CSM了解如何就我们的商业条款进行谈判，理解标准的销售协议，以及了解交易结构如何影响收入确认，这是一项艰巨的任务。续约团队能够很好地理解如何与采购合作、协商合适的条款、判断何时更新我们的商业条款、发现续约时的趋势、模式和竞争压力。

3. 不同的时间范围

还有第三个原因证明让销售或续约团队（而不是CSM）负责续约是合理的。为了成功续约，CSM需要成为“原因”——在客户合同期的早期做一些事情，使他们获得结果和极好的体验。如果CSM也被要求管理续约，那么他们的注意力可能会过多地转移到交易本身（考虑到他们的经理和高管对收入特别关注），而远离那些实际上会确保数月或数年后交易成功的早期活动。因此，CSM和续约人员需要关注的时间范围是不同的，单个人员很难同时在这两个时间范围开展工作。

高管负责与CSM负责

有时，CSM团队不对续约负责，但是向客户成功负责人汇报的客户管理团队会对续约负责（Jane Graham的组织结构就是一个例子）。此外，有时即使续约的执行是由销售团队处理的，CCO也要对总留存率负责。海德思哲公司的招聘主管亚历克西斯·亨尼斯说：“大多数情况下销售领导者仍然对收入负责。我认为可能在20%或25%的情况下，首席客户官负责续约，即使他们不负责执行实际的交易。”随着时间的推移，我们看到这个比例在上升。

Splunk的凯文·米克斯就是同时拥有这两个职责的高管之一。作为全球CSM和续约的副总裁，凯文看到了这两个专业的价值。首先，他认为，CSM的角色与业务结果有关。“如果CSM以他们应有的方式工作，真正地管理客户的售后体验，并朝着他们所寻求的结果和成功方向进行管理，那么续约应该不成问题。”

对于凯文来说，续约团队是自然的补充。

> 一个优秀的续约团队可以从CSM处获取关于续约是否准备就绪的输

> 入，并与客户一起继续推进。因此，与客户保持足够亲密的关系，了解他们在过去的几年里做了什么，了解他们期待的价值，了解他们用产品做了什么，了解他们如何取得成功，并根据这些信息制订一个强大的续约计划。在过去，续约基本上是操作性的。当我们进入订阅模式时，你实际上是在更新许可本身，你必须关注结果和价值，以及客户用产品所做的事情。所以，续约本身是非常不同的。

凯文看到了一个强有力的理由，让这些团队被一个领导者领导。“最近，我们把这两个团队聚在一起的原因是我们需要在这两个组织之间实现一种真正的流动。他们需要交谈，需要合作。续约销售代表应该让CSM对续约的准备状态负责。CSM应该让续约销售代表承担起完成续约的责任。这两个组织之间需要有真正紧密的伙伴关系。”

CSM负责扩展：在什么时候是合理的

在两种情况下，CSM对追加销售负责是合理的：（1）当产品和定价模型使正常的CSM活动带来追加销售时；（2）当CSM责任仅限于带来追加销售线索时。

1. 采用=追加销售收入

让我们再来看看科莫维斯基的观点：

> 我认为这取决于产品的性质和定价模式。现在，在Slack，扩展是真正由客户成功团队驱动的，因为产品使用的增加导致了我们定价模型中的追加销售。我们的续约团队很容易抓住这个追加销售机会。这对客户来说是一种无摩擦的体验。相反，如果CSM对客户说，“哦，我不能帮你，我必须把销售人员找回来”，即使CSM可以这么做，这对客户来说也可能不是很好的体验。

科莫维斯基确实看到了再次引入销售人员进行另一种类型的追加销售的价值：“在与一个具有全新价值主张的新管理者开展的新销售周期中，这更像是获得新业务。因此，再次引入销售人员也是有道理的。”

同样，对于MuleSoft的布伦特·格莱姆斯而言，采用和推广MuleSoft的技术是留住人才和扩大业务的关键。布伦特的团队对扩展收入的影响力是独一无二的："这是我们一段时间以来关注的问题，但我认为，几年前我们破解了这个密码，这让我们更快地提升了净留存率。"

> 对我们来说，这一切都与做到数据驱动和理解客户扩大规模的原因相关。如果我们理解了这一点，我们就可以确定哪些客户目前最有可能扩大规模，并在他们身上投入最多的时间。然后我们就可以进一步了解是什么行为导致了扩展。所以，让我们假设你发现为客户制订一个成功计划和进行一次现场拜访对你的扩展非常重要，然后怎样使这些动作系统化是至关重要的。

2. 以线索（而非金额）为目标

在一些公司中，CSM并不负责追加销售收入目标，而是负责为销售团队开发一系列的增购机会。这就是塞缪尔·李在KeepTruckin如何进行职责划分的。李解释说："客户成功负责识别客户内部的增购机会，然后把这个线索传递给销售，这样销售就可以关单了。"销售有一个新客户收入目标和一个扩展销售收入目标，CSM有一个获得线索的目标（Customer Success Qualified Lead，CSQL）。CSQL代表"合格的客户成功线索"，类似于销售开发团队（负责开发新客户）通常负责的合格的销售线索。

我们在哪里

底线是什么？在表21.1中，我们带回了我们在前一章中讨论过的三种类型的CSM。

价值获取型CSM负责在现有客户中产生收入（续约和扩展）。你是否可以使用这种类型的CSM取决于你对以下问题的回答：让客户从你的产品获得价值需要CSM投入多少？

如果答案是"低"，那么CSM应该能够处理续约和扩展。通常情况下，当（A）和（B）都成立时，让客户获得价值所需的努力就很少。

（A）由于具有强大的客户界面、应用程序内引导、无须或仅需简单的数据集成以及有限的产品复杂性，该产品很容易设置。

（B）在获取价值的过程中无须或只需有限的人力参与（例如，在变革管理、战略决策方面），或专业服务可以非常有效地满足这些需求，从而使CSM不必参与。

表21.1

产品	价值补充型CSM	价值传递型CSM	价值获取型CSM
	早期	强健的	成熟的；可能有多种
已售服务	很少或没有；或者CSM扮演付费的 TAM角色	成熟的	核心竞争力，或不需要
CSM背景	技术	有高管对接经验	销售/“农夫型”
成本归类	已售商品成本	留存（销售和营销的一部分）	扩展（销售与营销的一部分）

当满足（A）和（B）时，CSM有足够的时间和精力来满足上面提到的一些标准。他们能够做到如下事项：

- 处理好价值交付和续约的工作量；
- 学习多种技能，包括帮助客户获得价值（相对简单直接）的技能和有利于续约的销售技巧；
- 同时管理处在两个不同的时间范围（早期和续约阶段）的客户。

他们实现了上面提到的一些好处：

- 单点联系人——这对客户有益；
- 降低的人力成本——这对财务团队有益；
- 确定的财务结果——这对每个人都有益（在通常情况下）。

但是，重要的是不要强迫这一切发生。如果不满足（A）和（B）（大多数公司都如此），那么请继续保持专业化分工。

还有一点：随着业务逐渐成熟，许多公司会逐渐改变这种责任模式。早期，启动一个只关注采用和价值的CSM组织可能是合理的。随着时间的推移，你可能会有负责续约的组织。举个例子，许多私募股权公司现在都有一个计划，在交易完成后将续约职责转移给CSM团队。

追加销售到底是什么

让我们解析一下，追加销售到底是什么。如果你问CEO追加销售对他们意味着什么，你会听到各种各样的定义：

- 客户付更多的钱买同样的服务；
- 客户增加一个客户或许可；
- 客户增加多个许可；
- 客户购买一个新产品模块；
- 新的利益相关者购买产品；
- 新部门购买产品。

从增加薯条的分量到在新车里置备高级地垫，再到购买一个更大的海岛，追加销售涵盖了很多内容。如果所有事情都是追加销售，你决定怎样处理呢？谁来进行追加销售？谁会受到竞争？你是怎么做的？如果追加销售涵盖了如此多的内容，那么这些问题便无法回答。

所以我们提出了一种扩展分类方式。

（1）**价格上涨**：相同的业务单元、相同的买家、相同的产品、相同的许可——只是更多的钱。

（2）**小型追加销售**：相同的业务单元、相同的买家、相同的产品、少量的增加许可。

（3）**大型追加销售**：相同的业务单元、相同的买家、相同的产品、大量的增加许可。

（4）**交叉销售**：相同的业务单元、相同的买家、新产品。

（5）**跨利益相关者销售**：相同的业务单元、新买家。

（6）**跨部门销售**：新业务单元。

请注意，每种类型的追加销售的杠杆是完全不同的。

（1）**价格上涨**：合同条款或提价限制、用研发投入证明价格上涨的合理性、市场竞争力。

（2）**小型追加销售**：轻松增加许可、没有利益相关者。

（3）**大型追加销售**：没有利益相关者。

（4）**交叉销售**：新产品的开发。

（5）**跨利益相关者销售：**你吸引的利益相关者的数量。

（6）**跨部门销售：**客户内部业务单元的数量。

通过这样的分解，“谁对什么负责？”这个问题变得更容易回答，因为答案会随着情况的变化而变化。让我们看看谁可能在以下情况下处理追加销售。

（1）**价格增长：**专业的续约代表、客户经理或客户成功经理（如果CSM满足上文所述的“价值获取型CSM”的标准）。

（2）**小型追加销售：**同上，定义一条简单的追加销售的边界。

（3）**大型追加销售：**定义一个边界，在此之上回到销售负责。

（4）**交叉销售：**销售。

（5）**跨利益相关者销售：**可以是客户经理、“价值获取型CSM”，或者销售。

（6）**跨部门销售：**销售。

在这些情况下，CSM可以负责CSQL。

对于“可信赖的顾问”最后的点评

我们确实认为客户将CSM视为可信赖的顾问是绝对重要的。在那些非常强调事务执行而不考虑客户成功的企业中，拥有一个混合的CSM/续约/扩展角色可能会破坏这种关系。也就是说，世界上许多最优秀的销售人员一直都是值得信赖的顾问，把客户的长期利益放在心上。因此，只要公司和个人都是长期利益导向的，就没有理由认为负责收入和成为一个值得信赖的顾问之间存在矛盾。

总结

在本章中，我们讨论了关于客户成功的一种长期存在的争论：谁应该对续约和扩展负责？我们展示了业界的各种观点，然后提供了框架来帮助你考虑哪些观点最适合你的情况。我们不认为有一个普遍正确的答案，但我们相信某些思维模式可以帮助你做出正确的决定。此外，客户成功的明确趋势是对更多的总体收入负责。

在第22章中，我们将探讨在客户成功上该花多少钱——当你无法得到你想要的预算时，如何用更少的预算做更多的事。

第 22 章

预算：我应该在客户成功上投入多少

CEO的工作是最大限度地扬长避短。根据业务的不同阶段，我们可能会在对增长的渴望和对下降的担心之间起起伏伏。

好消息是，客户成功正在成为企业战略的一个重要组成部分，无论业务的状况是好还是坏。也就是说，因为客户成功是商业中最新的学科之一，我们已经看到公司在计划中不断犯错误，并受到这些错误的影响和伤害。正如阿尔伯特·爱因斯坦（Albert Einstein）的一句名言（可能是杜撰的）："疯狂就是不断重复做同一件事，却期望得到不同的结果。"本章就涉及如何避免下一次再犯同样的错误。下文中，我们列出了13个需要避免的预算错误。

失败1：对客户成功的资金支持不足

你有没有过这样的经历：在家庭聚餐时，你迟到了，结果却看到你的亲戚满脸笑容，吃得饱饱的，他们的盘子很干净，只剩下残羹剩饭给你？有时这就是一个客户成功领导者在争取预算时的感觉。著名的思想领袖如麦肯锡、贝恩、BCG、埃森哲、德勤、普华永道、Forrester和杰弗里·摩尔都谈到过客户成功的ROI，当我们在Gainsight通过投资客户成功实现大规模收入增长时（正如本书前面所讨论的那样），许多公司仍然对客户成功这一领域投资不足。

前投资银行Pacific Crest（现为KBCM Technology Group）的数据显示，2017年，典型的成长阶段公司将经常性收入的13%投入客户成功/续约，这是他们最后一年发布该数据（请注意，这个指标指的是"续约成本"，它可能包括续约团队或客户管理团队以及CSM的成本）。有趣的是，随着公司成长，我们已经看到这个指标下降至4%~8%，但是很多公司的投入比例还不到1%，所以仍然存在很大的差距。菲尔·纳努斯（Phil Nanus）在技术服务行业协会（TSIA）领导了一项关于客户成功的研究，他发现这一比例范围为0~15%，平均约为3%。他发现，规模越大的公司，这一比例越低，而规模较小的初创公司，这一比例更高。

总的来说，纳努斯认为首席财务官们对客户成功预算的拒绝越来越少。"我把2018年视为一个转折点。从数据中可以明显看出，来自首席财务官的阻力正在减小。我们与首席财务官有过很多对话，但不一定是关于'我是否需要客户成功'这一问题的，我认为我们已经过了这一阶段。然而，从首席财务官口中说出的下一个问题或观点可能是这样的：'噢，菲尔，你可别告诉我的首席客户官，我们需要2000名客户成功经理，因为我们有2000名销售人员。'他们不想要另一个非常大的实地工作组织。"许多CSM团队仍在努力扩展自己的空间，但可能没有销售团队获得的空间大。

作为一个正面的成功故事，让我们看看客户体验软件公司Genesys执行副总裁兼首席客户成功官露西·诺里斯为客户成功开发的一个强大的商业案例。"在Genesys，我们将客户成功视为销售成本。我们在那里的投资主要是为了提高客户留存率，并尽可能减少让客户成为参考案例的时间。那是来自高层的基调，对吧？"

技巧1：尽早与你的首席财务官就客户成功占收入的比例达成共识。

失败2：将客户成功压缩在预算中

在有限的预算下，公司通常会对客户成功提出超出实际可行范围的要求。他们希望每个客户都有一个客户成功经理，从根本上改善新手引导的情况，并彻底改变整个客户体验。使用另一个耳熟能详但不知出处的老话："有多大能力，办多大事。"

如果你的预算有限，那就需要舍弃一些东西。与其在那些能让你的团队更有效率的项目上省吃俭用，我们建议缩减项目的范围。

- 或许CSM只在新手培训后参与进来；
- 或许CSM不再负责续约；
- 或许CSM不再管理某些客户，而用纯粹的技术接触模型来对接；
- 也许CSM需要将更多的工作交接给客户支持和服务部门。

技巧2：根据预算来限定你明年的计划，并与公司其他部门进行清晰的沟通。

失败3：在预算中混淆进入和退出成本

由于客户成功项目相对较新，因此需要进行大量的构建工作。因此，在一年内，你的成本结构可能会发生很大的变化：

- 雇用和增加团队成员；
- 与新客户签约并帮助他们上手使用；
- 推出新产品。

虽然你的目标是到明年年底CSM成本占经常性收入的比例达到12%，但达到这个目标可能需要从16%开始。

技巧3：如果你和你的首席财务官在成本模型上达成共识，要明确这是一个进入还是退出的成本目标。

失败4：没有商业案例来支持你的预算

关于成本的讨论已经够多了。客户成功不是成本中心，而是增长的驱动力。这说起来容易，但是你的商业案例是什么呢？

你有多少证据向你的（可能是持怀疑态度的）首席财务官证明客户成功会产生影响？在2017年，你有没有：

- 把一组客户分成“测试”（A）组和“控制”（B）组，比较干预和不干预的结果。
- 在团队中追踪关键性成长的驱动指标，即：
  - □ 续约：高风险客户的保留；
  - □ 扩展：给销售团队追加销售/交叉销售线索；
  - □ 推荐：给市场营销团队案例研究和客户参考。
- 让你的团队进行有效统计，识别出可以采取行动的流失或扩展的早期指标。

客户成功专业人士，如DocuSign负责客户采用和赋能的全球客户成功副总裁金姆·佩雷蒂（Kim Peretti），将这一科学方法带入下一个层次：“我们将客户群体分为有CSM参与的和没有CSM参与的。我们发现，CSM参与，客户的流失率有了两位数的改善。”

技巧4：建立一个财务模型（你的首席财务官可能会用微软的Excel）来展示你的团队的影响力。

失败5：用糟糕的幻灯片来支持你的预算

即使首席财务官习惯了使用Excel，其他高管最终也会用幻灯片向CEO展示他们的计划。虽然它可能是琐碎的，但这可以让人们感受到策略的合理性，发现这是经过深思熟虑的。你有一个客户成功的演示文件吗？我们建议包括以下内容：

- 团队规划概述。
- 回顾。
  - □ 去年的结果；
  - □ 去年的经验。
- 展望。
  - □ 明年的目标；
  - □ 明年的战略；
  - □ 明年的预算。

技巧5：即使需要一位设计师来进行包装，也要为你明年的计划做一个漂亮的演示文件。

失败6：没有将客户成功正确地进行财务分类

客户成功成本属于销售和营销成本（S&M）还是已售商品成本（COGS）？它是一个营收驱动力还是成本中心？我们做了一些研究，答案是不同的公司把它归在不同的类别中。

但是，不管财务怎么说，在影响客户成功分类时有基本的因素：

- **已售商品成本：**有一些客户成功本质上是你提供的核心产品的一部分。人们购买你的产品或服务，并认为他们会得到帮助。其中一些帮助可能来自你的客户支持、服务和培训团队。但有些也可能来自客户成功经理。你拥有的其他可规模化的资源（支持、培训、专业服务、社区等）越多，由CSM完成“交付”工作的可能性就越小。思考这一问题的一种角度是：如果你的CSM都休假一年，那么你的客户还能获得价值吗？

- **销售和营销成本**：你的团队做的大部分事情与收入有关。他们是否在努力确保客户获得足够的价值从而续约和留存？他们是否在为销售团队寻找线索？他们是否为市场营销团队培养了推荐者？

根据第14章所述内容，如果你的CSM是“价值补充型的CSM”，那么客户成功成本很可能被计入已售商品成本。如果他们属于“价值传递型CSM”或“价值获取型CSM”，那么客户成功成本很可能被计入销售和营销成本。

技巧6：快速了解一下你的CSM团队在COGS相关的活动和销售和市场相关的活动上花了多少时间，并与你的首席财务官分享这一点。

失败7：聘用CSM却没有运营支持

我们知道你说服管理层雇用销售运营人员时的情景：“我们为什么需要销售运营？这是电话簿——赶紧开始打电话吧！”

当了解到统一流程、自动化、赋能和数据的好处时，公司开始意识到销售运营其实是销售的关键部分。事实上，我们最近与一位快速成长的上市公司的负责人进行讨论，该公司为每位客户经理在销售运营方面安排了0.2个全职人员预算。

在客户成功方面，我们仍然停留在旧的“电话簿”时代。CSM用电子表格工作，处理糟糕的数据时没有一致的流程，并且很少接受培训。与此同时，他们的总人员成本让相对较少的运营支出相形见绌。

一些公司可能让CSM团队共享销售运营的资源。结果如何？如果你的职位名称写的是“销售运营”，那么你的优先级是什么就很清楚了。

在过去几年里，我们看到的一个主要趋势是客户成功团队在运营上进行投资。

技巧7：如果你还没有一个客户成功运营人员，那么请安排雇用一个人的预算。如果你已经有一个了，那就发展你的团队。

失败8：没有与 IT 部门沟通你的计划

如上面提到的，你明年很可能有IT需求，可能是：

- 流程实施；
- 工具设置；
- 系统清理。

总的来说，正如本书前面所讨论的，我们已经注意到客户成功团队并没有充分地与IT部门合作——这对它们是不利的。如果你明年有项目（客户调查、操作计划、新手引导等），IT部门知道吗？你会提前告知它们你需要什么吗？常见的情况是，限制你的不是预算，而是IT部门。

技巧8：现在就和你的 IT 主管谈谈明年的需求。

失败9：没有在预算中与销售和市场营销部门协调一致

你的销售团队明年的计划是什么？国际化？增加中小企业收入？CSM需要跟随销售的脚步。每个新客户都需要CSM以某种方式提供支持。如果你还没有和你的销售主管讨论下一年的计划，你就落伍了。你需要在哪里招人？你可以减少对什么的关注？销售团队会组织重构吗？你也需要重组吗？不要忽视市场营销对你明年预算的影响。他们是否雇用了支持客户参与或客户营销的人？

技巧9：现在就提前了解你明年的销售和市场营销计划。

失败10：没有对团队的发展进行投资

现在你有充足的预算来招聘新员工、获得IT支持，也许还会有一两个运营人员。如果你像许多客户成功团队一样，你最终会把所有宝贵的预算都花在业务上，而很少花在促进个人发展上。你的客户成功团队将看到销售团队有：

- 昂贵的启动会议，甚至在年中还有一个会议；
- 专业的销售培训；

- 出席重要的销售思想领袖会议的机会；
- 全职的赋能资源或团队。

那每天与客户沟通的客户成功团队呢？这不需要花很多钱，所以，请提前做好计划。为以下事情留出预算：

- 客户成功参与你的销售启动会议；
- 专业的客户成功培训；
- 参与客户成功会议；
- 设置一个职能对客户成功进行赋能。

本着同样的原则，我们让客户经理在世界各地与潜在客户和客户面对面建立的关系，这些成本被纳入销售预算。客户成功与客户的关系也同样重要，你需要提前计划费用。

技巧10：从一开始就把培训、差旅和关系维护纳入你的预算中。

失败11：没有留下尝试的空间

让我们诚实地说——几年前，在读到这篇文章的人中，甚至很少有人有客户成功团队。客户成功领域发展迅速，但工作方式还没有完全成熟。你应该用ARR来给划分客户等级吗？你应该同时拥有客户成功经理（CSM）和客户经理（AE）吗？在本书中，我们介绍了一些我们看到过行之有效的实践，或者数据显示被广泛采用的做法，但这并不意味着你不应该进行实验来验证自己的一些想法。但大多数客户成功领导者到了年中仍希望自己有资源去尝试新的事物。也许你从另一家公司的员工那里听到了一个想法？也许你想尝试一种新技术？如果你提前做了年度预算，那么你只能每年改变一点点。

技巧11：在你的预算中留出尝试的空间。

失败12：没有对系统进行投资

【厚着脸皮打个广告】虽然客户成功肯定是关于人和流程的——就像所有

的商业领域一样——但它仍然可以从技术中获益。几乎每个新的业务流程（如客户成功）都是在电子表格和谷歌文档上进行试验的。问题是，你能不能在系统中更快地规模化？

虽然系统在任何领域的典型好处都是相同的（具有一致性、自动化、便于跟踪），但在客户成功中，系统的一个独特好处是能够在一个相对较新的领域进行所需的实验。你们有对新手培训进行A/B测试的方法吗？你能比较不同产品带来价值的时间吗？你能始终如一地回顾流失或增长的模式吗？图22.1描绘了一句古老的格言。

技巧12：为明年的系统做好投资准备。

失败13：太晚开始做预算

正如我们所看到的，客户成功领导者经常在最后时刻加入预算过程中，在餐桌上得到残羹剩饭。如果你的预算年度是从1月1日或2月1日开始的，而现在是8月，你就面临时间不够的问题了。即使你是在炎炎夏日读到这篇文章，新的一年就快要到来了。请做好准备。

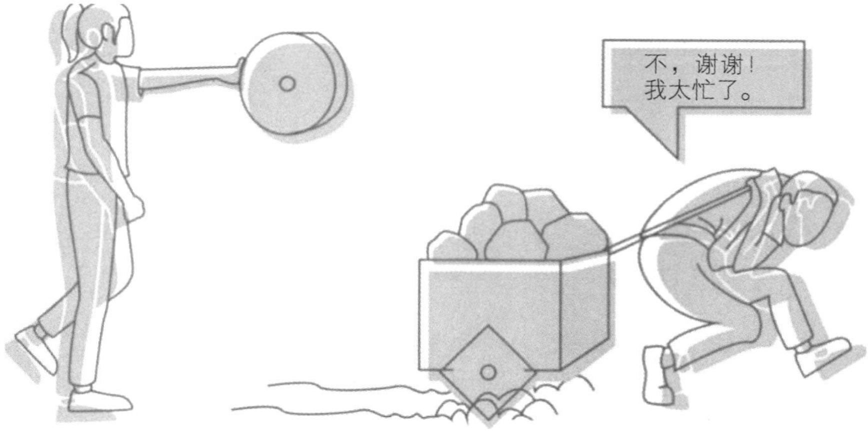

图22.1

如何花更少的钱

也许你做了上面所有的事情，但你得到的预算仍然比你希望的要少——这是经常发生的情况。来自TSIA的菲尔·纳努斯说："客户成功中最热门的话题和趋势之一就是规模化客户成功"。在第25章中，你会得到更多关于规模化的建议。

如何为经济衰退做好准备

纳努斯说：

> 具体到预算，我认为最大的挑战来自宏观环境。我这么说的原因是，看看典型的客户成功组织，你会发现，他们在明确投资回报率方面做得并不好。目前，只有45%的公司采用直接融资的模式，对客户成功服务进行收费。如果宏观环境恶化，那么剩下的投资者可能没有良好的投资回报率或资金模式可以依靠。整个客户成功运动一直在"乘风破浪"。如果经济出现衰退，我认为未来12~24个月里某些组织会面临生存问题。现在，我们期待好时光继续下去，这样的情况不会发生，但我们每天都在与客户成功组织合作，以确保它们提供坚实的支持和经济模型。这样，当形势变得艰难时，它们也已经做好了准备。

如果你还没有积累足以证明团队的ROI的指标，那么现在是时候这样做了。

总结

在这一章中，我们讨论了公司在客户成功方面的花费，以及CSM团队在没有得到他们想要的预算时，如何用更少的人力增强他们的影响力。我们还讨论了建立强大的ROI模型的重要性，以便能够在未来可能的低迷期保住客户成功预算。证明CSM花费合理的方法之一是向客户收取服务费用，我们将在第23章讨论这一点。

第23章

商业化：是否应该对客户成功进行收费以提高盈利能力

在这本书中，你已经一遍又一遍地听到我们的观点——客户成功在推动增长上发挥了多大的作用。在前一章中，我们介绍过TSIA的菲尔·纳努斯。如果你问纳努斯，大公司如何衡量客户成功的投资回报率，他不会把增长作为排在第一位的答案。

> 我看到公司证明ROI的第一种方法是通过客户成功赚钱。他们对自己的产品采用以能力收费的方式。我们看到大约一半的成员公司，通常是大型组织，现在也在这样做。这种影响是显著的。这是展示投资回报的最清晰的方式，因为如果你得到了1美元，你就可以走到首席财务官面前，告诉他，我能把那1美元中的40、50或60美分花掉吗？你可以有一个利润目标，就像具有的其他服务能力一样。

对于纳努斯来说，对客户成功收费是证明ROI和确保团队预算的最快、最简单的方法。

一些客户成功领导者选择对客户成功收费，因为这可以让他们投入更多以使客户获得价值。艾杜达·卡马乔是PTC的客户运营执行副总裁，PTC是一家支持工业数字化转型的全球软件公司。"我们对客户成功收费，不是因为我们想把它当作损益表来运营，" 她解释道，"而是因为它有助于我们确保预算，并扩大CSM团队。衡量我们的付费项目成功与否的主要标准是，我们是否在维持PTC的经常性收入，促进扩展，并通过交付客户成果来帮助我们的销售团队发展新客户。" 因此，她在衡量自己的收费客户成功团队的投资回报率时，会指出它对订阅收入的影响，而不是毛利率指标。

不管你的动机是否是将客户成功商业化——无论你是想证明它的ROI还是推动经常性收入增长——你都需要回答以下几个问题：

- 什么时间合适？
- 你对什么收费？
- 如何实施、定价，并衡量成功？

这些就是我们将在本章中探讨的问题。

什么时间合适

我们采访了两位客户成功商业化方面的专家，以了解在考虑是否要启动一个收费客户成功服务时应该问什么问题，他们是甲骨文的客户成功副总裁凯瑟琳·布莱克莫尔（Catherine Blackmore）和SupportLogic公司（这是一家通过机器学习来为企业提供帮助的公司）的客户成功及服务副总裁欧米德·拉扎维（Omid Razavi），他也是上市云公司ServiceNow的前全球产品成功负责人。这些对话阐明了三个问题：

1. 你的软件有多成熟？

如果这是一款新产品，那么你可能还不知道如何为客户创造价值，所以，你也不知道如何包装客户成功产品。

2. 你的客户成功有多成熟？

在增加付费版本之前，你需要一个定义良好的基础（即免费）客户成功计划。考虑购买付费版本的客户可能想知道他们会得到什么额外的好处。

3. 你的客户有多成熟？

如果你的客户以前没有买过这种类型的产品，那么他们可能不习惯申请这种类型的预算。对他们来说，购买你的产品已经足够具有挑战性了，而在他们已经支付的订阅费用之外，要求他们提供客户成功服务的预算更具有挑战性。你可能需要先证明你的产品价值，然后才能推销客户成功服务的价值。另外，更成熟的购买者可能希望获得更多的帮助，从而超越软件的基本用例。他们很乐意为高接触的CSM合作伙伴付费。

当然，你要确保你的客户愿意为付费的客户成功项目带来的额外好处付钱。通常，对客户成功收费的公司都有一个重要的企业客户群体。我们将在本章后面的部分回到定价问题的讨论上。

你对什么收费

首先，你可能不会对所有的CSM收费。大多数将客户成功商业化的公司会同时提供免费的客户成功服务和付费的客户成功服务。拉扎维强调："应该是让客户选择对他们来说正确的计划，而不应该强迫他们付费。如果他们是被迫的，那么客户可能只是要求销售人员将预算控制在他们期望的范围内，这实际上要求你将客户成功费用计入许可成本。"这意味着你可能会让客户为客户成功付费，而减少了你的订阅收入。相反，拉扎维建议你提供一项免费服务来让客户进行选择。

你可以在更高级的付费版本中提供更高级的CSM服务。对客户成功收费可以帮助你雇用具有更高级技能的人，这些人可以实现客户所期望的真正的转变。甲骨文的凯瑟琳·布莱克莫尔发现客户经常说：

我希望我的CSM不只是一个通才，而真正了解我所在的行业。如果我在金融行业，我希望CSM知道如何让我成功。我希望他们听得懂我的语言，在路线图上给我提供深刻的建议，基本上成为我公司的业务分析师。这与我们从本科生项目中雇用通才是完全不一样的。这时你会看着财务状况说，天哪，我们根本负担不起这些人，除非我们提高价格。或者，除非我们采取我所说的不以客户为中心的方法，也就是你所提到的，每年在我们的软件上花费更多的客户，才会得到更昂贵的资源。但是，如果客户不花很多钱还想要资源，那么我该怎么办?

布莱克莫尔说，如果客户单独付费，则应该允许他们与高水平的人一起工作。

PTC的卡马乔建议不要对一位具体的CSM收费，而是对整体项目或者成功的计划收费，其中包含CSM（根据服务范围，他可以专门负责一个客户或同时负责许多客户）以及其他帮助客户获得结果的资源。PTC提供了一种“数字货币，它允许客户获得培训、专业领域专家以及客户需要的所有其他类型的服务。高级服务包还包含技术客户经理提供的服务”。简言之，她解释道：“这不是为了将你的CSM商业化，而是将整个支持客户的基础设施商业化，从而帮助客户更快地实现业务结果”。拉扎维表示同意。一个收费的客户成功项目“可以包括，例如，具有更高SLA标准的客户支持，优质的教育（培训和认证），以及某些方面的专家服务（如健康度检查和优化）。它应该由所有参与售后客户旅程的人员共同设计和交付。因此，这些收入应该由这些团队共同拥有，以创建更好的流程、内容和参与模型，最终使客户受益”。“通过这种跨职能的努力，你可以为你的客户带来更显著的成果，尤其是当你通过商业化对其进行进一步投资的时候”。

需要注意的是：你需要确保引入付费项目不会使客户成功偏离最终目的——帮助实现收入更快增长。你不希望你的CSM仅仅检查出售给客户的项目并在复选框上打钩。与这一点保持一致，卡马乔强调，PTC的CSM计划不同于传统的专业服务。“我们利用我们的CSM团队做许多其他的事情，而不是针对商业化的项目。例如，我们监控客户风险，在看到问题时进行干预，我们为客户更换新的、更好版本的产品。”这使他们能够实现保护和增加PTC经常性收入的最终内部目标。

我该如何实施

在与拉扎维和布莱克莫尔的对话中，你将收获大量关于推出将客户成功计划商业化的技巧。我们在这里总结了从设计到确保承担责任的14个要点：

（1）让你的客户参与进来

布莱克莫尔说：“我们将客户引入新项目的设计中来。我们做了很多探索，所以，当我们就新产品开始指导我们的客户时，这就是他们想要的。”

（2）定义目标

对于任何新产品，都要知道你在为哪些受众进行优化。拉扎维说：“你可能会遇到在许可上花费了很多金钱的企业客户。”

（3）明确产品

“如果你的公司提供不止一种产品，确保要么所有产品要么没有产品被包含在高级客户成功计划中。”拉扎维解释道，“如果你仅为部分产品提供付费客户成功服务，客户和你的CSM都会感到困惑。”

（4）聪明地定价

我们在本章后面部分专门讨论这个主题。

（5）创建一个测试项目

拉扎维建议，“向测试客户提供商业化的客户成功，然后获得他们的反馈意见以对计划进行改进”。对那些能增加价值的服务予以加倍重视，对那些不能增加价值的服务进行削减。

（6）决定谁来销售

如果你有一个专业服务销售团队，与产品销售并肩作战，你可能也会希望他们来推销新的客户成功计划。也就是说，拉扎维看到了产品销售者带头的好处：“确保收费的成功计划足够简单，使你的产品销售计划也可以售卖它，这样，你就不需要专门的服务销售团队了，因为这将增加你的成本。产品销售者应该在客户成功计划中的销售方面得到足够的报酬，就像他们销售产品那样。这将帮助他们完成数字化并获得参加主席俱乐部的资格。”考虑到收费客户成功计划的利润率低于售卖产品的利润率，你的财务团队可能会反对对这两类收入给予同等比例的报酬。请说明客户成功计划同样是经常性收入，对产品销售量的增长至关重要。

（7）教育你的团队

“你必须教育所有接触客户的人，”布莱克莫尔说，“并确保他们知道为什么会发生变化，以及变化涉及什么。”

（8）关注新客户

从只向新客户销售开始，直到你可以向现有客户销售。布莱克莫尔说："这个计划必须适合你的客户和公司。”

（9）提供一个宽限期

布莱克莫尔建议提供一个宽限期，在此期间，非付费客户可以继续获得他们CSM的服务。

（10）作为升级

通过指派更资深或有更多客户所在行业经验的人，使客户需要付费的新CSM成为对以前CSM的真正升级。“我们向我们的客户解释，这与其以前拥有的资源是不同的，”布莱克莫尔说，“这不是对你以前就有的东西收取更高的费用。”

（11）让合同保持同步一致

“确保收费计划与你的许可协议同时终止，”拉扎维建议，“这样两者将同时开始和进入续约流程。”

（12）尽早引入

拉扎维强调，在销售周期的早期，培训你的销售团队在卖产品的同时销售收费的客户成功计划，这将有助于传递价值。你也会更容易地守住你的价格，因为在周期的后期引入一个产品可能会影响客户已经获得预算的订阅合同。

（13）让它变得灵活敏捷

“每年更新你的计划，让你的客户高兴，并在竞争中保持领先，”拉扎维说，“你的客户成功项目应该是你的公司与众不同的地方。”

（14）跟踪结果和交付物

对客户成功收费实际上可以让客户更重视你提供的帮助。布莱克莫尔说：

“如果付费，客户成功就会变得更有价值。所以，他们可能会更快地回复你发来的电子邮件，做你一直希望他们做的事情。不过，这是一把双刃剑：现在客户为CSM付费，CSM就真的被套住了。当它是免费的时候，客户可能不会那么关注CSM每天做什么。但是，当你开始付费的时候，这个人如何提供服务就变得非常重要了。CSM项目实际上是一项提供交付成果的咨询服务，客户希望得到信号，以了解他们所购买产品的价值。”

我应该如何为我的客户成功服务定价

在为产品定价时，拉扎维建议考虑四个参考标准，它们将决定定价决策的边界。

（1）**成本**。你需要如何定价以实现你的利润目标。

（2）**竞争对手**。竞争对手的收费标准。

（3）**市场**。你的客户愿意支付的价格。

（4）**价值**。这一产品为提供客户的价值是什么。

对于基准1，与财务部门合作，以确保你了解如何确认收入。基准3和基准4在客户成功服务与其他重复性服务相比的情况下特别有利。客户通常不愿意为支持服务支付太多费用（例如，指定的首席支持代表）。他们也不太愿意针对产品采用服务付费，即使我们作为供应商相信，采用服务可以为客户带来重要的价值。因为在这个新的以客户为中心的时代，客户认为供应商理应负责确保产品被团队采用。另外，客户表现出为支持关键任务服务付费的强烈意愿，因为他们希望确保自己不会在面临众多问题的情况下陷入困境。也就是说，这类服务的战略价值很低。专注于结果实现的客户成功服务的伟大之处在于，客户经常认为这就是关键任务——“如果我们购买这个产品，我们就需要从它身上获得价值”——而且它的战略价值也很高。因此，客户成功产品的定价往往高于其他经常性服务产品。拉扎维创建了图23.1来说明这一点。

当评估你的客户的付费倾向时，一定要评估他们购买你的客户成功产品是否会降低他们对你的订阅产品的支付意愿。你的SaaS收入远比来自客户成功的任何收入高，因为它的利润率更高，并且随着时间的推移，这可能会以更快的速度增长（通过更高的净留存率）。第一个告诉你这一点的人将来自你的销售团队。

你要向他们证明，通过一些最初的试销，客户成功产品不会蚕食他们的订阅销售量。

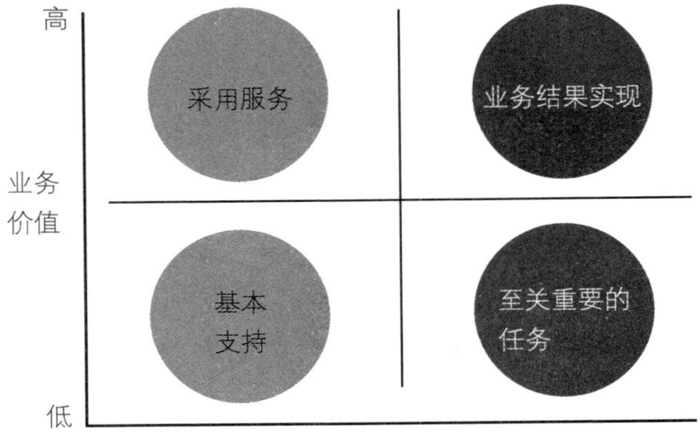

图23.1

这里有一个关于你最终如何定价的例子。你可能会要求一个最低价格，因为低于这一价格服务客户就不划算了。在那里，我们经常看到公司以订阅合同（年度合同价值，Annual Contract Value，ACV）的比重来对产品进行定价。如果市场需要，那么你可以选择给金额较大的合同打个折扣。或者，对于大客户，你可能想要提供一个具有更高接触度的客户成功模型——一个更高档次的产品——你可以为它收取更高的费用。图23.2显示了拉扎维对价格曲线的设想。

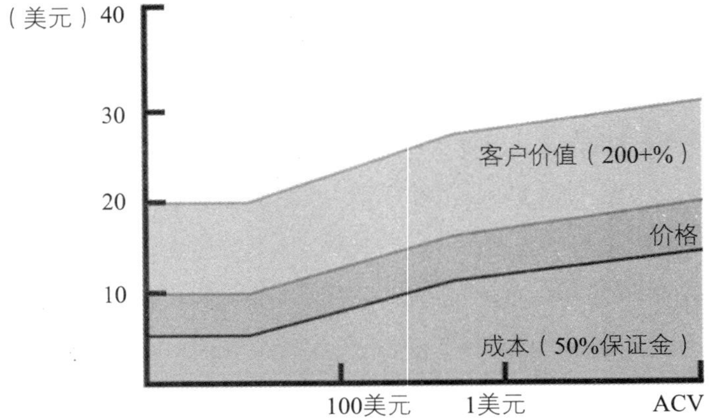

图23.2

布莱克莫尔也知道一些公司对客户成功收取固定费用，且这与产品的购买完全无关。PTC的卡马乔补充道，客户成功服务的价格可能与客户规模的大小无关

（客户规模大小通常与产品订阅量大小相关）。她指出：

> 价格与客户规模大小无关，与公司每年花费超过100万美元、少于100万美元、花费10万美元，或是1万美元无关。价格与客户的战略意图有关。他们想做什么？他们想要的数字化转型的程度是什么样的？它关于客户想要得到结果会需要付出什么？我们是这么理解的。

你也应该问问自己，你希望你的产品成为经常性收入吗？一方面，投资者对经常性收入更加重视，而且合同可以与产品的订阅合同相一致，这很好；另一方面，你必须坚定地相信会有很高比例的客户续约，否则，从投资者的角度来看，这就不能算作经常性收入。也就是说，如果没有较高比例的客户续约，那么你可能会遇到更大的问题。在这种情况下，你将无法体现CSM的概念，即作为客户的持续资源，永久性地为客户交付价值，以确保和扩展经常性收入流。当客户（至少是一定规模的客户）没有CSM时，就会出现问题。正如布莱克莫尔所说的，如果我是CSM，那么：

> 我不是一个项目团队，在一份工作声明中消耗大量时间，然后离开。客户成功强调业务的连续性。这个团队的资源会伴随你一生。它的价值在于不需要组建新的项目团队，也不需要向他们传授上一个团队所经历的一切。CSM说，我理解你的经历。我为你准备了一条长远的道路。如果有什么事情，我就是那种偶尔会来帮忙的短期咨询顾问的“四分卫”。

我该如何衡量成功

拉扎维建议，除了纯粹的预订量和收入之外，还应该跟踪几个指标，以分析客户成功服务是否取得成果：

- **附加率**：新的目标客户购买服务的占比。
- **增购率**：现有的目标客户升级到当前服务的占比。
- **续约率**：到期续约时，售出的客户成功服务金额中实际续约金额的占比。
- **客户的ROI**：结果是否实现的衡量（如本书前面所讨论的），它显示了购买产品对客户带来的影响。

你还应该考虑如何衡量收费的客户成功项目给你的公司带来的好处。正如

TSIA的纳努斯所提到的，我们建议跟踪这个项目的毛利率，以了解你正在支付客户成功团队的成本。此外，你很可能会对客户成功收费，这是因为你想知道那些你认为对客户有价值的项目的成本，因此，公司的经常性收入也有价值。因此，我们建议比较购买了客户成功服务的目标客户与拒绝购买客户成功服务的客户在总留存率、净留存率和推荐指标上的差异。

总结

在这一章中，我们讨论了如何决定是否启动一个付费的客户成功项目，如何推广和定价，以及如何衡量它的有效性——从对客户和作为供应商的自己两个角度。最后，投资者会根据订阅量的增长，而不是服务来评估你的业务。如果对客户成功收费是达到目的的一种手段——允许你提供更多的价值，从而实现更快的增长——那么这可能是一个很棒的举措。

第 24 章

度量标准：如何衡量客户成功

你无法管理不能被衡量的事情。

——彼得·德鲁克

这一切都是关于本杰明的，宝贝。

——吹牛老爹

无论是从德鲁克（Drucker）还是迪迪（Diddy）那里学习领导力课程，你都会知道，CCO的很大一部分工作是帮助你的同事理解衡量客户成功的“计分牌”。

多年来，我们作为领导者，开发了各种方法来量化业务的大多数方面。

- 金融：公认会计准则或国际财务报告准则（IFRS）。
- 销售：销售订单确认方法。
- 营销：营销合格线索。
- 个人自我：Twitter追随者。

然而，有了这些统计数据，我们仍然无法衡量什么是业务中通常最大的“隐藏”资产——我们的客户群。我们与客户相处得怎么样？我们是否为他们提供了价值？他们会继续与我们合作吗？他们是我们的“粉丝”吗？

如果你已经研究过这个领域，那么净推荐值就是为了部分解决这些问题而建立的。随着数字化转型，公司有大量关于客户的数据可以用来衡量客户的健康状况。

利用客户健康度评分，你可以集成关于客户的各种信号，以量化你的客户群体。本章的目标是向你展示如何构建一个客户健康度评分框架，并指出需要避免的错误。

首先，让我们了解一下Splunk的凯文·米克斯的想法。我们问凯文，管理一个如此庞大的客户成功和续约团队，晚上是如何入睡的。

> 我晚上怎么睡得着？我可以睡得很好的原因是我们在持续改善和改进产品的采用情况和健康度评分。“数据为王”：如果我有很好的测量技术，有良好的采用情况和健康度得分，了解我的续约漏斗是什么样的，并从健康和采用的角度了解它的现状，我就会知道我们最大的风险和赌注在哪里。我可以适当地分配我的资源来降低这些风险，然后，我就可以与我们的销售团队进行分享。这种可见性和数据水平对于续约业务非常重要。

进行客户健康度评分，既有快速的方法，也有超级彻底的方法。我们将从快速的方法开始——这不只是精彩的起点。但是，如果你是一个经验丰富的客户成功领导者，你想要接受挑战去更深入地思考，你也可以从完整的版本开始。

快速衡量客户健康度的方法

你可以创建的最重要的客户健康度评分，是展示客户从你的产品中获得的价值的程度。换句话说，他们是否得到了我们在第6章中讨论的结果？你需要找到衡量ROI的最佳方法。

你的产品可能会自动跟踪你的投资回报率（ROI）。例如，我们与一家发票管理公司进行交谈后，该公司的客户希望减少从自己的客户那里收取发票的时间。该公司的ROI指标是“减少收取发票的天数”。这一指标降低得越多，客户获得的结果就越好。

不过，并不是每个企业都有明确的ROI指标。那么你就需要选择一个产品采用程度的度量标准，它是客户是否获得价值的一个重要指标。这个指标不太可能是登录或浏览页面的绝对值；相反，它应该捕捉你所期望的成功客户在你的产品中产生的各种行为。如果你的产品中客户活动的阶段性成果是创建一个仪表板，那么仪表板的创建量可以成为替代指标。如果你实际上没有产品的自动测量数据（采用数据），那么你可以使用客户参与度，它被认为是ROI的有效预测。它可能是客户对在线社区或门户网站的使用情况，或他们对营销电子邮件的参与情况。关键是要找到一个单独的度量标准，它是对ROI的有效替代品。

通过使用ROI指标或替代指标，你可以创建一个类似红绿灯的客户健康度评分系统：指标很好时为绿色，指标一般时为黄色，指标有问题时为红色。如果你想在评估客户健康状况时更加细致，那么可以使用其他颜色——浅绿色介于绿色和黄色之间，橙色介于黄色和红色之间。然后定义每种颜色的度量范围。

创建基于ROI的健康度评分的好处在于，它往往与其他重要指标相关，当然并非总是如此（如果你希望达到完美的状态，那么请继续阅读本章的下一节）。拥有绿色ROI指标的客户很可能会以更快的速度续约（因为他们可以向CFO或采购部门证明续约的合理性）和扩展（因为他们有来自你的产品的成功证明），并更频繁地推荐相关产品（因为他们有真正的成功故事要分享）。

衡量客户健康度的高级方法

我们假设你已经掌握了快速的方法，稍微复杂一点并不会吓到你。请继续阅读，或者跳到下一章。

为什么要度量客户

与测量的其他领域一样，我们把量化客户的价值分成三个概念性的部分。我们已经在表24.1中对客户成功和销售进行了类比，以为你展示要点。

你仔细看表24.1了吗？有没有发现什么异样？你是否注意到我们说的是“多个客户健康度得分”，而不是“一个客户健康度得分”？企业在进行客户健康度评分时犯的最大错误之一，就是认为一切都可以归结为一个数字。

表24.1

价　值	销　售	客户成功
汇报	向公司、董事会和投资者汇报总的订单趋势和销售漏斗	向公司、董事会和投资者汇报整体客户的趋势
激励	根据订单量，用佣金激励销售代表	根据客户健康得分的增长情况，激励管理客户的团队成员（例如，客户成功经理、客户经理）
行为	对销售漏斗中的单个“交易”采取行动，将它们转化为订单	对客户采取行动，以提高客户健康度评分

思考这个问题的一种方法是考虑关于盲人和大象的古老寓言（如图24.1所示）。

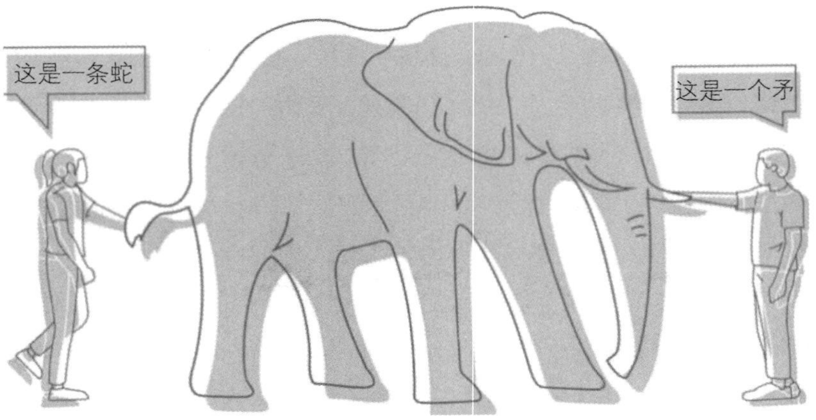

图24.1

客户健康度是“大象”。但是关于健康度有很多观点，每一种观点都像是抓住大象一部分的人的想法。在与我们的客户沟通过程中，我们看到关于客户健康度的7种常见观点。

1. **供应商结果**：跟踪客户成功对业务的总体ROI。
2. **供应商风险**：获得客户风险的早期预警。
3. **供应商扩展**：了解销售团队如何扩展客户。
4. **客户成果**：跟踪你对客户产生的影响。
5. **客户体验**：客户团队的声音需要被听到。
6. **客户参与**：营销团队驱动客户成功。
7. **客户成熟度**：公司努力获得成熟度更高的客户。

供应商结果计分卡

客户为供应商提供了多个有价值的领域，你应该分别进行衡量。正如我们在第5章中讨论的增长，对于一个典型的供应商而言，理想的结果应包括：

- 如果客户与他们保持合作，就会产生价值；
- 如果客户进行扩展，就会产生增量价值；
- 如果客户帮助供应商获得新客户（例如作为参考），就会产生增量价值。

因此，一个供应商结果计分卡可以包括以下顶级维度。

- **留存**：他们有可能会和我们保持合作吗?
- **扩展**：他们有可能在花费或消耗量上进行扩展吗?
- **推荐**：他们有可能成为我们的拥护者吗?

如果你管理客户已有很长一段时间，你就会了解一件令人困惑的事情：客户可以保证在短期内与你合作（因为他们别无选择），并同时在推荐时表现出消极的态度（诋毁者）。客户可以在以后换掉你（没有“黏性”），但同时在短期内计划扩展。客户可能即将流失（有留存风险），但同时成为产品的拥护者！将客户关系的各种“输出”分离到单独的指标中是十分重要的。

作为一个示例，请参见图24.2中的供应商结果计分卡示例。我们创建了留存、扩展和推荐的“小组”，每个小组都有以下样本指标：

留存指标

- 采用成熟度得分：使用的高级功能数量。
- 支持者得分：与高管支持者的关系。

- 客户支持健康度得分：最近存在或缺乏客户支持的情况。

扩展指标

- 营销参与度得分：参与最近营销事件的情况。
- 开放机会得分：CRM产生的销售机会的情况。
- 使用得分：购买的产品或服务的使用比重。

推荐指标

- 情感得分：最近的调查反馈（例如，净推荐值）。
- 推荐得分：最近的推荐活动情况。
- 社区得分：在线社区中的活动情况。

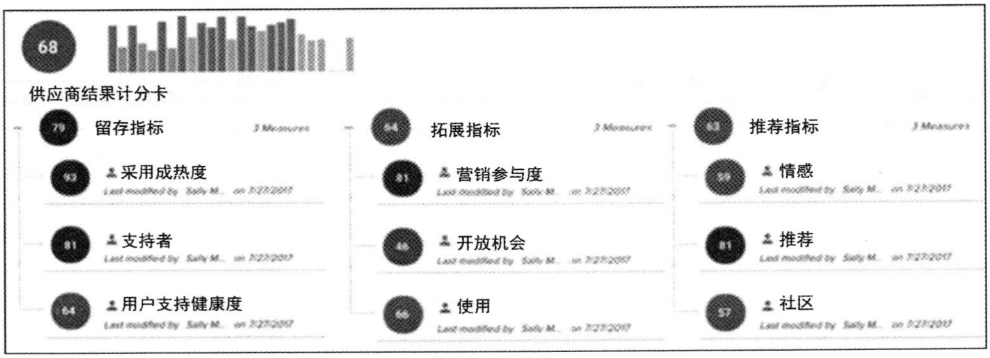

图24.2

通常，以供应商为中心的计分卡是你希望在内部或与你的董事会（或CFO）分享的类型。

供应商风险计分卡

还有另一种方式，一些公司可能希望根据不同的职能维度来度量客户风险——这样就可以按部门定义明确的责任（见图24.3）。

- **客户支持健康度：**客户是否有太多没有关闭的工单、重复的工单、很久未解决的工单？这可以由客户支持主管来负责。
- **产品健康度：**客户是否有未解决的缺陷，或者关键的产品改进请求？产品主管将负责这个分数。
- **营销参与健康度：**客户是否参与供应商营销活动？营销主管对此负责。

- **产品/服务采用健康度：**客户是否在积极良好地使用供应商提供的产品/服务？通常，客户成功团队会直接推动这一点。
- **服务健康度：**客户与供应商的服务项目的进展是否顺利（按时、按预算和质量标准等）？专业服务部门的主管可能会承担这一责任。

图24.3

供应商扩展计分卡

积极的一面是，一些公司想要简单地将机会或者空缺展示给其销售团队。你可以想象在每个产品/服务领域内使用逻辑来定义未售出的机会，将该产品/服务卖给指定的客户。例如，假设你有两条产品线：

- 光剑；
- 三录仪。

你可以为你希望客户购买的东西定义规则：

- 如果行业 = 星球大战
  - □ 对于光剑
    - □ 绿色 = 10+
    - □ 黄色 = 1~9
    - □ 红色 = 0
  - □ 对于三录仪
    - □ 绿色 = 2
    - □ 黄色 = 1

    - 红色 = 0
- 如果行业 = 星际迷航
  - 对于光剑
    - 绿色 = 2
    - 黄色 = 1
    - 红色 = 0
  - 对于三录仪
    - 绿色 = 10+
    - 黄色 = 1~9
    - 红色 = 0

你可以有基于健康度的更多其他定义。如果客户在某个产品中存在风险问题，则该产品的扩展评分可以被设置为“NA”，直到问题得到解决。

然后，你可以将一张销售友好型视图展示给你的销售代表，提醒他们在客户中存在的“销售机会”。

客户结果计分卡

相反，你可以设身处地为你的客户着想，问问他们如何判断你们的关系是否成功。正如我们在本章前面关于测量客户健康度的快速方法部分中所讨论的，我们希望衡量客户达成ROI的程度。为了更深入地解决这个问题，我们将使用四个计分卡，我们称之为DEAR框架：

- **D = 部署**：客户是否完成了激活？这个计分卡代表激活的授权占所有授权的比重，用“是”或“否”来表示新客户引导是否完成。
- **E = 参与**：客户的参与情况如何？这可以用“是”或“否”来表示。在过去3个月里是否跟进联系过客户的决策人？可以用现场或电子邮件的方式（顺便说一下，产品导向的供应商常常低估与客户的高管支持者进行沟通的价值。这通常是非常有价值的）。
- **A = 采用**：客户是否在使用这些产品？这可以衡量使用的质量（例如，完成高价值操作的客户的比重）、使用的深度（例如，每天活跃的客户的比重）或使用的广度（例如，经常使用的功能的比重）。

- R = ROI：客户是否看到了价值？为了说明这一点，请记住我们前面讨论的发票管理公司的例子，该公司的ROI指标是“减少收集发票的时间”。

我们使用四个计分卡有两个原因。第一个原因是，与发票管理公司不同，并不是每个供应商都有一个可以跟踪的明显的ROI指标。事实上，大多数供应商不会这样做。在这种情况下，ROI指标可能是主观的（后面将讨论这一点），你可以用其他硬性指标（D、E和A）作为参考，这些指标可以让你客观地了解客户实现结果的程度。此外，并不是每个公司都能跟踪使用情况，例如，许多本地部署的软件公司没有遥测技术，因此，他们将更多地依赖其他计分卡来评估客户是否实现了ROI。

第二个原因是，这些指标往往是有先后顺序的：客户如果不先采用产品就无法实现ROI，在某种程度上，他们不能在没有与贵公司合作的情况下采用该产品，至少在新手引导时是这样；让客户接触到产品显然是需要进行的一个基本步骤。在客户的整个旅程中，跟踪这些计分卡的进度可以帮助你了解合作关系是否正在朝着正确的方向发展。

让我们回到ROI记分卡。如果你没有可以跟踪的ROI指标，那么可以考虑跟踪我们所说的“已被验证的产出”。这些是来自客户的高管支持者的证明，证明客户相信他们已经实现了自己的ROI。例如，如果发票管理公司由于某种原因无法跟踪收集发票的时间，那么他们可以向客户发送一份调查，询问他们ROI的实现情况。客户可以这样回答：“某个供应商对我们非常有帮助。由于我们使用了他们的平台，我们可以将发票收取时间从Y缩短到Z。”这将被视为一个经过验证的结果，计分卡可以反映过去一年中这一结果的存在情况。

客户体验计分卡

这不仅是结果，也是关于客户的感受，这就是客户体验——正如我们在前面的第6章中所讨论的。一个客户体验计分卡，可以包含一个典型客户所体验到的所有问题：

- 销售设置了不合实际的期望；
- 时间过长的新手引导；
- 不顺畅的新手引导体验；

- 糟糕的客户支持体验；
- 重复的客户支持体验；
- 出现中断；
- 与客户团队的关系很弱；
- 产品/服务的质量问题。

客户体验计分卡的示例可能如图24.4所示，它包括以下内容。

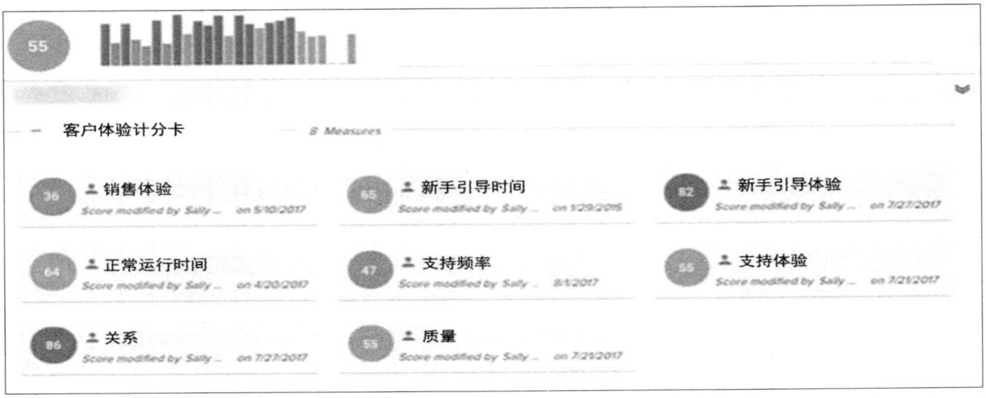

图24.4

- **销售体验：**调查客户售后代表对如何设置的期望。
- **新手引导的时间：**衡量实际的新手引导时间和承诺的时间。
- **新手引导体验：**在新手引导后对客户进行问卷调查。
- **支持经验：**在工单解决后进行客户调查。
- **支持频率：**统计提出工单的频率。
- **正常运行时间：**统计客户服务的正常运行时间。
- **关系：**进行定期净推荐值调查。
- **质量：**影响客户使用的缺陷数量。

客户参与度计分卡

对于许多组织来说，客户健康度的重点是管理关键指标。通常，关于客户留存和扩展的关键指标是围绕客户与供应商的参与程度展开的。客户参与度计分卡如图24.5所示，可以包括如下内容。

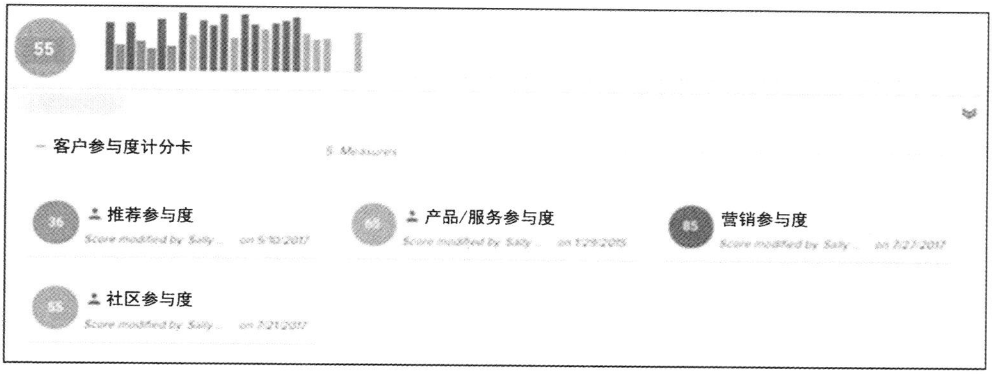

图24.5

- **产品/服务参与度：**在问题中，客户使用的产品/服务的复杂度如何？
- **营销参与度：**客户多久参加一次在线研讨会、重要事件等。
- **社区参与度：**客户在在线社区中是否积极参与？
- **推荐参与度：**客户是否积极推荐供应商？

客户成熟度计分卡

一些企业，尤其是高接触度的企业，希望通过他们的产品或服务来推动客户达到更高的“成熟度”。同时，他们希望根据成熟度级别对客户进行不同的评估和配置。客户成熟度计分卡（如图24.6所示）可以包括如下内容。

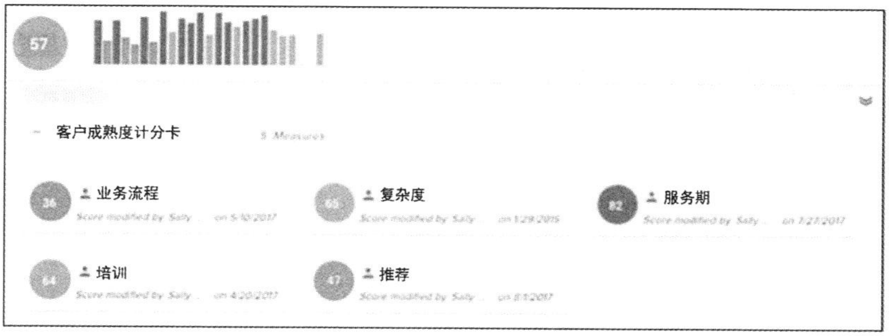

图24.6

- **业务流程：**客户是否有基于供应商的产品或服务实施的业务流程？
- **复杂度：**客户使用的供应商产品或服务的复杂度如何？
- **服务期：**客户使用供应商的产品或服务多长时间了？

- **培训：**客户有多少人已经接受了供应商的产品或服务培训?
- **推荐：**客户是不是供应商的积极推荐者?

要度量客户的什么

让我们继续这个话题，如果你有大客户和/或多个产品，情况就会变得更加复杂（见图24.7）。你可能会与一个业务部门存在“黏性”关系，却面临另一个业务部门的流失。你可能在某个业务部门有一位推荐者，却在另一个业务部门有一个诋毁者。类似地，客户可能会在一个产品线上流失，却在另一个产品上进行扩展。请确保你以细致到颗粒度的级别衡量客户的健康度——就像客户正在衡量你的健康度一样!

图24.7

从哪里获得数据

有这样一个预测：作为一家公司，你将在最简单的问题上花费最多的时间和精力。你将花几个月甚至几个季度的宝贵时间讨论为什么你的“数据不干净”，直到“把数据弄清楚”。事实上，你在读本书的时候会想，“我们不是典型的公司——我们的数据一团糟”。即使在对你的业务一无所知的情况下，我们也可以告诉你，你有足够的数据。你可能会有以下几种数据的组合：

- Salesforce自动化（有时被称为CRM）系统中的销售数据；
- 企业资源规划（ERP）系统中的财务数据；

- 问卷调查系统中的客户反馈数据；
- 专业服务自动化系统中的服务项目数据；
- 营销自动化系统中的营销参与度数据；
- 社区系统中的客户参与度数据；
- 数据仓库中的通用客户数据；
- 营销数据分析系统中的网站活动数据；
- 工单系统中的客户支持数据。

如果幸运的话，那么你可能会掌握某种产品的自动测量技术。

如果你现在没有这些数据，那么请停止阅读，赶紧去收集一些数据吧！但是，如果你像大多数公司一样有一堆以上的数据，但它们在质量上有问题，你并不是个例。仅仅从我们列出的最容易获得的数据源中，你就可以在客户健康度评分方面取得进展。

如何定义你的分数

这是最难的部分。现在你有了数据和目标，你需要将前者转换为后者。下面是一些原则，它们可以帮助你开始。

（1）**定义多个而不是一个客户健康度计分卡。**根据前面章节中所讲到的，你需要定义多种测量客户健康度的方法。但美妙之处在于你不需要选择！你可以将相同的原子数据（例如，用量、净推荐值得分）混合和匹配到不同的客户健康度视图中去。

（2）**在客户体验层面定义记分卡。**根据前面的章节，无论你的客户是以业务单元还是以产品线为单位（或两者都有）购买了你的产品，你都要让测量的分数具有同等的颗粒度。

（3）**区分领先指标和滞后指标。**可以用计分卡来跟踪领先指标（比如，客户在市场营销中的参与度）和滞后指标（比如，续约预测），但不要把它们放在一起同等对待，然后期待实现某种意义。

（4）**针对每个计分卡，混合和匹配数据。**例如，你的营销参与度计分卡可能包括对他们出席网络研讨会（来自你的网络研讨会系统）的数量、他们对电子邮件的打开率（来自你的营销自动化系统），以及他们的现场活动注册数（来自你的事件管理系统)。

(5)**尽可能自动化。**手工输入客户健康度情况(例如,CSM的主观观点/客户情绪评分)有时是必要的,但这为CSM增加了工作量,并且,它们极少是客观的。从源头(见上文)获取直接的一手数据,尽可能减少主观性和耗时的CSM手工输入的情况。

(6)**定义一个可理解的分级方案。**虽然最终数字系统(0~100)可以可视化地展示趋势,但你可能想要“分级”。正如我们在本章前面部分所讨论的,我们建议用不同的颜色(如红色/黄色/绿色)带来直观的展示效果。

(7)**利用趋势,但要小心。**你可能想要通过观察“变化”来衡量健康度状况(例如,客户使用量减少可能是一个不好的信号),但你需要注意“误报”(例如,由假期导致的使用量减少)。

(8)**寻找“缺失的数据”。**你能找到的最有力的信号之一就是负向的情况。哪些客户最近没有参加活动或网络研讨会?哪些客户没有打开路线图的发布邮件或参加路线图网络直播?哪个决策者没有回应你最近进行的调查?

(9)**根据客户细分或成熟度改变规则。**你不能在度量方面对所有客户一视同仁。应确保你正在基于你的业务的独特部分定义规则。

(10)**适当地运用基准比较。**如果你的客户都有共同的度量值(例如,交易量/天数),那么你可以使用基准比较的方式,将某一个客户与同级的平均值或中间值进行比较,然后根据这一标准进行评分。

(11)**使用(但不要过多使用)否决指标。**虽然你可能通常用一系列数据的组合来确定健康度得分(例如,网络研讨会出席情况、活动出席情况以及营销参与度),你可能需要一个关键否决指标,即不论其他指标如何,这个变量胜过一切其他变量。例如,如果你从一个高管决策者那里得到了一个批评的净推荐值,那么这可能胜过其他所有客观数据。也就是说,不要有太多的关键否决指标,否则你的评分系统将很混乱。

(12)**关注可操作性。**作为一家公司,推动客户成功的一个重要因素是识别早期信号。但同样重要的是找到可行动的早期信号。停止使用你的服务的客户很有趣,但是你应该采取什么行动呢?可能更有趣的是,客户正在积极使用你的服务,但没有阅读你发布的产品说明。短期来看,他们是健康的。长期来看,他们可能察觉不到你所做的创新并可能离开你。对此，你是可以采取行动的。

（13）**不要有太多的衡量标准。**虽然我在这里举了很多例子，但不要一下子用太多的得分指标来压倒你的团队，可以先从一些指标入手（比如6~12个）。

（14）**保存过去的分数。**当你决定改变某一个领域的衡量规则时，我建议你保存历史数据。当然，要将它隐藏起来，以免让你的团队感到困惑。但是请把它们保存下来，因为将来可能派上用场。

不要做什么

以下几乎是相对于上面所讲内容的反面例子，这是为了让你获得更完整的理解。

- **不要对数据不加区分：**不要把所有关于客户各方面的数据都拿出来同等对待，然后期待实现某种意义。这与把客户在跨产品和跨业务单元的数据拿出来进行同等对待是一样的。你不会把资产负债表和损益表放在一起进行平均计算，然后期待得到有用的信息，不是吗？
- **不要在错误的精准性上练习：**我喜欢用颜色标注内容，因为数字有时候会让你对自己到底知道多少产生错误的信心（87/100的健康值会变成86/100可能并不重要）。
- **不要过度关注趋势：**如果你在每次客户某个指标下降10%的时候都标记“红色”，那么你会看到很多（错误的）红色。
- **不要完美主义：**同时有多个计分卡的好处在于，你可以从现在开始并不断添加数据。

接下来的步骤

现在你的脑子里可能满是关于如何在公司建立和推广计分卡的想法（也许还有些焦虑）。你可能会想，它一定要这么复杂吗？幸运的是，并不需要。我们深入讨论了如何衡量客户健康度的多方面问题。但是，我们不知道有哪家公司采用了本章的所有建议。让你的客户成功并不需要这些。它需要的是充分考虑客户健康度对你的业务最为重要的那些方面。

那么我们接下来要做什么？我们建议同时进行以下工作。

- 组织一次单独的会议，与你的团队一起定义一个路线图，以确定如何衡量客户群体的不同方面。

- 同时，选取一个本章讲到的概念（如在第一节讨论过的，基于ROI的简单的客户健康度指标），作为起点。

最后一个思考：让我们回到“房间里的大象”。大象在本章中指的是技术，特指软件。我们有意保持这一章与软件完全无关，但当你读到这里，你可能会明白，如果没有某种软件解决方案，那么根据我们列出的框架来衡量你的客户群是完全不可能的。

一些公司选择通过各种工具（以及大量电子表格）来实现这一点。另一些公司则寻求构建一体化平台或自己开发解决方案。作为一家客户成功软件公司的CEO和首席运营官，你可能会惊讶地发现，我们实际上并没有向所有公司推荐Gainsight——尽管我们完全相信我们是这个类别里最成熟和功能最齐全的产品。无论你的公司处在什么规模或阶段，最后一步（也是我们在上面讨论的并行步骤中的每一个的关键部分）都是软件评估。我们将在下一章回到技术选择的内容。

客户成功的相关性和因果关系

我们认为，在行业分析客户成功的影响时，因果关系或相关性问题是相关的。当我们写下这句话的时候，我们意识到我们被问到这个问题的次数几乎和被问到其他任何问题的次数一样多。

- “我们如何量化客户成功的影响？”
- “我们如何证明我们需要客户成功？”
- “客户成功的ROI是怎样的？”

提问者（有时是你的CFO，有时是你的CEO）问的是：“我为什么要对客户成功进行投资？”还有更微妙的问题：“你怎么知道存在因果关系？”

这种对话经常出现在客户成功团队展示相关性的时候。

- **与时间的相关性：**“我们今年在客户成功上进行了投资，让我们看看留存率怎么样！”
- **与客户的相关性：**“我们关注了客户成功，让我们看看拯救了多少客户！”
- **与领先指标的相关性：**“让我们看看产品采用率上升了多少！”

现在，如果你的首席财务官与我们共事过的许多人一样，那么他们可能会倾向于持怀疑态度。

- “当然，留存率提升了，但是我们怎么知道这是你的团队的功劳？”
- “当然，那些客户状况很好，但如果他们本来就会很好呢？”
- “当然，采用率提升了，但这会不会是自然发生的呢？”

在《为什么》（*The Book of Why*）一书中，作者犹大·珀尔（Judeah Pearl）谈到了“反事实”——分析在另一种决策路径中会发生什么几乎是不可能的。如果你没有对客户成功进行投资，或者没有关注这些客户，或者没有推动客户采用产品，会发生什么呢？珀尔认为，经验丰富的客户成功团队（具备一定的客户体量）可能会设计一个控制实验，以真正找出其中的因果关系。在制药行业，客户成功团队可以进行A/B测试。他们可以完美地分离出一组用于测试干预的客户（例如有一个CSM）和一个没有分配CSM的对照组。他们需要小心地确保在小组设计中没有“偏差”。例如，你不能让测试组成为希望与CSM打交道的客户（因为不管怎样，这些客户可能更愿意留下来）。好消息是已经有几家公司这样做了。事实上，雅典娜健康公司在我们的Pulse大会上介绍了其在客户中进行的实验性测试。

但现实情况是，大多数公司没有足够的客户体量、一致性或流程来执行真实的A/B测试。不要忘记“损害”问题。就像有时如果药物能挽救病人的生命，那么把病人放在对照组是不道德的一样，忽视特定的一组客户通常也是具有挑战性的。

那么我们该怎么做呢？缴械投降，说“客户成功没有可证明的ROI”？不！我们要向其他职能部门的同事学习，了解他们是如何分析自己产生的影响的。从我们的角度来看，有五种模式。

1. CSM就像客户支持：CSM是一种业务成本

对于一些公司来说，CSM已经成为产品的一部分和价值主张的一部分。客户需要CSM来获得价值并与供应商合作。随着时间的推移，这个成本看起来很像客户支持成本。它经常被归类为“销售成本”的一部分。

有鉴于此，CSM作为支持资源，降低了毛利率。因此，压力将是自动化和在维持运作的情况下，最大限度地降低成本。

2. CSM就像服务：CSM是一种产品

许多公司都试图通过自掏腰包的方式来打破预算僵局。具体来说，他们正在创建优享的“客户成功计划”，通常包括优质的支持、培训、专业服务“积分”和高级的客户成功计划。因此，在某种程度上，客户成功变成了另一种产品（尽管是一种服务产品）。重要的是，这种方法在CFO级别上更容易证明其合理性。事实上，Salesforce是这种模式的先驱。在Pulse大会上，Splunk和PTC提出了类似的概念。

需要应对的一个挑战是，“那些不签署计划的客户怎么办？”一些公司给出的答案是，它们利用这些计划的利润，为大规模的“免费”客户成功服务提供资金。

3. CSM就像售前：CSM作为销售推动者

一些公司将CSM视为销售成本（续约）。因此，它们可能有一个续约代表和一个CSM为某个客户服务，并且它们将合并的成本看作整个交易的成本。这些模型看上去非常像销售工程师（SE）或“售前”资源与客户经理（AE）合作进行新销售的组合。事实上，就像公司设置“销售工程师：客户经理”的目标比例一样，他们可能有一个“客户成功经理：续约代表”的比例。在这种方法中，CSM使整体续约和/或扩展更有效，就像一个优秀的SE帮助AE关闭订单一样。

4. CSM就像市场营销：CSM作为销售的输入内容

“线索”的概念非常棒。营销人员创建了一个定义良好（尽管经常争论）的可量化的输出指标。经验丰富的公司会衡量“单个线索成本”和线索到销售的转换率。

我们已经看到一些更成熟的团队以这种方式看待他们的CSM团队。艾莉森提出了客户成功三大核心指标的概念：客户成功合格挽救（CSQS）——CSM团队帮助恢复健康的客户数、客户成功合格线索（CSQL）——CSM带来的增购线索数和客户成功合格推荐者（CSQA）——客户成功团队带来的客户参考和客户案例数。如果你有合适的公式将这些指标转换成滞后指标（例如，新业务、续约和扩展），你就可以为客户成功找到一个融资模式。

5. CSM就像销售：CSM是显而易见的

我们可以看到CSM所做的工作如此基础，我们甚至不去质疑它。这不正是销售的运作方式吗？大多数公司有一个“产能模型”电子表格。你输入要雇用的客户经理的数量，以及关于业绩、熟悉时间、销售配额以及其他情况的条件，然后模型就会输出一个订单数量。销售代表产生销售数字——就像魔术一样！

我们认为很多人经历过一些困难的情况。销售代表的成功离不开线索——或者满意的客户——或者产品/服务。销售代表经常推动交易并促成交易，但很少仅仅靠他们自己。有时他们会很幸运地地捡到一个“大单”。

所以，也许有一天，在遥远的将来，你的首席财务官会问：“我们怎么知道是那些销售代表促成了公司的扩张，而不只是在那儿帮点小忙呢？你又怎么知道这不是CSM的功劳？”

也许是我们在做梦？或许，我们已经看到了未来！

总结

在本章中，我们讨论了一种快速的方法，可以用以启动基于ROI指标的客户健康度评分。然后，我们深入讨论客户健康度的不同方面，随着客户成功项目的演进，你可能希望探索这些方面。最后，我们讨论了考虑客户成功影响的概念性方法。大多数企业发言人说：“客户是我们最大的资产。”然而，这些公司却没有办法衡量这些资产。是时候解决这个问题了。

第 25 章

规模化：如何在不增加人力投入的情况下获得客户成功

对于许多商务人士来说，年底意味着三件事：

（1）快乐的节日；

（2）完成第四季度目标；

还有……

（3）电子表格！

我们要说的是，预算季到了！有人感到兴奋了吗？有吗？

世界各地数以千计的客户成功领导者与他们的首席财务官进行“有趣”的讨论。他们争论比率、成本结构和规模化模型。他们面对上千次的提问：“你如何证明你的团队有影响力？”（我们听说过一些首席财务官患有“健忘症”——但不记得是从哪里听说的。）

但最值得注意的是，客户成功管理者和首席财务官每年都面临几乎不可能的挑战。他们如何在不倾家荡产的情况下，扩大自己的业务规模，并持续获益于CSM？

客户的成功和“40法则”

对于那些试图达到“40法则”的公司来说，这个问题尤其关键。解释一下，“40法则”是SaaS中的一个关于平衡增长和盈利的财务概念。简单地说，“40法则”是指，理论上来说，你的收入增长率减去损失占收入的比重，得到的数字应该大于40%。

如果你的增长率是100%，你可以损失收入的60%（100% − 60% = 40%）。如果你的增长率40%，那么你应该是收支平衡的。如果你增长了20%，你的业务就应该有20%的利润。随着公司逐渐成熟，增长率从100%或以上转变为20%~40%，情况开始变得紧张起来。

如何让你的公司做到盈亏平衡甚至获利更多

如果假定一般的SaaS毛利率为70%~80%，那么所有的运营成本就只剩下一美金的70~80美分了——这只是为了实现收支平衡！让我们假设这个简单的练习中的利润率为70%。

大多数公司在通用及行政管理（G&A）和研发（R&D）上的花费的占比分别为10%~15%和15%~25%。我们假设这两部分总共是35%。这意味着你有70% - 35% =35%用于销售、市场营销和客户成功。这并不是很多。

如果你像大多数规模化中的SaaS业务一样，将收入的5%~15%花在客户成功上，那么剩下的用于销售和市场营销的钱就会非常少。如何才能在不产生线性规模问题的情况下，从客户留存、增长和宣传方面获得客户成功的好处呢？

我们看到越来越多的首席财务官和首席技术官在深入研究这一问题，核心是效率问题。

创新领导者规模化客户成功的十种方法

在我们见过的数千名领导者中，我们看到了许多扩大规模的方法。

（1）**改善产品，利用它为虚拟客户成功服务**。与产品团队合作，以确保路线图（特别是在短期内和在明年初）包括某些产品改进，这些改进将减少客户从产品中获得价值需要投入的努力。此外，确保产品团队向你提供关于产品用量和采用情况的数据，你的团队需要了解客户的健康状况。最后，通过应用程序内指南和引导将产品团队作为客户成功团队的扩展帮手。我们在第9章谈到了如何与产品团队更紧密地合作的方法。这些都是很重要的，特别是在制定预算的过程中，这样能保证产品的复杂度与明年的客户成功投资是一致的。

（2）**建立一个社区**。你的成功客户能够回答一些其他人向你的CSM提出的问题吗？通常情况下是的。建立一个在线社区，让客户可以互相帮助。

（3）**集中管理内容**。大多数公司特别是处于成长阶段的公司的CSM，会发现他们自己制造了同行已经发明的轮子。两个CSM可能分别创建文档来处理相同的用例，而他们甚至都不知道这点。想要有一个更有效的解决方案吗？让你的客户成功运营团队的某个人来负责内容，征求CSM的意见，并在材料中将团队采用的方法正式确定下来。当你这样做的时候，你可能会发现其实你并没有系统的方法来帮助客户获得价值——在这种情况下，你应该构建一个!

（4）**重新进行客户分层**。在专注于CSM高端市场的同时，确保你覆盖了小客户群体（参见下一个技巧）。此外，许多公司更进一步，将潜在支出和客户需求纳入分层模型。

（5）**扩展你的技术接触策略**。你是否已经为客户精心安排周到的客户旅程，包括一系列精心设计的应用程序内演练、人际互动、电子邮件和调研问卷——所有这些是否都是为每个客户量身定做的？如果不是，那么现在是时候着手了。这种方法可以为你的长尾客户带来成功，也可以实现负担过重的CSM当前正在承担的一些工作的自动化。

（6）**扩展你的客户支持团队**。如果你的CSM超负荷工作，部分原因是他们在花时间解决技术问题，那么请扩充招聘支持团队。支持代表的薪酬通常比CSM低，而且因为他们不需要拜访客户，客户支持团队的工作地点也可以设在成本较低的地方。

（7）**在低成本的地区招聘**。假设你还不能通过自动化来完成大量为客户服务的工作，这项工作还等着你做。当你将CSM提升到管理岗位，而其他人跳槽到公司内（或公司外）的其他岗位时，你可以在低成本地区填补这些岗位空缺。这些新地点可能和你的客户在同一个地域内，也可能在其他地方。几年前，当我们在印度建立CSM团队时，我们发现有一两家公司似乎已经这样做了。今天，这已经是稀松平常的事情了。为了成功地建立这个新地点，你需要考虑最小化时差的方法，找到那些对在常规工作时间内的工作不感兴趣的团队成员，并设置培训课程，以确保知识从旧地点转移到新地点。你还需要先聘用一个强有力的本地管理者。

（8）**销售服务——在某些情况下对CSM收费**。你可能无法在异地完成需要做的所有工作。在这种情况下，可以考虑通过向客户出售服务来弥补成本，并扩充专业服务团队来提供这些服务。无法转移到低成本地点的工作可能包括现场咨询、高度接触教育和深度技术指导。企业客户通常习惯为这些服务付费。你也可以考虑对CSM角色本身收费，我们将在下一章讨论这一点。

（9）**雇用处在职业发展早期阶段的CSM并用技术帮助他们**。CSM仍然是一个相对较新的领域。一些最高效和可规模化的CS组织，通过在招聘上投资、赋能和利用系统来“培养自己的人才”。

（10）**减少浪费**。CSM执行的动作并不是每个都是有价值的。有些根本不会对客户产生影响。有些活动与留存、扩展或推荐无关。找到并消除那些“徒劳无功”的活动，你会更高效地实现规模化。

总结

最终，客户成功从幻灯片阶段发展到电子表格阶段。我们的意思是说它从理论转化到实践模型。问题是，如何规模化这一模型？在这一章中，我们回顾了十种策略，介绍如何在不增加人力的情况下实现客户成功规模化的方法。

第 26 章

技术：使用什么系统

正如公司已经投资销售自动化，以赋能提升销售生产力，以及投资营销自动化，以增加线索产出和提升品牌知名度，数百个组织已经投资客户成功管理解决方案，以最大化客户终身价值和宣传推荐。在我们对100多位客户成功领导者的基准研究中（前文提到过），我们发现，通过优化客户成功运营，净留存率提高了33个百分点。如果实施CSM解决方案可以帮助你实现这样的增长，那么任何人都不会拒绝这样做。

事实上，我们最近会见了一家大型私募股权支持的软件公司的CEO，他通过以下方式将CSM软件与公司的战略联系起来。这位CEO对他的公司进行了大规模的转型，从传统的内部永久许可模式到推出全新的云服务。他在文化和领导力方面做出重大改变，以接受这种新的观念。他认为"最后一英里"（相当于1069.344米）是"实现客户成功的工业化"。在这位CEO看来，仅仅拥有正确的文化和正确的人才还不够。"我们的客户告诉我们，我们拥有很棒的员工，但他们仍然没有遵循一致和协调的策略。"

许多公司正在根据这一认识采取行动。咨询公司德勤发布了一份题为《2019年企业客户成功研究与展望》的报告，其中在"在哪些客户成功能力上增加最多的投资？"这一问题上，有近1/3的CEO表示，他们计划将增加10%以上投资的前两个领域是人才获取和技术支持。

但是，正如客户成功本身需要超越"组织孤岛"一样，客户成功技术也需要超越"组织孤岛"。这意味着客户成功团队需要仔细考虑何时、何地以及如何部署客户成功管理解决方案以获得最大的业务影响。也就是说，大多数成熟的客户成功组织已经发现了"完美"是没有意义的——你需要在过程中快速前进并不断迭代。Okta负责客户成功和增长的高级副总裁艾德·戴利（Ed Daly）指出："完美是进步的敌人，等到客户成功达到完美时才去实现它，这肯定会导致收入损失。"就像敏捷软件开发过程一样，有效的客户成功工作需要快速的迭代、失败、学习和改进。

在本章中，我们分享了企业在购买客户成功管理平台之前应该采取的步骤，这些步骤是我们从超过700个Gainsight产品部署中学到的。这些步骤将帮助你制定策略、收集数据和构建流程以驱动成功。

客户成功是艺术还是科学

虽然已经感觉像是来自另一个时代的东西了，但我们仍然记得销售工作全靠黑板、牛排刀和“直觉”的旧时光。好吧，也许黑板已经过时了。而且，尼克是素食主义者，不需要牛排刀。但是直觉在过去绝对是最重要的。

曾经有一段时间，人们普遍认为，销售是一门艺术——它无法量化也没有系统性。销售就像棒球一样经历了“点球成金”的转变——艺术的部分仍然存在，但是科学的部分已经发展了很多。

再看今天。如果你正在创建一家新的公司，你通常会定义销售过程，识别关键指标，并在第一次雇用销售代表时，建立客户关系管理（CRM）系统。这是一个重要的发展，因为公司现在能够更迅速地在销售过程中进行验证和学习。

刚刚成单的明星销售案例的问题在于，这种模式是不可复制的。它不可规模化，因此最终会变得无效，让你得不到答案也找不到前进的道路。但这是一个众所周知且被广泛接受的认知——至少在销售中是这样。

那么，这个名为“客户成功管理”的职能，它虽然是销售的兄弟部门，但是一个不断进化的后继者，为什么在招聘和流程方面重复了20世纪90年代的方式，而且自己也认为这种方式不够好?

我们会见了数千名来自各个行业的新客户成功管理领导者，从初创公司到大企业，令人惊讶的是，我们常听到这样的表达：

- “我的团队不太喜欢流程。”
- “这跟指标没有太大关系，更多的是靠直觉。”
- “我们先招聘团队，然后他们会想办法弄清楚。”

让我们分别回应以下每个假设。

- **“我的团队不太喜欢流程。”**

就像他们在销售领域的同事一样，我们认为这些新的客户成功领导者会逐渐意识到，与亚历克·鲍德温在《大亨游戏》（*Glengarry Glen Ross*）中所说的不同，不应该对关闭订单给予奖励。相反地，应该对流程的一致性进行奖励。这也就是说，最有效的客户成功人士会开发统一的和数据驱动的方法来开展工作，更重要的是，进行学习。

- **"这跟指标没有太大关系，更多的是靠直觉。"**

一致性很重要，因为客户成功与销售还有一个共同点：它们都是结果导向的业务。客户成功可能不如销售业绩驱动那么残酷，但留存率是任何公司成长的关键数字。任何客户成功经理都不应该因为"失去"一个客户而被解雇。但是每个客户成功经理都应该清楚并能够解释为什么会发生这种情况，以及未来如何改进这一过程。没有数据就无法做到这一点。

- **"我们先招聘团队，然后他们会想办法弄清楚怎么做。"**

"直觉"派的很多实践者认为，"你需要先找到人，然后让他们来弄清楚流程和工具"。对于他们，我们会这样说：如果你雇用一个团队来负责"搞清楚"，那么后续让这个团队接收数据、流程和系统会遇到困难。你可能会很幸运，但是通常情况下，你可能会遇到一群人，他们相信没什么能胜过他们神奇的直觉。

直觉型CSM与预测型CSM：我们在现实世界中一直看到直觉型CSM的这种心态，并有意识地想要反驳它：虽然没有人能像客户成功经理那样了解客户，但是如果没有客观的指标度量，就无法做出准确的预测。这在科学领域和CSM领域都是事实。在本书中，我们讨论的是健康度得分，但是你随便怎么称呼它都可以。

基于这个事实，我们已经注意到许多较新的、较早期的客户成功管理团队比已经运行了一段时间的团队要复杂得多。早期的客户成功管理团队通常是像早期的销售团队一样构建的——在那里，狂妄和豪言壮语会得到奖励，而仔细的分析会被看作"我们还没有为此做好准备"而被一笑置之。

较新的CSM团队正在认识到，在一开始构建的基础将是今后多年的基础。我们的建议是，如果你开始搭建一个新的客户成功管理团队，请从第一天开始就使用科学的方法。

项目计划：一个一流的评估过程是什么样的

你可能会购买一个一键式解决方案来解决一个非常具体的、影响有限的业务问题，但采购一个客户成功解决方案并不能（也不应该）这么不假思索地完成。

带着一个经过深思熟虑的计划开始你的评估过程，会让你更快地得到结果，并得到更好的结果。以下是我们推荐的购买CSM解决方案的11步流程。

- **评估团队**：找到跨职能的评估团队。
- **业务案例**：创建一个业务案例，使潜在投资的价值得以量化。
- **项目计划**：创建一个评估解决方案的计划。
  - □ 大纲是一个很好的起点。
  - □ 此外，如果你还没有经历过公司的采购流程，那么研究一下类似的决策涉及什么内容。
  - □ 你有一个标准的供应商审计流程吗？是否有安全审查、合规审查？
- **供应商研究**：通过阅读在线评论，与同行交谈和阅读分析报告来确定供应商评估的候选名单。
- **提案请求（Request For Proposal，RFP）**：
  - □ 创建RFP的评价要求。
  - □ 将RFP发送给潜在的供应商。
  - □ 审核收到的反馈。
  - □ 对反馈进行评分。
  - □ 选出最终入围的供应商。
- **解决方案演示**：我们建议把它分成三个会议，最理想的情况是安排在同一天。
  - □ 管理层/最终客户演示+路线图审查
  - □ 技术架构+演示
  - □ 高管演示+商业案例演示
- **背景调查**：进行背景调查，并阅读最终入围者的线上评论。
- **概念验证**：如果需要，那么我们建议进行概念验证，以确保解决方案适合你。如果你有一个非传统的商业模式，那么我们强烈建议你这样做。
- **解决方案设计和范围确定**：定义一个详细的项目范围来了解成本和时间。
- **做出选择**：选择最终的供应商。
- **商务**：确定商务协议。

在本章的其余部分，我们将提供确保每个阶段成功的技巧。

评估团队：在评估过程中，我应该让哪些内部团队参与

在CSM平台推出过程中可能犯的最大错误之一是孤立地进行。正如我们在本书中详细讨论的那样，将你的公司转变为更注重更以客户为中心的公司需要跨部门的协作支持。我们建议使用RACI决策框架（见表26.1）来定义职责。

表26.1

RACI	角 色	问 题
负责人	客户成功或业务运营负责人	a.这是否能满足我们的业务需求 b.我们准备好了吗
	IT项目经理或业务分析师	a.启动并运行这一项目涉及什么 b.这将如何与我们现有的系统对接
批准人	客户成功主管/客户管理主管	a.这是对于现在和长期来讲都是正确的伙伴吗 b.这需要多长时间来建立和运行
	销售主管	这对增加收入有帮助吗
	IT主管	这可以规模化吗
咨询人	试点的客户成功经理或客户经理	这会提高我们的效率吗
	试点的销售代表	这将如何与我目前的销售工作流进行融合
	数据团队	这可以处理我们的数据吗
知会人	CEO/总经理	a.这在战略上对我们有什么帮助 b.我们会取得成功吗
	首席财务官/财务负责人	a.这要花多少钱——直接和间接 b.这值得投资吗
	产品管理负责人	这能帮助我生产更好的产品吗
	市场营销负责人	这如何帮助我们提升客户的参与度和进行客户推荐
	服务负责人	这能帮助我增加服务收入吗
	客户支持负责人	这能帮我判断优先级，以更好地处理工单吗
	培训负责人	这能帮助我增加培训收入吗

- **负责人：**负责进行评估的团队。

- **批准人**：对客户成功相关的业务流程负责的团队。
- **咨询人**：日常使用CSM平台的团队。
- **知会人**：需要批准投资，并受到结果影响的团队。

业务案例：如何定义这个项目的总持有成本（TCO）和投资回报率（ROI）

通常情况下，业务领导人在IT项目的道路上走得太远，而不了解持有成本或他们应该期望获得的价值。我们建议你在深入研究技术细节之前，先进行投资回报率（ROI）和总持有成本（TCO）的预测工作。一个业务案例可能包括以下几个部分。

- 评估公司内部客户成功流程的当前状态。
- 将当前状态与“一流”状态进行对标。
- 提出改进建议。
- 计算改进的TCO，包括：
  - □ CSM平台授权成本；
  - □ CSM平台供应商或合作伙伴新员工培训服务成本；
  - □ CSM平台供应商或合作伙伴持续的服务成本；
  - □ 内部IT和操作培训时间和隐性成本；
  - □ 内部IT和操作持续的时间和隐性成本；
  - □ 变更管理时间和隐性成本；
  - □ 数据准备、集成时间和隐性成本。
- 按照客户分层来展示ROI的改进，包括：
  - □ 流失率的降低；
  - □ 增购/交叉销售的增加；
  - □ 运营效率的提高；
  - □ 客户推荐的加强。

在Gainsight，我们提供战略咨询服务，帮助我们的客户定义业务案例，包括通过一个最佳实践过程对客户进行标杆分析。此外，许多第三方顾问可以帮助完成这一过程。我们发现这种外部的建议可以帮助客户成功领导人获得CEO、CFO

和其他利益相关者的支持，也帮助这些推动者将他们自己心目中想要通过使用软件达到的结果，更加清晰地展示出来，这也将有助于今后部署的成功。

供应商研究：有哪些合适的选择

你最近一次在没有进行网上调查的情况下进行大笔消费是什么时候？当我们的销售和营销团队与潜在的Gainsight 购买者互动时，他们极少——而且越来越少——是没有读过第三方对我们的软件和技术的评估报告的。这些也不是纯粹由同行写的内容。大多数领先的分析公司，如Gartner和Forrester，发表过关于CSM平台的研究报告。此外，TrustRadius、G2和AppExchange等经过验证的在线评论网站也很有帮助。最后，我们建议查看显示不同供应商之间差异的市场对比图表，可以在G2和其他类似网站上找到。

提案请求（RFP）：我们对客户成功管理系统的功能和平台的需求应该是什么

客户成功管理平台如果被利用得好，就可以被深入集成到你的数据堆栈和业务流程中。在最好的情况下，这能够从根本上改变你的运营方式，并在整个公司范围内进行层叠式的改进。因此，我们建议仔细评估你的需求和供应商的能力。有些公司的决策仅仅基于一次演示和“直觉”。虽然有时是有效的，但最终客户往往得不到想要的结果。事实上，它们甚至没有意识到真正想要得到的结果是什么，它们的平台最终没有达到预期目标。

最有经验的客户成功平台购买者正专注于对以下三个能力的评估。

1. 功能性（驱动ROI）

我们的客户认为六种类型的功能是客户成功管理平台的核心“支柱”。

- **健康度：**查看客户健康度“计分卡”的能力，可以从不同维度（如客户支持健康度、采用健康度和关系健康度）和在客户的不同实体中（如按产品线、按业务部门和按地理位置等）查看健康度。此外，你应该深入了解客户健康状况的细节，比如，客户记录、客户支持历史、调研问卷的响应、关键支持者或使用量数据统计。

- **工作流**：将对客户健康度的观察结果转化为行动的工具。这通常包括一个系统用于识别需要采取的行动，为这些情况定义最佳实践步骤，分析客户成功经理和其他团队成员之间的工作，并与其他任务管理系统（如Salesforce）集成。此外，工作流通常涉及在内部沟通系统如Slack 中使工作动态清晰可见。

最后，客户成功管理平台越来越多地采用主动的方式来定义理想的客户结果和获得这些结果的计划。

- **沟通**：利用在整个客户成功生命周期中进行自动化和个性化沟通的工具。这应该支持所有的“接触模型”，从高度接触能力，如自动化创建高管业务回顾（Executive Business Review，EBR）需要的幻灯片，到中度接触能力，如预先编写的可跟踪电子邮件、数据驱动的电子邮件的发送和应用程序内消息等工具。
- **分析**：大多数客户购买客户成功管理平台不仅是为了优化日常操作，还希望在他们的业务上做出战略决策。因此，一流的客户成功管理平台包括深入的分析功能，例如，完全通过定制化图表展示的报告、集成的数据处理/聚合/透视/趋势，简化的跨数据集的连接和视图，以及每个客户个性化的仪表板。
- **调查**：客户成功需要关注数据，但是需要与理解和洞察客户关系配合进行。你的数据只有在能够解释为什么要采取行动的时候才有用。大多数客户成功管理工作涉及将客户健康度的客观（数据驱动的）和主观（基于情感的）视角结合起来。因此，大多数购买者希望具有通过调查获得客户反馈的功能。调查问卷可以在单次购买之后发送（例如，在销售之后、客户支持案例之后，或项目结束之后等）或定期发送，以评估整体客户关系。这类功能还包括以统一的方式跟进调查结果，发挥闭环的功能。由于客户通常遍布世界各地，因此调查需要以多种语言发送，并与多个时区保持一致。最后，许多公司寻找分析工具来处理和评估调查结果——进行调查文本分析。
- **应用程序**：客户希望确保CSM不会成为公司的“孤岛”，并且，让他们出现在公司可以全面推动客户成功。CSM平台评估通常包括评估应用程序和每个利益相关者的体验：

□ 客户成功经理；

□ 销售代表（在Salesforce 销售云、HubSpot或Microsoft Dynamics等系统中）；

□ 支持代表（在Salesforce服务云和Zendesk中）；

□ 服务经理（在专业服务自动化系统中，例如FinancialForce）；

□ 营销经理（在客户参考管理功能方面）；

□ 产品经理（在产品用量分析方面）；

□ 财务团队（在收入和续约预测方面）；

□ 合作伙伴。

2. 平台（管理TCO）

虽然从上文看到的最终客户用的功能是业务客户所关心的，但是IT和运营只能基于平台本身的深度进行交付。我们看到一些公司关注平台的以下方面功能。

- **数据集成：**CSM平台依赖数据。数据如何输入系统？支持哪些数据源？可以考虑的数据源包括：

□ 通过Amazon S3 的数据；

□ 通过API 的数据；

□ 客户关系管理系统（CRM）（Salesforce标准对象、Salesforce自定义对象、Salesforce第三方应用程序）；

□ 销售团队自动化系统（SFA）（例如，Salesforce销售云、Microsoft Dynamics、HubSpot）；

□ 客户支持系统（Salesforce服务云、Zendesk）；

□ 市场营销系统（Marketo、Salesforce营销云、Salesforce Pardot、Oracle Eloqua）；

□ 专业服务自动化系统（FinancialForce）；

□ 网络分析系统（MixPanel，Segement，Google Analytics）；

□ 金融系统（Netsuite，Zuora）；

□ 调查系统（SurveyMonkey，Medallia，Qualtrics）；

□ 人类智力（Human Intelligence）/评分；

□ 社交媒体数据（LinkedIn）；

□ 公司新闻更新。

- **开放数据模型**：因为客户成功管理系统是真正的平台，客户经常需要不断扩大和完善数据模型。确保平台允许你在管理界面中添加自定义表格、字段、计算和其他要素，还要确定平台是否能够进行数据处理（例如，聚合、透视、分析趋势），或者是否需要预先处理数据。最后，确定客户模型的灵活性。层次结构可以处理多少个级别？你是否可以在不同的层级上添加多个纬度（比如产品）？评分模型是否允许你以较小的维度来追踪健康度的不同方面（比如支持健康度、服务健康度）？
- **Salesforce 集成**：所有的CSM平台都应该与像Salesforce 一样的 CRM系统进行集成。对于很多系统来说，关键在于确定集成的深度。CSM平台上的数据是否可以与Salesforce的数据集成？所有的自定义对象是否需要一直对客户开放？CSM平台是否可以100%从Salesforce 的客户界面访问？是否可以通过Salesforce的应用程序，比如，服务云和社区云访问？客户是否可以从CSM平台中直接更新Salesforce的字段？
- **自助服务**：随着CSM 团队的与时俱进，客户成功也在快速发展。因此，我们需要敏捷地修改平台的配置。领先的客户需要一个CSM平台，以简单地配置报告、仪表盘、规则、自定义特征、公式、表格及其他因素，而不用找供应商帮忙。此外，他们希望找到在线资源，比如，知识库、支持对话系统、在线社区等，以获得快捷的帮助。
- **最佳实践**：没有一个CSM团队希望重复造轮子。客户希望系统有内置的最佳实践——预先配置的操作指导、邮件模板、调查问卷、报告等，它们代表客户成功可能有的最好实践。
- **基于角色的访问权限**：一个CSM 平台应该能够同时平衡两种不同的需求，既要有不同角色/团队/职能的个性化视图，又要使相关信息在不同团队之间自由流转。你的CSM平台应该包含以下内容。
  - □ **根据不同职能的需求定制页面展示**：不同团队可以拥有定制的客户视图，这一能力对于让相关方收到对应的问题反馈和机会非常关键。自定义的页面设置可以避免混乱，并促进跨职能协作。
  - □ **同盟制的访问权限**：任何具备一定规模且有多条线的业务都面临一个艰难的选择，即为每一条业务线部署一个独立的客户管理系统，或者强制要求他们都在一个既有限制又同时共享的环境中工作。但是如果每一个团队都可以自己配置并使用平台来满足特定需求，同时又可以处于同一个环境下，那么就没有这么艰难了。

- □ **安全：**你将很多敏感的信息存放在CSM平台上，比如，客户数据和业务关键信息。任何CSM平台都应该具备：
- □ 复杂的基于客户角色/或客户背景的访问权限；
- □ 独立的安全证书，比如，SOC Ⅱ 2型。

3. 公司（与供应商的合作关系）

因为选择CSM平台是一个影响深远的决策，客户通常会像评估产品一样评估供应商。CSM平台正在迅速发展，因此，他们不仅要评估技术的现状，还要评估未来的发展趋势。关键问题如下。

- 客户：供应商的客户是谁？他们的规模如何？他们属于什么行业？客户与你的业务有多大关系？
- 客户成功经理背景：将与你一起工作的供应商客户成功经理的背景是什么样的？他们的客户成功经理团队有多少人？
- 服务：供应商可以为设置平台提供怎样的初始化技术服务？有什么样咨询服务可以进一步完善客户成功管理战略？能提供哪些持续的技术客户管理和其他服务？服务团队有多少人？
- 合作伙伴：有什么样的合作伙伴围绕平台提供服务？
- 社区：供应商有什么样的社区？供应商在我所在的地区是否有相关组织，可以像志同道合的同行那样进行互动？社区中有哪些客户？公司的活动有多活跃？供应商的在线社区有多活跃？
- 愿景：供应商未来三年的路线图是什么样的？在促进创新的研发方面的投资是多少？发布的速度和最近的发布模式是怎样的？
- 可行性：供应商目前的规模有多大？

由于以上大多数问题不是可以用“是”或“否”来回答的问题，我们建议以打分的形式进行回答——例如：

5 =供应商能力很强，且有非常强的证据支撑；

4 =供应商能力很强，且有比较强的证据支撑；

3 =供应商能力很强；

2 =供应商的产品可以定制/延展以满足需求；

1 =供应商能力不满足。

解决方案演示：在供应商评审时，我们应该涵盖哪些内容

由于客户成功管理平台决策是一个跨职能的选择，因此可能许多人会参与其中，将评审分解为可管理的模块非常重要。当Gainsight为潜在客户演示软件时，我们有意识地理解并记下他们想要实现的结果。通常，他们可能不是非常确定，这就是为什么基于数百个成功的实施案例的说明性方法是有帮助的。

最成功的客户已经在内部讨论过，在以下三个建议的会议中，他们期望得到如下结果。

1. 管理/最终客户演示+路线图审查

这是一个为客户成功/客户管理主管、销售主管和试点销售代表/客户成功经理/大客户经理召开的会议（通常持续两个小时），以了解平台的业务价值和客户体验。会议覆盖以下内容：

- 平台给客户体验带来的影响。
- 快速查看客户成功经理/销售代表的体验。
- 管理者的体验和仪表盘。
- 一位客户的“一天”：
  - □ 查找一个客户的信息并准备一个电话；
  - □ 管理你的工作强度和行动项目；
  - □ 与他人协作；
  - □ 与客户共享信息。
- 让供应商展示产品中内置的最佳实践和经验。
- 路线图和愿景。

2. 技术架构和演示

关于上述技术平台，客户通常会与 IT、业务运营和数据团队一起仔细检查平台，包括：

- 体系结构概述；

- 集成方案概述；
- 安全方案概述；
- 管理员演示。

3. 高管演示+业务案例演示

最精明的客户会为高管（CEO/总经理、首席财务官/财务主管）做一次快速（30分钟到1小时）的演示，以让他们了解系统的产出情况：

- 高管仪表板演示；
- 业务案例概述；
- 高层项目计划。

背景调查和概念验证（Proof of Concept，POC）：我们应该采取什么步骤来审查我们的第一选择

即使你已经找到了偏好的供应商，但任务还没有完成。我们建议你按照以下四个步骤确认你的选择。

（1）**背景调查**。与招聘一样，检查供应商背景调查情况也是一门艺术。我们建议在背景调查中做充分的工作，以确保你了解真正的客户体验，特别是涉及以下情况时：

- 要求供应商提供与你的规模和商业模式类似的客户案例；
- 通过LinkedIn寻找“背书”；
- 找到已经离开了供应商的客户；
- 找到从其他解决方案迁移到这个供应商的客户。

（2）**概念验证**。虽然这不总是必要的，但POC可以帮助评估技术的契合度。特别是当你有：

- 复杂的源数据；
- 复杂的客户层级结构；
- 不同的客户群；
- 变化的工作流。

概念验证可以帮助我们从重视演示转向重视细节。如果你进行POC，那么我

们强烈建议你将“真实的”数据（可能是匿名的）加载到平台中。

（3）**做出选择**。我们建议收集上述所有数据，并将评估团队的成员重新召集在一起，以做出慎重的决定。

（4）**解决方案设计和范围确定**。确保你详细了解服务工作的范围和项目计划。与提供新人培训的团队成员见面，了解他们的背景并评估方法的有效性。

做出正确决定的重要性

从整体来看评估过程时，我们秉持“由外向内”的观点。对于不知道最终选择会是什么的购买者来说，什么是最有价值的？对于我们来说，向人们推销Gainsight的价值固然重要，但帮助客户成功团队和领导者成功地交付客户期望的结果，使其作为更广泛的客户成功工作的一部分，则是更为重要的。对客户有益的，就是对客户成功有益的，从长远来看，这对我们也是有益的。

毫无疑问，在你的公司将要购买的所有技术或服务中，当涉及客户成功解决方案时，赌注可能会被特别地提升。在某些情况下，公司可以相对随意或不加区别地对软件进行投资，因为与成本更高或更具变革性的工具相比，软件的成本较低、影响较小。客户成功并不是这样的，也不应该是这样的。你的技术供应商可以成为你的公司转型过程中重要的战略合作伙伴。

总结

在本章中，我们建议公司在客户成功技术的选择上执行一个经过深思熟虑的计划。我们强调该技术中某些功能的重要性，但是我们同样强调选择一个能够成为你的企业长期战略合作伙伴的供应商的重要性。如果你的客户成功平台得到合适的合作伙伴的支持，那么它将是你最大的资产之一，它可以将所有功能结合在一起，实现客户成功。

在你进行客户成功转型的过程中，另一项重要资产是你的团队和人员，我们将在第27章中讨论这个主题。

第27章

专业发展：如何培养领导者和团队

作家蒂姆·厄本（Tim Urban）的博客《等一下，为什么》（*Wait But Why*）很受那些喜欢质疑生活中一切事物的人欢迎。厄本抛出了一个至今仍让我们着迷的难题：

> 现在是2045年，你和你的伴侣准备要一个孩子。所以你要去诊所，这样他们就可以提取你们的精子和卵子，以让你们得到最合适的孩子［然后他们在条件最优的机器里培育胎儿——只有最执着的嬉皮士们（the biggest hippies）还在通过老式的方式怀孕］。在这个假想的世界里，你可以通过设计让你的孩子拥有三种不同水平的特质：智商（IQ）、情商（EQ）和毅力。

厄本解释说："这些特质都可以用全人类中人口百分位数（1~100）来给你未来的孩子打分。所以智商得分为100会让你的孩子成为智商最高的人。情商得分为50的孩子具有平均水平的情商。然后你总共有250分。你将如何在这三个特质之间进行分配？"

这个问题在我们的朋友和家人之间引发了持续数小时的讨论。在今晚的晚餐或下一次鸡尾酒会上试试吧！

与此同时，让我们将你的思维从考虑你的未来或现在的孩子转移到客户成功上来。你可以同样恰当地提出这样一个问题："如果你有250分来分配给理想的成功客户经理，你会如何在他们的智商、情商和毅力上进行分配？"即使有些人天生就有一定的智商、情商和毅力，但我们坚信这些品质也是可以培养的，包括对于客户成功专业人士，应该为他们提供有针对性的专业发展项目。尽管我们可以讨论如何在这三种能力之间分配分数，但至少我们相信这三种能力对客户成功经理的发展都是至关重要的。下面我们将介绍与这三种特质相关的技能类型。

对于客户成功经理

智商→产品知识

这一点并没有被夸大：客户成功经理需要很好地了解产品。舰队管理平台公司KeepTruckin负责多个客户成功团队的约翰·格里森（John Gleeson）表示："产品专业知识是客户成功经理角色的支柱。任何沟通或问题升级方面的培训都无法弥补客户成功经理不能真正理解产品的来龙去脉的不足。这是与客户建立信任的基础。首先，你要在你的团队中培养起真正的产品专家。”曾帮助科技公司Mindbody和Delphix的客户成功经理团队实现赋能的托德·梅西（Todd Massey）强调，产品知识不仅是关于产品功能的知识，也是关于用例的知识。“你需要了解你的客户是如何使用你的产品的。尤其要找到那些喜欢你的产品的客户，问问他们，他们在用你的产品做什么。”

所需产品知识的类型取决于客户成功经理角色的特质。例如，“价值补充型CSM”通过指导改进使用方法弥补产品的不足，因此，他们需要非常了解技术。CSM的另一种类型“价值获取型CSM”，专注于通过签订续约合同和推动扩展来实现客户成功的商业化，因此，他们需要首先熟悉产品如何帮助客户获得更多价值。他们通过两种方式推进销售：（1）为客户回顾产品如何为客户带来投资回报；（2）将新产品用例转换为客户可以实现的理论价值。

情商→引导性说服

作为一个客户成功经理，你有责任确保客户得到他们想要的结果。这需要一定程度的自信。KeepTruckin的格里森表示：“作为一名客户成功经理，你需要以一种发人深省的方式来提出尖锐的问题，因为你需要理解客户真正想要但可能还没有完全意识到的深层价值。一旦你在客户真正想实现的价值上与他们达成共识，你就需要有所引导，换句话说，主动为客户推荐某些行动方案。”当客户试图走上一条对他们来说并不真正有益的道路时，有时你需要在深思熟虑后进行反驳。正如格里森所说：“优秀的客户成功经理可以成功地进行那些具有挑战性的对话。”

引导性的语言是常用的：“客户，我知道您计划采取A行动，并且，我听说由于X和Y的原因，您认为这是一个正确的决定。但我曾和很多决定做类似事情的客户一起工作过，这样做给他们带来了一定的损害，具体的形式如下……另外，与您的情况类似并实施了B行动的客户能够获得以下结果……因此，我强烈推荐B行动，并期待您的反馈。”在这个例子中，格里森指出，引导性说服需要很强的提问和倾听能力。为了有效说服不同背景的客户，客户成功经理需要深入理解客户的假设、信念和目标。

格莱德咨询公司（Glide Consulting）创始人兼CEO尼尔斯·温吉（Nils Vinje）为许多成长型公司的客户成功战略提供建议。他认为，强有力的计划对于引导性说服的艺术至关重要。“一个被动的客户成功经理会从处理一件事转而处理另一件事。他们每天都觉得自己非常忙碌。但是如果回头看，他们并不完全确定自己到底做了什么。但是一个有效的客户成功经理有一个成功的计划，这是与客户一起制订的，它展示了接下来的三个月和六个月会发生什么事情。”与客户制订计划需要客户成功经理非常坚定自信，但反过来，在头脑中有一个可能的计划，也有助于客户成功经理说服客户采取正确的下一步，让他们得到好的结果。有计划性的心态与有说服力的沟通密切相关。

毅力→策略

每个角色都有“忙碌”的一面。学习和执行策略是客户成功经理角色最常做的工作。举几个例子，客户成功经理需要学习他们公司如何让客户获得价值的方法、处理问题升级的过程，以及确保完成续约的最佳实践（无论是他们自己做还是与销售合作）。始终如一地执行策略需要自律、高度的组织性，以及对公司中制定了这些策略的思想领袖的尊重。除了客户成功经理遵循这些规则，对他们来说，向他们的经理或维护这些规则的客户成功运营团队提供反馈也是同样重要的。他们应该与这些策略产生的结果相协调，并在学习什么可行、什么不可行的思维模式中，提出优化改进策略的建议。这种严格的学习也是一种忙碌的形式。

对于客户成功总监或经理

智商→情境化地解决问题

当出现问题升级或独特的场景时，情况有时会超出执行计划要处理的集合，因此，客户成功经理通常会向他们的经理寻求帮助。因此，一个主管需要在帮助客户成功经理思考问题方面有一定技巧。理想的主管应该向客户成功经理提出问题，以便深入了解情况，利用一系列“为什么”问题找到问题的根源——不是用指责的方式，而是用一种传递知识、分享兴趣和指导团队成员达成愿望的方式。

- 你觉得为什么会发生这样的结果？

- 哦，我明白了。所以，原因是 X。如果更深入地思考，那么X 发生的原因是什么?
- 了解了。听上去像是Y引起了X。是不是有一个Z导致了Y?

一旦总监和客户成功经理一起找到导致问题的根本原因，他们就可以开始头脑风暴寻找解决方案。这需要总监具有创造力。他们可能会向客户成功经理抛出一些想法，看看哪些能被接受，并鼓励客户成功经理跳出固有思维模式，找到正确的解决方案。

格莱德咨询公司的温吉鼓励总监指导客户服务经理，在把情况告诉经理之前思考这些问题。他解释说，“这使客户成功经理首先对形势进行批判性思考，这样，他们就可以提出自己的想法。最终，我发现这是一种有效的方法，可以减少经理处理问题所需的时间，并教会客户成功经理进行战略性思考。额外的好处是，在许多情况下，客户成功经理会在对情况进行批判性思考后提出一个很好的解决方案，由经理来运行它，经理将简单地回答‘我同意’”。总之，总监需要高度熟练地解决情境化的问题，以及熟练地指导他们的客户成功经理处理同样的行为。

情商→情绪调节

因为总监通常是讨论富有挑战性、复杂问题的指路明灯，他们需要帮助团队成员调整自己的情绪。首先要感受到团队成员的情绪，并对他们表示出同理心。这反过来又要求总监调节自己的情绪。如果总监被即将到来的压力压得喘不过气来，那么他们可能会对团队成员做出冲动的反应，也许是沮丧或愤怒。因为客户成功经理可能没有同样的能力来管理他们自己的情绪（取决于他们的资历），所以总监需要承担管理团队情绪的责任。这使管理角色具有挑战性，但也会让人很有成就感，因为总监成功帮助团队可以让客户成功经理感到被理解和欣赏。客户成功经理也通过观察总监来学习这种自我调节情感的技能。

毅力→成就

总监们应该有一种将日常行动——执行计划和其他活动——转化为实现目标的渴望。他们可能还没有深入理解活动和结果之间的联系（请参见下文提到的副总裁所需要的能力），但是如果团队付出努力而最终没有实现目标，他们就会感到不满意。他们将与团队开展对话，讨论如何实现某个数字，以及这个数字是否会成为总留存率、净留存率或其他指标的目标。如果他们在季末没有达到目标，他们就会感到失望，并希望下个季度做得更好。

对于客户成功副总裁

智商→长期规划

一旦主管成为副总裁，他们就需要对客户如何贡献收益有深刻的理解。专业服务自动化公司FinancialForce前首席运营官、人力资源软件公司BetterWorks现任首席客户官安德里亚・拉根表示，这需要"将自己沉浸在数字中"。拉根指出，客户成功高管"需要能够与首席财务官和董事会就解释客户成功如何有助于进入市场框架的指标进行深入对话"。具体来说，我们认为副总裁应该能够分析以下链路上的联系：

- 活动；
- 领先指标；
- 滞后结果（财务指标）。

以下是副总裁应该能够回答的一些关于上述指标之间联系的常见问题。

- 活动→领先指标：
  - □ 客户成功经理是否关注当下具体将如何改善客户健康度得分？
  - □ 为什么会这样？
  - □ 将来是否也会经常发生这样的事？
  - □ 公司战略的变化将如何影响这一链接关系？
  - □ 从完成一个活动到健康度得分的改善有多长时间的延迟？
  - □ 如果我们给予CSM 职责C，那么他们是否有时间执行活动A和B？这将如何影响我们对客户健康度进行一定程度改善的行动？
- 领先指标→滞后的结果：
  - □ 客户健康度得分的改善如何带来总留存率和净留存率的改善？
  - □ 为什么会这样？
  - □ 两者之间的确切关系是什么？换句话说，如果我们将客户健康得分提高X分，那么这将带来多少总留存率或净留存率的增长？

- □ 将来是否总会这样?
- □ 公司战略的变化将如何影响它们之间的联系?
- □ 一个客户应在续约时间到来前多久具有绿色的健康度得分，才会极有可能续约?

副总裁可能会与他们的客户成功运营团队的分析师一起回答这些问题，但是他们自己需要具备关于这些联系的知识。这些都是有能力的CCO、CEO和CFO在执行会议或准备董事会会议时会问到的问题。

情商→高管支持

在与最具战略意义的客户等资深人士的重要会议上，副总裁应该能够代替CEO或CCO参与讨论，无论是讨论升级问题的会议，还是定期回顾合作关系的会议（注：我们确实认为CEO和CCO应该会见很多客户，尤其是那些更具战略性的客户。与此同时，CEO和CCO不能参加所有相关会议。他们需要依赖他们的副总裁）。这意味着理想的副总裁可以帮助内部团队提前为会议设定目标，并准备可能实现该目标的议程和内容，正确定义会议的基调，仔细听取意见，在对话时阅读相关文件，发现需要改善的话题；协调客户和内部利益相关者之间的对话；然后将会议引向正确的方向。

毅力→责任

问责文化应该存在于组织的各个层级，副总裁应通过他们的行动来说明责任的含义。他们应该考虑，当客户成功经理制定或不制定目标或进度滞后，以及团队制定或不制定目标时，会发生什么。他们应该清楚地知道遵循执行计划的重要性。他们要回答CEO或CCO提出的实现总留存率或净留存率的问题，也就是说，当目标达成或没有达成时，他们都要承担责任。他们被培养要了解目标达成的根本原因。

对首席客户官而言

智商→跨职能协调

一个以客户为中心的公司就像一首交响乐，每一个职能都在演奏不同的乐器，每个人都在按照同样的乐谱演奏。管理公司不是CCO的工作，但是CEO应该非常熟悉乐谱，设计其中的重要部分（那些向CCO汇报的职能），并提出对其余部分进行改进的建议。这需要将公司与客户的合作视为一个系统的能力，而不是松散地收集一些毫无关联的特殊情况。系统性思考包括研究模式，并思考这些模式的改变怎样带来一个让客户和公司产生更好结果的系统。

情商→灵感

在我们高韧性的客户成功组织中，每个人都忙着执行策略，进行改进，实现目标，并确保承担相应的责任。即使是那些有着不同寻常的高韧性的人也需要获得激励以推进工作。他们并不总是受到数字、运营计划或短期成功的激励。他们希望为实现更大的目标做出贡献。CCO的工作就是阐明这个目的。

团队成员不只是想要去实现一个目标，他们也希望看到领导者被更广泛的目标激励。我们花了很多时间思考工作的目的，尤其是每个人都花了很多时间（甚至可能太多时间？）思考更多有关存在的问题。去年，高管培训师普拉卡什·拉曼（Prakash Raman）加入艾莉森为扩大的领导团队举办的一个非现场培训项目。他提出了一个问题："在弥留之际，你希望留下些什么？"对于艾莉森来说，这很简单：

- 我想与我的家人和我接近的人建立有意义的人际关系；
- 我想在漫漫长路的每一步，都遵循我珍视的道德准则（过程也很重要，而不仅仅是结果）；
- 我想建立社区，激励他人来创建一个更加道德的世界。

如果我们作为领导者能够开放地与团队分享我们希望为世界留下什么，并帮助他们确定自己想要留下什么，团队成员将在工作中感受到一种全新的激励能量。

毅力→调动同伴

对于一些CCO来说，帮助团队成员看到工作的目的是这个角色的任务的有趣的部分。但和团队里的其他人一样，CCO也需要抓紧时间。他们忙碌于调动他们的同事——销售、市场营销、产品管理、工程、财务和其他方面的负责人——将以客户为中心的想法纳入他们的决策中。管理领导团队是CEO的工作，但CCO可以向其他高管提供关于客户的经验和成果，这些都是不可复制的信息来源。理想的CCO不仅分享这些信息，而且在可能的许多谈话过程中——采取前进和后退的方式——他们与其他职能部门讨论、辩论和协商如何根据这些信息采取行动。

显然，我们都希望有这样一个世界，每个功能都以客户为中心，就像我们在本书第二部分中描述的那样。但是客户成功运动还没有完成它的使命，这意味着CCO需要在公司中充当以客户为中心的“火炬手”。代表客户进行谈判是一项艰苦的工作。我们已经看到一些CCO经历了幻灭、沮丧、绝望和精疲力竭。这就是为什么CCO的活动经常变成小组治疗。我们强烈建议CCO展示自我同情，愿意向那些可能正在经历同样事情的人表明自己脆弱的地方，并支持那些在旅途中苦苦挣扎的人。

如何训练我的团队获得这些技能

许多人熟悉发展团队成员的策略。这可能包括让他们参加关于产品的内部培训，请一位讲师来培训沟通技巧，付钱让他们参加会议，为他们感兴趣的主题提供在线课程，或者进行管理培训。所以，我们不会在这里强调这些，但是我们会建议你采用一些你以前可能没有想到的训练机制。

销售培训

我们之前讨论过引导性说服的重要性——深入倾听客户的需求，然后自信地提出一个实现最大利益的行动方案。有趣的是，多年来，这种沟通方式一直被传授给销售人员，而不是CSM。销售培训通常可以帮助人们更好地了解客户更深层次的痛点，让客户去重新构建阻碍他们前进的假设，以及了解客户组织中的权力结构——这也是CSM应该具备的技能。因此，挑战者销售、企业愿景、桑德勒培训和主动销售之类的方法也适用于CSM。

建立工作关系网

与同行进行经验交流，可以说在客户成功行业中比在其他行业中更重要，因为这个行业的发展是如此之快。“我们仍在寻找最佳实践，”KeepTruckin的格里森表示。“因此，拥有一个庞大的关系网络，跟上最新的潮流非常重要。你需要把它作为个人的关键绩效指标（KPI）之一。请离开办公室，哪怕只是每周花30分钟时间去见另一个客户成功从业者，向他提出相关问题，了解他为什么要这样做。这是自我教育的最好方法。”经理可以鼓励团队成员这样做，让他们离开办公室参加社交会议，主动帮助团队成员与社区中的其他人建立联系，并将建立联系的KPI分配给团队成员。你可能会担心如果你的团队成员被其中的一个联系人聘用，你会失去他们——但是说实话，现在的就业市场如此火热，他们很可能已经被LinkedIn上的招聘经理联系过了。当团队成员通过向其他人学习来提升自己的专业能力时，带来的收益是大于成本的。

高管培训师

正如我们所讨论的，客户成功领导角色在情感上具有挑战性。你经常会从董事会成员、CEO、同事（就像其他领导角色一样）以及你的客户那里感受情绪，你的团队成员往往比其他团队成员更有压力，因为他们也会像你的客户一样有一定负面情绪。客户成功的领导者有一个思想上的合作伙伴，不仅在智力上具有挑战性，而且在情感上也很有挑战性，是有好处的。高管教练可以胜任这个角色。有时候，他们很贵，但是你从你的客户成功领导者那里得到更好结果的价值将超过付出的成本。

通过提问辅导

CEO通常没有办法投入太多时间来培训CCO，但他们确实有时间提出一些值得深思熟虑的问题——在高管团队会议、一对一会议和董事会会议的准备过程中——这些问题有助于CCO关注正确的目标，并更深入地思考有助于实现这些目标的举措。因此，这些问题可以成为有效的辅导工具。我们将在下文中讨论可以向CCO提出的具体问题。

CEO应该向他们的CCO提出的十个问题

如果你是一位CEO，那么你知道整个公司都在期待你对问题的回答。你一天中的大部分时间可能都在回复邮件，问自己“接下来我该做什么？”或者“这里的计划是什么？”有这些问题的答案固然重要，但优秀的领导者知道，提出正确的问题也同样重要，甚至更加重要。尼克的整个团队都知道，当他们与他见面时，他们最好准备好回答一些有难度的问题。如果你是一位经验丰富的CEO：

- 你已经经历过很多销售季度，知道如何向你的销售负责人询问销售预测、销售漏斗、销售代表的绩效表现和大笔费用支出的报告；
- 你见过很多空的贸易展展位，以及除了公关稿之外无人知道的“公关活动”，知道如何审查你的营销副总裁提出的建议；
- 你看过足够多的情况发布会，知道如何检查你的技术开发负责人的计划，看看他是真的在解决问题还是在打掩护。

如何向CCO或客户成功副总裁提出有价值的问题呢？因为客户成功是一个相对较新的领域，很多CEO问我：“我应该经常问CCO或客户成功副总裁哪些问题？”所以，尼克给出了有关前十个问题的列表。如果你的客户成功领导者不能坚定地回答这些问题，他们可能就不适合这个职位。

1. 对我们的客户来说，成功意味着什么

许多客户成功领导者从客户支持或服务角色转变而来。对这些岗位而言，成功等于“关闭工单”或“启动项目”。但如果你是一位客户成功领导者，那么成功不在于你完成了什么，而在于你的客户完成了什么。你的成功取决于客户的成功。对于客户来说，成功是基于商业结果定义的（更多的收入、更快乐的员工等），你的产品只是实现这个结果的一个工具。他们的最终目的不是更新或扩展，尽管理想情况下这两者都是实现目的的手段。你的客户成功领导者的工作就是确保它们能实现目标。做到这一点，他需要知道你的客户的核心目标。

2. 什么是早期的风险指标

在许多公司，客户成功领导者的部分职责是在火灾发生前做好防范工作。要想做到这一点，你的客户成功领导者需要对每个客户的风险驱动因素有一个清晰的认识。这些问题包括支持者的变更、客户支持问题、技术问题、低使用率、过长的新手培训时间等。最好的客户成功领导者有一个强大的风险控制框架，你可以采用定性和定量的方式来谈论风险。

3. 我们如何判断客户是否具有黏性

与风险相关，客户成功领导者应该对客户的黏性有一定判断，这样，他们才有可能长期待下去。在订阅型经济中，当你考虑到获取和培训一个客户的所有成

本时，一个联系时间只有6个月或1年的客户对你来说很可能是净损失。生命周期价值是客户对公司价值的最终衡量。在这种情况下，客户成功团队需要在提升客户生命周期价值方面努力。你的产品对客户的成功有多重要？度量这种黏性可能涉及评估工作流的深度使用、API集成、数据集成的级别或其他因素。

4. 我们应该如何进行客户分层

这听起来是一个简单的问题。比如，按收入进行客户分层，对吗？事情没有那么简单。成熟的领导者会认真考虑客户群体的独特需求及短期/长期的经济价值。我们讨论了生命周期价值。你的客户成功主管需要预测哪些低收益客户具有高增长潜力，并相应地进行细分。那么新的垂直领域呢？假设你所有的客户都是总部位于美国的B2B科技公司，而你正打算向海外扩张，或进军B2C及医疗领域。对于你在这些领域的种子客户，需要进行更高级别的接触来为你的扩张定下基调。他们现在的收入水平可能更低，但他们仍然处于更高的客户层次。CCO或客户成功副总裁是否从全局战略角度进行考虑?

5. 哪些层次的客户是我们不应该服务的

一旦进行了客户分层，你就需要有策略地选择为谁服务，同样重要的是，选择不为谁服务。没有一家公司拥有无限的资源。每个公司都有能力范围且范围具有严格的边界。超出能力范围的客户是高价值客户，不幸的是，他们需要的比你能提供的更多，至少现在是这样。不值得投入的客户是低价值客户，他们会占用你过多的资源，却无法带来足够的价值来弥补成本。显然，总会有例外，CCO的工作就是定位客户。优秀的领导者会告诉你，对于哪些客户，你没有兑现自己的承诺，对于哪些客户，经济回报不佳。

6. 你如何决定你的团队成员管理多少个客户

优秀的领导者也知道如何发挥团队的优势。客户成功领导者负责的工作的一大部分是制定策略，可以根据客户分层、收入和基于账户量调整客户成功领导者的工作量。这就需要在工作中使用正确的工具——这些工具对于确定客户成功领导者的接触级别非常重要。CCO或市场营销副总裁肯定会为许多客户进行纯自动化或部分自动化的整合。他们需要决定什么样的客户获得何种程度的接触。

7. 我们的成本模型是什么

当你和销售主管谈话时，你不仅要询问收入，还要询问成本。就像需要确保目标毛利率一样，客户成功领导者应该对于目标客户保留成本有一定预期，这包括短期和长期的。最成功的客户成功领导者已经想出了一个总的年度成本模型以保持一定的收入规模。客户成功与客户的生命周期价值（LTV）有关，但是日常的直接成本需要在你设定的方程式中被考虑到。

8. 你的经济价值是多少？应该如何衡量

当你的销售团队总是达不到目标时，情况很简单。销售副总裁知道他的价值与收入有内在的联系。但是客户成功副总裁或CCO是如何被衡量的呢？流失率、续约率，还是增购金额？所有这些结果都受到其他面向客户的部门的重大影响。不管他们怎么做，高层领导都会对他们的工作价值做出评估。可以让客户成功领导者将客户健康度得分、续约率、净推广值调查和其他数据转化为自己团队和工作的ROI，然后让他来遵守这些标准。

9. 你需要从公司其他部门获得什么来推动客户成功

正如我们所说，客户与你的公司和产品之间的每一次互动都是他们成功的潜在关键点。的确，客户的整体健康状况将取决于客户成功团队，也取决于产品团队、销售团队、服务和支持团队等。一流的客户成功副总裁会搭建流程，以将客户的反馈信息向产品团队传达，将资格标准向销售团队传达。作为一名CEO，你的工作就是确保整个公司都以客户成功为导向。在订阅型经济中，它确实是基线。

10. 为了在文化上支持客户成功，什么是我该做和不该做的

如果忽略公司文化，你就无法成为一名CEO。当你读到关于失败的创业公司和疲惫不堪的高管的故事时，你会发现这些故事总是包含很多文化因素。在这一领域发挥领导作用的唯一方法，就是经常与管理团队成员和其他员工保持联系。特别是对于客户成功，你需要一个推动你把客户放在战略中心的客户成功领导者。当你做决定的时候，客户成功副总裁或CCO最好坚信这件事情是真正能够使你的客户利益最大化的。最优秀的高管会在日程表、信息和优先事项上挑战CEO，始终将客户成功放在第一位。

当然，如果你还没有CCO或客户成功副总裁，这一切就没有意义了。我们知道，还有一些公司仍准备招聘高管。如果你就是这样，你就落伍了。如果你已经聘用了一位客户成功高管，请继续用这些问题来挑战他们，以让他们做到最好。

总结

我们在这一章讨论了智商、情商和对客户成功的坚持的重要性，以及客户成功专业人士如何在职业生涯中增强他们在各个领域的技能。我们还讨论了CEO如何通过提出重要的问题来确保他们在CCO中培养正确的行为。既然我们已经在本章中定义了什么是“优秀的技能”，在第28章中，我们将转向创建一个具有包容性的环境的最佳实践，鼓励每个团队成员展现“最佳状态”。

第28章

包容性：如何创建一个多元化的团队

“我的工作是聘用优秀的人才，把他们放在合适的位置，然后就可以离开了。”是不是经常听到领导者这样说？不幸的是，这种关于领导力的看法存在根本性缺陷。尽管从来没有获得过法学学位，但我们仍然可以进行演绎推理。

我们将指出上面的陈述中两个有缺陷的假设：

（A）每个“岗位”都可被看作一个空缺，并可以由某些方面“优秀”的人来填补，且这种判断在某种程度上与团队的其他成员无关；

（B）那些岗位上的人不需要被积极地管理。

关于假设（A），你可能已经在这本书中看到，我们相信公司——连同它的客户和所在组织——是一个有着密不可分的“器官”的有机体。团队中没有与其他成员隔离的“座位”。因此，我们认为一个领导者应该像管理团队一样管理公司，而不是将其视为一个没有联系的个体的集合。因此，一个领导者应该让能创造最佳团队表现的人来填补空缺。尽管我们相信优秀的客户成功专业人士可以展示一系列技能（在前一章中描述过），但是如果你雇用了一位看起来“顶尖”的客户成功专业人士，而这个人对良好的团队活力没有贡献，那么最终你的团队就不会达成较高绩效。

我们认为假设（B）也是不正确的，因为领导者需要积极培养有活力的团队状态。即使我们不相信等级森严的组织，我们也相信领导者的存在是有理由的：让每个人的生活变得更好。

与上述看法相反，我们认为有效的领导者：

- 视他们的团队和客户为一个复杂的生态系统，而不是孤立的个体的集合；
- 在补充空缺的角色时，不断优化团队，实现整体团队的绩效最大化；
- 积极解决问题，以保持团队日常的活力。

你可能会想，这个分析和这章的标题有什么关系？事实证明，我们认为这一切都与它有关。具体来说，卓有成效的领导者：

- 认识到绝大多数最成功的团队都有多样性、包容性和归属感等特点（考虑到大量文献讨论过这个话题，我们在这里就不赘述了）；
- 在招聘空缺岗位时，将团队的多样性作为一个重要属性来考虑；
- 在日常工作中，积极落实让团队成员产生强烈归属感的最佳实践。

也就是说，我们不是研究包容性的专家，也不打算在这里把包容性作为一个话题来讨论。我们想要讨论的是包容性和客户成功之间的关系。所以，让我们咨询一些专家以便更深入地理解这个话题。

为什么包容性对于客户成功尤为重要

让我们再谈谈科科·布朗，雅典娜联盟的CEO。在第6章中，她谈到了目标驱动的组织。她说："我们的客户可能在许多维度上是不同的——无论是种族、宗教、出生地、性取向还是其他属性。"当我们的客户是多样化的时，他们也会希望看到我们的团队是多样化的。即使你不赞同（我们也不赞同）合并同类项（例如，将客户成功经理与具有相似特征的客户进行匹配），上述原则也是正确的。真正重要的是，多样化的客户组织希望看到多样化的供应商组织，因为这会让他们感觉自己是对方生态系统的一部分，就像你的员工希望感觉到自己也是你的组织的一部分一样。

此外，布朗指出，一个认识到客户多样性的客户成功团队可能也会注意到"人们对产品的体验不同，因此需要对这些产品和相关服务进行调整，以使更广泛的多样化的人群更容易获得这些产品和服务"。一个多样化的客户成功团队可以帮助将客户反馈信息传递给公司的其他团队，从而使产品和服务更具包容性。

客户的成功可能有助于提升多样性

基于上述原因（以及许多其他原因），我们认为，客户成功团队应该继续提高他们的多样性和团队成员的被包容感和归属感，这一点很重要。尽管我们还有很多工作要做，但作为一个团体，我们可以取得一些胜利。2018年，我们通过分析LinkedIn的数据发现，48%的客户成功专业人士是女性。而且，在客户成功行业中呈现的性别多样性已经成为提升公司高层管理团队多样性的驱动力。

海德思哲公司的招聘主管亚历克西斯·亨尼斯通过观察发现：

> 当我任命客户成功高管时，他们可能是整个高层领导团队中唯一的女性成员。因为几年前这个职位还不在高级管理层，所以这个机会并不存在。现在这个角色的地位得到了提升，而且通常直接向CEO汇报，我们能

够改变管理团队的组成情况，这是一种很棒的感觉。我们能够通过在客户成功中引入不同的人才来改变高层管理团队的面貌。

事实上，女性在客户成功中相对较强的现实（与公司内部的许多其他职能相比）及随着该职能重要性的提升，更多女性被选进董事会。布朗所观察到的是：

> 董事会最终意识到，他们需要比一群前任和现任CEO和财务专家更具活力的成员。这些人的综合能力不足以处理当前董事会面临的各种问题。具体来说，董事会反复强调的人性化因素实际上都是关乎客户成功的，比如波音或联合航空最近面临的危机。今天，像这样的危机不仅要由CEO来处理，还要由董事会来处理，而且要非常谨慎，由于我们的生命有时会受到威胁，股价和市场份额也会受到威胁，因此，我们需要懂得如何与客户建立深厚的关系、分析他们的情绪、与他们互动并将客户情绪反馈给组织的主要掌舵人——这些人作为董事会成员是非常有价值的。

在典型的董事会职能方面，谁能比CCO更适合填补这一空缺呢？当CCO中有很大比例是女性时，这意味着最终会有更多女性进入董事会。

当董事会中没有人掌握客户成功相关知识时，董事可能无法理解高管团队展示的一些关键概念。布朗指出："如果你是一家处于成长阶段由风投支持的SaaS公司，那么每次董事会会议都可能涉及客户流失率、净推荐值和扩展，而客户成功领导者必须非常有策略地处理这些指标。讨论的范围超越销售数字，需要思考如何从战略上吸引客户。"她补充道，"此外，我们与相当多的大型上市公司进行过交谈，这些公司意识到，他们必须采用新的方式与客户打交道，而这不仅仅是市场营销的事情。关键是如何倾听客户、如何培训客户、如何制定创新路线图。"在董事会任职的客户成功管理者可以提供独特的视角，以便在讨论期间向高管团队提出建议。

布朗补充说：

> 董事会曾经是你退休后分享智慧的地方。你会通过为董事会提供服务而逐步退居幕后。但问题是，商业模式变化得如此之快。客户成功职能在十年前还不存在。退休人员可能不太熟悉。现代董事会正在更加有意识地

考虑聘用那些仍在经营岗位上的人，这让他们能够接触到最新的知识。其中包括当前的客户成功领导者。

其中很多是女性。

总结

客户成功的上升趋势为打造性别多样化的公司、管理团队和董事会提供了独特的机会。尽管客户成功运动可能正在助推团队的性别多样化，客户成功领导者还需要在确保其他维度的多样化方面进行投入，如种族、性取向，确保团队成员一加入就能感受到团队的包容性。

既然你已经学习了如何在一个成熟的企业中利用客户成功，那么下一步是什么？在第29章中，我们将提供一些行动方案。

第29章

接下来要采取的步骤

如此多的人从客户成功中获益，是我们职业生涯中的一大亮点——从追求职业梦想的人，到从更多以客户为中心的供应商中获益的客户，再到因为更强的客户维系能力和口碑宣传力而从股东那里获得更大回报的投资者。客户成功是真正使“所有人成功”的工作之一。

以下故事来自Kronos公司的客户成功与更新副总裁简·格雷厄姆：

> 以前，我是一家市值达7亿美元的上市公司的高级经理，管理一个包含15人的团队。6年过去了，我是一个包含200人的全球团队的副总裁，管理数千名客户的10亿美元经常性收入。这是因为我开始关注经常性收入和客户成功，就在那时，我将自己融入这一原则。当我思考我的职业轨迹时，我认为如果我没有专注科技的特定领域，那么我就不会有被放大的成长和职业发展的机会。

格雷厄姆并不是个例。这是一个数以万计的人将自己的职业生涯押注其中的领域，他们也因此获得巨大成长。

我们还要考虑客户成功对投资界的影响。HubSpot的前CRO马克·罗伯奇开始投资初创企业，希望投资那些留存率比增长率更高的公司。

> 我们的想法与传统投资者非常不同。我认为，作为企业家和投资者，我们过早地关注营收的增长。投资者问企业家的第一个问题是：“你的收入增速有多快？”有一种观点认为，你需要在四年时间里实现“3倍、3倍、2倍、2倍”的增长。我并不反对快速扩张。我们只需要了解在追求快速实现规模化之前需要具备的先决条件。这些先决条件中最重要的是一致的客户价值创造。这就是为什么当我考虑投资时，我首先考虑的是客户成功和客户留存。

罗伯奇指出，客户成功可以提高企业家的成功率，帮助更多的人改变生活和所处的行业，并在投资中获得更高的回报。

当然，客户成功运动已经彻底改变了客户体验。以客户为中心的供应商帮助客户成功员工应对科技对他们工作的过度干预。以下是甲骨文的客户成功副总裁凯瑟琳·布莱克莫尔的解释：

> 我喜欢这个职业的一个原因是，这已经远远超越培训、指导教程，启

动、发起活动这些范畴。我们现在已经开始改变人们的生活，甚至改变人们对科技发展的看法。我告诉我的团队，你们来到这里是为了改变生活、改变行业、改变软件的未来。我们在这里是为了最终改变人们对专业的印象和对人类使用技术生活的未来的看法。但它必须从某处开始。它必须从我们每天做的这些帮助人们使用软件的小事开始。

除了使个人利益相关者受益之外，我们真正相信，客户成功工作是在21世纪定义人机交互方式的主要力量之一。我们希望已经使你相信，客户成功工作对你的团队成员、投资者和客户来说是三赢的。那么下一步应该怎么做呢？

如果你是CEO

（1）**与招聘人员一起聘用一位优秀的客户成功领导者。**正如我们在本书中所讨论的，客户成功领域的招聘在客户成功发展早期已经发生巨大变化。你需要寻找一位具有很强的跨部门领导能力、收入增长导向和系统性的思考者。猎头公司可以帮助你找到这位候选人，但你需要在招聘过程中向他们展示，你将通过自己以客户为中心来帮助他们成功！

（2）**开始在董事会文件上加上客户成功指标。**从三个大的维度关注客户成功指标：财务报表（总留存率和净留存率）、成本指标（客户成功管理成本占收入的比重、每个客户成功领导者的年重复性收入），以及领先指标（如客户健康得分）。

（3）**与更多的客户交谈。**你很有可能没有充分利用与客户相处的时间。作为一名CEO，你能做的最有价值的事情就是花时间与客户交谈，而且更重要的是，倾听他们的意见。正如我们所讨论的，《哈佛商业评论》公布的数据显示，CEO平均花在客户身上的时间占其总的工作时间的比例为5.6%。我们认为，对大多数CEO来说，一个好的起点是将这个数字翻一番。

（4）**找出如何“将客户成功工业化”。**使用本书之前篇章中一位CEO用到的说法，我们给你一个挑战，去寻找一种方法，把贴在墙上和放在人们心里的以客户为中心的文化价值观变成客户眼里真正看到的结果。就像你把数据、流程和系统带到销售、市场营销、财务、人力资源和其他领域一样，是时候为你的客户和你的长期收益做同样的事情了。

（5）**评估并对标你的客户成功成熟度和能力**。研究证明，你的客户团队越团结地发展更好的流程和技术，你的收入增速就越快。你离这一步还有多远？Gainsight公司创建了一个很有价值的在线评估系统，可以帮助你通过以下方式进行评估：（1）在客户成功的14个核心要素中，与同等规模的公司相比，你的表现如何；（2）你的公司在客户成功方面的优势和劣势分别是什么；（3）如何提高你在每个客户成功要素中的成熟度。你可以在Gainsight网站进行免费的、个性化的模型评估。

如果你是客户成功领导者

（1）**与你的团队一起进行一次调研，了解客户对你的期望（而不是你对他们的期望）**。成为一家真正以客户为中心的公司的核心要求是从心态和文化上发生根本转变，从“由内而外”的思考转变为“由外而内”的思考。这意味着一切都要从客户开始：他们是谁、他们期望什么，以及他们如何定义成功。

（2）**雇用一家咨询公司来设计客户旅程**。客户旅程将定义你所做的每一件事，不仅体现在客户成功管理方面，还体现在每个部门的每个接触点。作为公司即将展开的最重要的战略演习，设计正确的客户旅程对你来说是至关重要的。

（3）**围绕客户成功的新技能以对你的团队进行培训**。目前可用的培训资源数量正在快速增加，最佳实践已经开始标准化。像Pulse+这样的教育和认证平台将为你的职业生涯和部门发展提供规范的最佳实践程序。

（4）**参与活动**。Pulse是全球最大的年度客户成功会议。它是由Gainsight公司主办的，但它不是一个客户会议——它是真正为行业服务的活动，而不是产品宣传活动。参加像Pulse这样的行业活动可以让你了解最新的研究和社交机会，最重要的是，让你知道你并不孤单。

（5）**加入LinkedIn上的客户成功社区**。LinkedIn上的客户成功社区是最活跃的社区之一，不仅有客户成功领导者参与，还有很多以客户为中心的公司的售后部门领导者参与。

（6）**评估并对标你的客户成功成熟度和能力**。研究证明，你的客户团队越团结地发展更好的流程和技术，你的收入增速就越快。你离这一步还有多远？Gainsight公司创建了一个很有价值的在线评估系统，可以帮助你通过以下方式进行评估：（1）在客户成功的14个核心要素中，与同等规模的公司相比，你的表现如何；（2）你的公司在客户成功方面的优势和劣势分别是什么；（3）如何提高你在每个客户成功要素中的成熟度。你可以在Gainsight网站进行免费的、个性化的模型评估。

如果你是一名客户成功专业人士，或者想成为一名客户成功专业人士

（1）**参加Pulse+培训**。Pulse+是由一些世界上资历较高的客户成功从业人员设计和创建的，是客户成功领域中最大的教育资料库。

（2）**阅读《客户成功手册》**。《客户成功手册》（*The Customer Success Handbode*，威利出版，在书店随处可见）对于客户成功从业者来说是必不可少的。这是关于客户成功工作的唯一的战术层面的日常指导，有着令人难以置信的细节和学术严谨性。

（3）**加入领英上的客户成功社区**。你的下一个职业机会很可能来自你在这个社区建立的联系。积极参与，看着你的事业绽放吧！

（4）**参与活动**。像Pulse这样的活动对于客户成功领导者来说是很有价值的，对于联系和培训未来的客户成功领导者来说更是如此。

（5）**评估并对标你的客户成功成熟度和能力**。研究证明，你的客户团队越团结地发展更好的流程和技术，你的收入增速就越快。你离这一步还有多远？Gainsight公司创建了一个很有帮助的在线评估系统，可以帮助你通过以下方式进行评估：（1）在客户成功的14个核心要素中，与同等规模的公司相比，你的表现如何；（2）你的公司在客户成功方面的优势和劣势分别是什么；（3）如何提高你在每个客户成功要素中的成熟度。你可以在Gainsight网站进行免费的、个性化的模型评估。

如果你做到了这一步，你就走上了为你的客户、团队和企业带来更多成果的道路。为你的成功干杯！

后记

从商业成功，走向客户成功

我在企业有二十多年的工作经验，经历过神州数码、李宁体育、万达地产、京东、乐视等公司，负责人才和组织能力建设的工作。从传统意义上来说，我们通常讲公司成功，往往是指商业成功——企业的经营业绩达到甚至超额完成。在此逻辑下，企业努力追求“商业闭环”，即从找到意向客户到达成交易，这是我们最熟悉的商业模式。2016年，我看到一篇有关Salesforce公司的文章，第一次接触到“客户成功”的概念——一种新的商业模式，它使Salesforce的云订阅服务模式（SaaS）从硅谷扩展到全球，成为拥有2500亿美元市值的公司。从那时起，我便开始关注客户成功。

大量的中国企业过去依靠“野蛮增长”发展起来，通过“跑马圈地”拿到客户，实现销售额的快速增长；而最近几年，中国经济大环境增速放缓，全球不确定因素增多，“长期主义”和“回归商业本质”的商业思想越来越流行。此时，如果一个企业只关心自身的商业成功是远远不够的，客户会随时离你而去，中国企业越来越需要拥有客户成功的商业思想和商业模式。

客户成功的核心是客户购买了产品后，通过不断使用产品和服务来让自身的价值变大。因此购买只是开始，而不是结束，这是对客户成功最简单清晰的一种理解。当你为客户带来成功，客户也会持续购买你的产品和服务，这样就为企业带来稳定、持续的利润和收入。这也是以Salesforce公司为代表的SaaS商业模式的本质——客户因为你受益了，因而持续购买你的产品和服务。

近几年，我开始把客户成功的理念和方法引入我培训和咨询服务的企业。

通过身边的成功案例，我坚信客户成功的思想和模式值得更多的中国企业学习，于是我向电子工业出版社推荐了几本客户成功主题的经典外版书。在甄选的标准上，我第一特别注重作者是否具有企业实践经验，而不只是在高校从事研究工作；第二特别注重书中是否有大量企业案例，因为学习一个知识最简单有效的方法就是借鉴和复制优秀企业的实践案例。正如阿吉里斯在《组织学习》中提到的，知识分为两种，一种叫“正确的知识”，在理论上非常完美，但不落地；另一种叫“可行动的知识”，对实践和行动具有指导意义。我在选书的过程中，更倾向于选择后者。《客户成功经济》这本书有企业真实的实践案例、具体做法、成功和失败的经验总结，对中国企业有更直接的指导意义。

国内已有很多客户成功的追随者和实践者，例如本书译者王雅倩所属的阿里云的Teambition团队，成立客户成功部门已有五年时间；国内也有部分企业引入了客户成功，但出现了一些质疑的声音，其实主要是对中国SaaS商业模式的质疑。因为目前在中国跑通SaaS商业模式，达到与Salesforce同等规模和影响力的企业几乎没有。究其原因，是因为中国的SaaS企业很容易陷入一个误区——快速把一个行业做起来，压低成本，快速成交，而到后期又不能兑现承诺。这种急功近利与SaaS商业模式长期陪伴客户、促进订阅的思想是背道而驰的。在VUCA时代，尤其在全球新冠肺炎疫情之下，很多企业看到了商业的本质——企业需要忠实客户的陪伴，为客户带来持续的价值。虚假信息、夸大承诺、最后不能履约的行为现在越来越容易被客户识别。在当下这种商业环境中，中国企业尤其要思考客户成功，转向长期陪伴客户的商业模式。《客户成功经济》这本书中的观点和实践，对中国企业在接下来的五年、十年，甚至二十年的长期主义商业模式会产生深刻的影响。

客户成功虽然是从SaaS这一细分商业领域中总结的方法论，但长期经营的、以客户为中心的企业都能用到这一商业价值理念。很多企业已从强调自身的商业成功转向帮助客户成功后企业才能更好发展的模式。我近几年在做企业顾问的过程中，发现很多企业都在用客户成功的模式推动企业发展。

以中国鞋业龙头百丽为例，他们就在一个销售区域内启动了客户成功模式的商业实践。百丽发现很多女性消费者买鞋时冲动消费，购买后有时会忘记使用商品，而如果想让客户持续购买，必须让客户有好的穿戴体验。如果客户消费后没有使用商品，就会影响下次购买。因此百丽进行了客户成功服务——从让客户买鞋到让客户穿鞋：在客户购买当天发出无干扰短信，为客户提供穿新鞋的实用方法小贴士，过一段时间又会发送新鞋养护方法小贴士……百丽发现，持续四五次后，客户使用产品的概率大幅提高。只有客户不断使用产品，才会对品牌更有好感，后续购买的可能性才会大幅增加。这是一个典型的零售行业客户成功案例。

再以京东为例，京东一直不太强调利润，而更关心客户的体验。对互联网企业来说，上规模其实是表面的，更重要是的客户黏性。增加客户黏性就需要让客户的每次购物体验都好。京东不断从客户的角度思考，提高客户体验，让客户更喜欢这种线上购物方式，这本身就是一种成功。京东是在全球最早自建仓储、物流和配送的互联网企业，因为京东知道客户购买结束后很希望快速拿到商品，而靠合作的快递公司肯定有风险，相当于把“命”交给合作伙伴，因此一定要建立自己的更高效、更快速、让客户满意的仓储、物流和配送系统，给客户最极致的体验。虽然自建仓储、物流和配送需要大量投资，长期看不到回报，但这条路就是客户成功的道路——让客户有最好的体验，爱上这种购物方式。目前京东已拥有数家上市公司，上万亿元的市值，用实践证明了客户成功确实是一种成功的商业模式。

再举一个我曾服务过的万达集团的例子。在万达广场建设初期，万达不仅需要考虑自己对城市商圈的调研，还要考虑合作伙伴愿不愿意和万达一起进入这个城市。所以万达会与大品牌商形成商业联盟，与合作伙伴一起评估城市和地段，再决定是否进入。通过这种客户成功（让合作伙伴成功）的商业模式，万达实现了用最短时间满铺开业的全球纪录。同时，万达对地方政府的承诺也是基于客户成功的理念。很多地方政府希望尽快看到地区在商业上的变化，万达通过快速建设，让全球知名商户快速进入的方式，帮助地方政府达成政绩。这些理念背后都不是只从自身商业成功角度出发，而是从多个合作方的角度、从服务的客户（企业方、品牌方、政府方）的角度去思考和践行客户成功，因而更容易被多方接受，进而得到更多支持。

本书适合所有企业管理者阅读。现代企业的业务和战略变化越来越快，这意味着组织要有强大的快速实现战略的能力，而多变的战略背后，不变的是客户成功的理念。客户成功才是企业战略的本质。管理者如果能吃透客户成功的理念，在日常工作中加强这一能力，就能够不断推进企业战略目标的实现。因此，我认为企业的高、中、基层管理者都应该掌握客户成功的内容，而不只是把客户成功委派给负责客户服务、客户体验、客户成功的团队。

如果您所在的企业和组织已经进入生态联盟模式，建议企业里的每一位员工都应阅读这本书。因为这本书可以作为我们和众多客户合作时的工作理念和工作哲学，用客户成功的方法才能团结更多的客户，一起把生态联盟做大做强。

2022年3月，我当选为中国成人教育协会理事，以及健康智慧教育专业委员会副秘书长，我在调研大健康产业（生物、医药、医疗等）过程中发现大量从业者还没有用客户成功的思想来建设这个产业，这样很容易损害产业的发展，会快速把大健康做成低端、低利润的产业。在本书中，有很多大健康产业的客户成功实践案例，例如雅典娜健康公司、ResMed公司的案例，因此我希望用客户成功的理念推动大健康产业的健康发展，希望《客户成功经济》这本书能够被更多的中国大健康从业者和企业家看到。

马成功

小米生态链谷仓学院总顾问

中国管理科学研究院特聘专家

中国成人教育协会理事，健康智慧教育专委会副秘书长